为孩子立榜样

武宏伟◎著

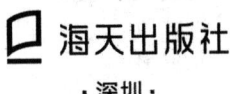 海天出版社

·深圳·

图书在版编目(CIP)数据

为孩子立榜样 / 武宏伟著 . —深圳 : 海天出版社，2019.8

ISBN 978-7-5507-2578-2

Ⅰ.①为… Ⅱ.①武… Ⅲ.①家庭教育 Ⅳ.① G78

中国版本图书馆 CIP 数据核字 (2019) 第 004671 号

为孩子立榜样
WEI HAIZI LI BANGYANG

出 品 人　聂雄前
责任编辑　李　春
责任技编　梁立新
责任校对　方　琅
装帧设计　思成致远

出版发行　海天出版社
地　　址　深圳市彩田南路海天综合大厦（518033）
网　　址　www.htph.com.cn
订购电话　0755-83460239（批发）　83460397（邮购）
排版制作　深圳市思成致远创意文化有限公司 Tel：0755-82537697
印　　刷　深圳市希望印务有限公司 Tel：0755-89502914
开　　本　787mm×1092mm　1/16
印　　张　17.5
字　　数　220千
版　　次　2019年8月第1版
印　　次　2019年8月第1次
定　　价　39.80元

榜样的力量是无穷的

列宁有句名言："道德教育不能只灌溉美丽动听的言语和准则，还必须通过榜样的带动才能实现，榜样的力量是无穷的。"

托尔斯泰也有句名言："全部教育，或者说千分之九百九十九的教育都归结到榜样上，归结到父母自己生活的端正和完善上。"

每个人的生命里都有或多或少、或明或暗的"榜样"在促动着自己的成长和发展。年龄越小，榜样的感染力就越大。

"榜样"，又称作"示范"。为孩子树立榜样，就是以父母、杰出人物、道德楷模等的好思想、好行为教育影响孩子。

家庭是人生的第一所学校，父母是人生的第一任老师；家庭是孩子的一面旗帜，父母是孩子的一面镜子。在孩子身上，可以折射出父母为人处世的哲学和做人的准则。一个自私自利的家长很难培养出一个甘于奉献的孩子，一个心胸狭隘的父母也很难培养出一个宽宏大量的子女。父母对子女的示范作用体现在日常生活的时时处处、点点滴滴。家长的一言一行，都对孩子有着潜移默化的影响。

马卡连柯说过："一个家长对自己的要求，一个家长对自己家庭的尊重，一个家长对自己每一举止的注意，这就是首要的、最重要的教育方法。"这便是育人先育己的最好诠释，每位家长都应牢牢记住这一点，这对完善孩子的人格起到至关重要的作用。

为孩子树榜样，应从提高母亲的素质开始。自古以来，我们的社会就忽视母亲的教育作用，认为母亲负责"养"，父亲负责"教"：《三字经》的"养不教，父之过"就是佐证。

其实，人类的命运操纵在"母亲"手中。人都是母亲所生，并大多在母亲的抚育下成长。大教育家福禄贝尔曾说："国民的命运，与其说是操在掌权者手中，倒不如说是握在母亲的手中，因此，我们必须努力启发母亲——人类的教育者。"

无数事实证明，大凡成功的人都有一位优秀的母亲。母亲的教育是任何教育所不能代替的。忽视母亲教育，一切教育都将成为无本之木。因此，做母亲的应把命运掌握在自己的手里，自强不息，全面提高自身素质；即使是在事业上不能取得骄人的成就，但积极的人生态度本身，对孩子来说就是一种教育和激励。

母亲在家庭教育中具有重要作用，这决不意味着就把教育子女的责任全部推给母亲。心理学家研究认为，父亲在孩子的潜意识里产生的是一种威严的感觉，这对不谙世事的孩子是约束与监督，使他们不敢偏离社会行为规范的轨道。实际上，孩子一般在成长的过程中总喜欢以父亲为榜样，自觉或不自觉地模仿，这是一种自然的本能。

单亲家庭存在着爱的缺憾，只有通过单亲家长的睿智和博爱，才能弥补这个缺憾。单亲家长应以榜样的力量带动孩子一起振作精神，共渡难关，和孩子积极主动地相互沟通、理解、支持和关爱。只有这样，才能使家长和孩子双方同时获得慰藉，从困难中获得顽强，从不幸中获得新生。

为孩子树榜样，运用榜样的力量，培养孩子正确的价值取向和行为准则，是每个为人师长、每个教育下一代的新时代公民的责任和义务。为此，我们要懂得"榜样的本身，就是教育"的道理，充分认识榜样的作用；认真学习，做好孩子的榜样；借鉴他人，做强榜样；以成功人士的家庭教育范例，给予自己与孩子榜样的力量；遵循孩子的成长规律，言传身教，为孩子树立未来的榜样；在不幸中汲取营养，使孩子成为万幸的榜样——这些内容正是本书所要告诉您的知识。希望这些知识有用、能用，若能给您的家庭教育带来一点启迪、些许帮助，我也不枉劳苦。谢谢大家。

武宏伟于深圳

CONTENTS 目录

第四编　成长，榜样的领航

CONTENTS 目录

第五编　成功，榜样的力量

第六编　万幸，不幸的榜样

第一编

榜样，就是教育

第一章　上行下效

第一节　"上行下效"的权威论述

一、国内经验

早在 2500 多年前，我国大教育家孔子就曾说："其身正，不令而行；其身不正，虽令不从。"本意是说，如果管理人员本身品行端正，那么即便不发号施令，他人也会以其为榜样去做；但如果其本身品行不端，即便是强硬地命令他人，他人也不会听从。

东汉的语言学家许慎在《说文解字》中对"教育"这样解释："教，上所施，下所效也"，"育，养子使作善也"。教育，应该是我们自己的"上所施"，让孩子"下所效"，从而"使之作善"。也就是说，我们要给孩子做个好样子，让他去效仿。

东汉的班固在《白虎通·三教》中说道："教者，效也，上为之，下效之。"这句话也可以这样理解：教者就是让别人效仿的对象，教者怎样教，学者就怎样学。

二、国外经验

托尔斯泰说过："全部教育，或者说千分之九百九十九的教育都归结到榜样上，归结到父母自己生活的端正和完善上。"

在英国教育家托马斯·阿诺德看来，父母的言行就是孩子无声的老师，是自觉或不自觉的榜样，强有力地发挥着潜移默化的作用。另一位英国教育家洛克也主张，在教育孩子时，与其让孩子记住规则，还不如给他树立榜样。他强调示范和环境的教育作用，反对单纯地说教。他说："无论给孩子什么教训，无论每天给他什么样的聪明而文雅的训练，对他的行为能产生重大影响的依然是他周围的同伴，是他监护人的行动榜样。"

日本教育家井深大认为，父母的言行是子女最好的教材，一流的父母造就一流的孩子。要让孩子进一流幼儿园和一流学校，但更重要的是必须使孩子在一流家庭里接受熏陶。家庭是孩子的第一个课堂，父母是孩子的第一任老师。父母是孩子最初的模仿对象，孩子从父母那里学到的品质、人格、习惯和处世态度，对他一生的发展都会产生极大影响。

苏联教育家苏霍姆林斯基也指出，父母自身的行为对孩子有重大的影响。不要以为只有你们同孩子谈话和教导孩子、吩咐孩子时才是在教育孩子。在你们生活的每一瞬间，甚至当你们不在家的时候，都是在教育孩子。你们怎样穿衣，怎样跟别人说话，怎样表示欢欣和不快，怎样对待朋友和仇敌，怎样笑，怎样读报……所有这一切，对孩子都有很大的教育意义。

从以上"上行下效"的权威论述可见，教育孩子就是做好榜样，就是父母以身作则给孩子最好的示范。对于孩子来说，父母的身教，也就是榜样的作用，比任何老师包括父母自己对他的说教都要管用得多；父母好的榜样对孩子的影响，比那些座右铭的影响要更为深远。

要想孩子怎样做，我们先要做出来；要想孩子养成怎样的习惯，我们先要具备那样的习惯。"上行"为善，"下效"自然也会为善，我们自己做好了，孩子也就不需要教了。

我们如果能够时时、事事、处处以身作则、率先垂范，一言一行就会成为孩子的好榜样。作为孩子的第一任老师和效仿的榜样，我们起到的示范作用应该是全方位、立体化的。

第二节 上行做榜样的原则

一、以身作则

如果我们能够做到始终如一地严于律己，就会给孩子以耳濡目染、潜移默化的影响，也就会赢得孩子的信赖与尊敬。我们得体的言行就是一种实实在在的巨大的教育力量，会在孩子的性格、思想品德和行为习惯上留下深刻的烙印。

父母不仅是一种权威，而且是孩子言行举止标准的提供者，父母的表现在很多情况下成为孩子的参照。父母要使孩子的言行有所遵循，切不可言行不一。言行相悖比对孩子放任自流效果更坏。古人云："以教人者教己。"要求在孩子身上形成的品质和良好习惯，父母都应具备。父母榜样作为一种具体的形象具有强烈的暗示和感染力量。

二、正己化人

被誉为"德国教师的教师"的著名教育家第斯多惠曾说过："只有当你不断地致力于自我教育的时候，你才能教育别人。"孔子也曾说："欲教子先正其身。"这都是非常有道理的。

孩子身边最亲近的人的一举一动，会在他们的脑海留下深深的印记。无论举动是好是坏，都会起示范作用，正所谓"习于善则善，习于恶则恶"。如果我们是一个懒得学习、懒得动脑的人，就是对孩子说再多的"要好好学习，善于思考"的话也无济于事。因为在我们身上，孩子根本就看不到知识的力量，也看不到开动脑筋的效果，更没看到我们认真读过一本书。

俄国作家托尔斯泰说："教育孩子的实质在于教育自己，而自我教育则是父母影响孩子最有力的方法。"我们一定要从自己做起，从小事做起，为孩子撑起健康成长的生命之帆，为孩子点亮人生道路的明灯。只有我们端正了自己的言语行为，在孩子身上才会产生"随风潜入夜，润物细无声"的良好教育效果。

三、说到做到

父母一旦答应了孩子的事一定要兑现，兑现有困难的事不要轻易许诺。父母经常言出不行，说话不算话，就会降低在孩子心目中的可信度；孩子对父母的崇信、敬仰与爱戴，会随着父母的失信次数增多而递减。

父母是孩子一生的老师。父母经常说话不算话，孩子也会下意识地效仿，对自己说出的话不负责任。久而久之，言出不行便会成为孩子的一种不良习惯。

第二章 怎样为孩子树榜样

第一节 以人为范

一、教育孩子做最好的自己

各有短长，取长补短。从小就要使孩子懂得人与人之间总是存在差异的，不能不切实际地与优于自己的人作比较，使自己深陷悲观失望、灰心气馁的消极颓废情绪。现实中，一些孩子在学习过程中总是热衷于与那些成绩优异的同学相比，看到的只是与他人存在的差距和不足。面对这种情形，作为父母，一定要及时加强教育引导，要让孩子认识到，重在自己与自己比，现在与过去比。学习别人的长处，克服自己身上的短处。

攀比无益。一是不利于孩子自信心的培养。如果孩子在学习上忽略自身的提高与进步，而盲目与那些成绩优异的同学相比较，只会挫伤自信心，浇灭和冷却自己的学习热情和动力。

二是不利于孩子学习上的提高进步。如果孩子盲目与他人相比较，就会因为领先于他人而自鸣得意、骄傲自满、止步不前，或者因为落后于他人而悲观失望、灰心气馁、沉沦堕落。两者都不利于孩子在学习上不断提高进步。

二、教育孩子理性参照别人

正确认识学习比较的参照目标。要教育引导孩子，学习重在使自己不断提高进步，而不是为了达到领先、强于他人的目的。无论自己领先还是落后于他人，只要自己始终有进步、有提高，就应该增强学习自信和学习动力。通过教育引导，让孩子自觉从热衷于与他人盲目比较的错误中走出来，回归自己与自己比较。正确的参照目标不是他人，而是自己。

理性看待学习差异的客观现实。就是要教育引导孩子，由于人与人之间本身存在着不同，注定学习上不可能处在同一起跑线上，必然存在着或多或少的差异，是很正常的一种现象，完全没有必要因为自己领先而自负，因为落后而自卑。通过教育引导，让孩子把学习的心思和精力投放到提高自己学习能力上来，而不是放在超越他人上。

第二节　以己为范

一、注意言行

（一）注意言辞

父母在日常生活中表达的言语，包括平日成年人之间的沟通，虽然不是直接跟孩子交流，但也会成为孩子模仿的对象。

语气。语气平和，用心关爱，多用提问的方式，少用质问的方式。比如："孩子你想说什么呢？""孩子，能告诉我，你为什么要这样做吗？"而不是："你为什么老是喜欢这样做？""你怎么总是爱这样？"

用感受表达情绪。比如："你这样做我很生气！""宝贝，对于你刚才的行为我既生气又难受！"等等。

常说"对不起"。有很多家长即使自己误会了孩子，也不会跟孩子说"对不起"。其实，"对不起"这三字，不只是认错这么简单，它要给孩子展现的是谦逊、平等、尊重和民主的做人姿态和人际氛围。

（二）注意行为

对人的行为。培养孩子良好的品德，多让孩子接触《弟子规》《论语》中的精华。比如尊老爱幼，为人谦卑；在日常生活中要做到孝敬父母，友爱兄弟姐妹；一切言行要谨慎，要讲信用等。

对物的行为。比如轻拿轻放，爱护物品。在平时多注意自己的行为是否对孩子产生不良的影响等。

二、注意生活细节

不乱发脾气。不要动不动就"劈头盖脸"一顿责骂，小孩子会被吓坏或者吓得只会战战兢兢地说"下次一定改"。

遵守规则。过马路不闯红灯，上高速不走应急车道，和幼儿园老师礼貌打招呼等。

和孩子成为朋友。多和孩子一起玩、做游戏，让孩子愿意和你说出自己的"小秘密"。

不贪小利。有些人喜欢贪小便宜，比如说把办公用的信笺拿回家给孩子写作业，把单位的订书机也拿到家里使用；拿别人的东西不还；捡到东西据为己有等等。孩子以为这是合理行为，长大以后也会认为公家的财产能拿就拿，这样很容易犯错误。贪污腐败等不良行为，有些是受小时候形成的错误观念影响产生的。

诚信为本。大人之间相互答应的事情要努力去做，由于特殊原因无法完成的要事先和对方说明原因。食言也很容易养成习惯。不怕做不到，就怕言而无信。孩子答应老师或同学的事情，如果做不到，大人可以看情况帮助解决，无法解决的让孩子跟对方解释一下，求得谅解。和他人约定好的事情要准时赴约，以免让人久等，或者耽误别人的重要事情。

不吵架打架。大人之间有什么误会，要心平气和地去解决，不要大吵大闹，大动干戈。这样对孩子也是一种教育。特别是有些家庭夫妻不和，天天吵闹，对孩子影响很大。大人对家庭要有责任心，不要把家庭搞成战场。

文明守规。大人带孩子外出，要带头遵守交通规则，不破坏景物，不到处写字留言，不随地小便，爱护花草树木，保护环境卫生。上公交车自觉排队，告诉孩子要给老人和孕妇等有需要的人士让座。到超市购物，不要损坏商品。

尊老爱幼。大人要经常带孩子去看望爷爷奶奶、外公外婆，教育孩子要孝敬和关心老人。孩子成家立业后，也会孝敬你的。

第二编

学习，做好榜样

第一章 家庭教育建议

第一节 教育和促进成长的建议

一、教育篇

- 每天花半个小时和孩子交流。
- 在家也要和孩子使用文明用语，如早上好、请、谢谢、晚安等等。
- 让孩子养成讲卫生的好习惯。
- 多听听孩子的声音——用耐心、用爱心，心是长着眼睛的！
- 不要为了提醒孩子去揭孩子的伤疤。
- 严肃指出孩子的错误！
- 不要总对孩子一本正经，要多和孩子一起欢笑。因为笑声能让孩子更加热爱生活，引导孩子积极、轻松愉快地看待事物。
- 给孩子讲故事要有耐心，故事要有一定的教育意义。
- 不要把当年未曾实现的理想强加在孩子身上，想让孩子去实现。
- 关爱孩子，但适当的惩罚也是需要的，不要护孩子的短。
- 教育并不一定只是讲道理，有时可以适当采取一些强硬的措施。
- 结合孩子的表现，每天思考至少一个关于孩子成长的问题。
- 对幼儿进行艺术教育，培养幼儿高雅的审美情趣，注意引导、丰富幼儿的感性认识，在大自然中加深幼儿的情感体验。

● 对于幼儿时期的孩子，不要让他们长时间地和父母的长辈住在一起。隔代亲不利于教育，这也许没有科学道理，但经实践证实了。

● 注意培养孩子的善心。古人云：勿以恶小而为之，勿以善小而不为。

● 教会孩子微笑，微笑面对生活的一切，微笑面对人生。

● 对孩子不要乱许愿，承诺的事情想尽一切办法也要兑现。

● 要常换位思考！对孩子的所做、所想等，家长应常换位思考，假如我是孩子的话，我将会怎样？

● 给孩子一定的空间和自由，同时给一定的压力和约束！

● 向孩子说明，他们本身已经很可爱了，不用再表现自己。

● 从来不说孩子比别的孩子差。

● 绝不用辱骂来惩罚孩子。

● 在孩子干的事情中，不断寻找值得赞许的东西。

● 不要吓孩子。以免造成孩子过分胆小、怕事。

● 不要当众批评和嘲笑孩子。以免造成心理畸形，失去自信心等。

● 不要对孩子过分严厉。以免孩子惧怕、害羞不敢发表自己的观点，养成面善心恶的性格。

● 不要过分夸奖孩子。以免孩子养成沽名钓誉的不良习气。

● 不要暗示孩子做不良的事。比如，打架一定要打回来，自己的东西不给别人吃，乘车不购票等。

● 让孩子正确树立心目中的偶像。

● 尽量表扬孩子。孩子具有一定的自信心，才肯去学习。要使孩子每天都感觉到他在学习上取得了一定进步，哪怕是改正一个缺点。

● 尽量不要在孩子面前议论教师，尤其不要在孩子面前贬低教师。

二、成长篇

- 给孩子一些私人空间。

- 给孩子选择的机会和权利。

- 让孩子自由选择自己的伙伴、朋友。

- 让孩子做想做的事。

- 让孩子做一些力所能及的家务，如洗自己的衣服、烧水、煮饭等，让他意识到自己是家庭中的一分子。

- 为孩子准备一个陈列架，让他们在上面展示自己制作的物品。

- 认真地对待孩子提出的问题和看法。

- 把孩子当作成人，和他们平等相处，把孩子当成自己的朋友。

- 记得对孩子说：我爱你，你是我的宝贝！

- 记得经常地亲吻你的孩子，抱抱他们，摸摸他们的头，让他们知道你的爱！

- 及时发现孩子的点滴进步，懂得赏识孩子。随时关注他们的进步，并也让他们知道自己的进步！

- 多与孩子沟通，了解孩子，与孩子同行。

- 不要给孩子贴上"笨"的标签。

- 家长要耐心地倾听孩子的烦恼。

- 要学会真诚地赞美孩子，而不是像对宠物一样说"你真聪明"。

- 让孩子经常有机会和他的同伴在一起。

- 关心孩子的身体健康，更关注孩子的情感需要。

- 先成人再成才，教育的根本目标是培养人——健全的人。

- 在生活中创设一些困境，和孩子一起度过。

- 鼓励孩子尽量不依赖成年人。

- 了解孩子有哪些朋友，这很重要。

- 经常给孩子制订几个容易达到的小目标。这样可以使孩子容易做到，加强自信从而有利于孩子发挥出潜能。

第二节　生活、学习和陪同娱乐的建议

一、生活篇

- 给孩子一些钱，让孩子学会理财。

- 没有得到孩子的许可，不要看孩子的日记与信件。

- 经常和孩子去郊游。

- 睡前给孩子讲讲故事，让孩子笑着入睡！

- 给孩子一个供他玩耍的房间或者空间。

- 如果有条件，每天晚饭后和孩子到户外散散步。

- 快乐与孩子一起分享！

- 对孩子开心地笑，并希望他也常笑！

- 帮助孩子与来自不同社会阶层的孩子正常交往。

- 鼓励孩子与各种年龄的人自由交往。

- 给孩子留出真正的"玩"的时间和空间。

- 教会孩子骑自行车、游泳，这些是融入社会生活的基本技能。

- 每天早上与孩子相互问候，让他感受到美好的一天的到来。

- 夫妻实在要吵架，请一定要记住：避开孩子。

- 每天下班回家看到孩子，首先微笑着问他：孩子，你今天快乐吗？

- 不给孩子留有太多的物质遗产，给他一个健康的身体，给他一个健康的心理，给他一个快乐的人生。

- 着重进行孩子的生活能力和行为习惯的培养。

- 只要与创作有关，不要责备孩子房间里或者桌面上乱。

- 父母对自己的双亲要孝敬有加，让孩子觉得家中充满了爱，同时父母也是他们值得学习的榜样。

- 父母之间要互相谦让，相互谅解。

- 不要太关心孩子。"自己的事情自己做"，以免孩子养成以自我为中心的坏习惯。

- 不要太亲近孩子。让他与年龄相仿的孩子多交往，以免孩子养成孤僻的性格。

- 不要孩子要啥就给他买啥。让他知道"劳动与所得、权利与义务"的关系，以免孩子养成好逸恶劳的习惯。

- 生活中的困难以及一些家庭大事有时可以和孩子商量商量。

- 对孩子的爱要稳定，不要一会儿晴，一会儿阴。

- 帮助孩子树立责任心。让孩子学会洗碗、洗袜子，整理自己的床铺、用具，尽到自己的那份责任。

二、学习篇

- 和孩子一起读书，家长可以看看报。一个好的学习伙伴很重要。

- 孩子在家学习，家长切莫搞一些娱乐活动。一个舒适的学习环境很重要。

- 不要逼孩子学不喜欢的东西。

- 不要因为成绩责骂孩子。

- 不要因为孩子试卷低分而认为孩子没有出息。

- 教孩子足以带来成就感的知识：古诗、数字、故事、家务、玩耍、交朋友。

- 教育孩子读好书、好读书。

- 不要对孩子的学习成绩表示太多的关注，那样会使孩子感到紧张，压力增大。

- 不要把孩子的成绩与其他孩子相比，要分析一下造成这种现象的原因，反思一下有没有自己的责任。

- 孩子的房间要有书桌，书桌上要有几本孩子爱看的书籍，如《格林童话》《伊索寓言》等。

- 刺激孩子的学习欲望。要抓住生活中的各种机会让孩子练习。

三、娱乐篇

- 和孩子一起看他喜欢的动画片、一起听他爱听的故事等。

- 和孩子一起玩游戏、锻炼身体。

- 控制孩子看电视的时间，每天在半个小时到一个小时之间。

- 多让孩子看一些少儿节目、动画片、益智节目等，少看动作片、连续剧。

- 孩子看电视时，家长们适时地陪在一起，并且对里面的内容作一些讲解与讨论。

- 春天可以和孩子骑自行车去郊游，夏天和孩子一起去游泳，秋天则和孩子去野炊，冬天在野地里打雪仗、堆雪人。

- 允许孩子收集各种废弃物。

- 孩子的朋友来做客时要表示欢迎。

- 和孩子下棋，让孩子知道落子无悔，教育孩子对自己所做的事要负责任，同时下输了要承认。家长有时也要故意让孩子赢一两盘，这对孩子来说很重要。

第二章 家庭教育的基本原则和方法

第一节 家庭教育的基本原则

一、思想教育为主

德育为首。家庭教育是社会主义教育的组成部分，必须执行国家的教育法律法规，按照教育方针去教育子女，把德育放在首要位置。

坚持说理。应结合一件具体的事，父母就事给孩子讲道理。要动之以情，晓之以理，不可强制。从一定意义上讲，父母应为孩子做出榜样，这样道理也就在其中了。

坚持积极的思想教育。积极的教育能使孩子向上，消极的教育能使孩子落后。同样一件事情，父母一言一行的正确与不正确，都是对孩子施行的教育。孩子会把父母对问题的看法和观点，逐渐内化为自己的道德认识，然后，自己独立地去认识世界。父母的思想道德，对孩子的思想认识形成是非常重要的。要坚持实践教育，在实践中感受和理解思想道德的含义，提高辨别真、善、美和假、恶、丑的能力。

二、全面发展

为接受学校教育和走向社会打基础。重视孩子上学以后的家庭教育，孩子上学之前是启蒙教育，在孩子上学以后，它对学校教育可以说是一种配合教育和补充教育。从一定意义上讲，学校教育是在家庭教育基础上的再教育。也就是说，家庭教育是打基础的教育。既然如此，就要求家庭教育必须发挥其自身优势，重视儿童早期教育，在道德方面、智力方面、知识方面、心理方面、身体方面、行为习惯方面和人际关系方面为孩子以后接受学校教育和走向社会打下基础；重视孩子上学以后的家庭教育，与学校共同教育好孩子。

为健康成长打基础。克服家庭定向教育的不良倾向。教育孩子时，过早地把孩子的教育与将来就业联系起来，是家庭教育走入了误区。现在有许多家长重视孩子的特长教育，无可非议，但如果家长把孩子特长教育作为孩子将来就业的目标，就会造成孩子学习偏科，打不牢基础。特长和专长不同，更不是专业，孩子的特长教育是为孩子开发智力、培养兴趣和打基础服务的，家长既要鼓励孩子对特长感兴趣，又要注意及时纠正孩子对其他方面学习的忽视，避免单一的教育内容和形式。可以用教学的目标去教育和激励孩子，但更应在全面发展的前提下去进行特长教育，让孩子为实现目标去奋斗。

德智体"齐抓共管"。德育方面，培养孩子从小就具备良好的道德品质，勤奋学习，遵守纪律，热爱劳动，关心他人，艰苦朴素；智育方面，关心孩子的学习情况，一切活动都要把孩子学习放在第一位，有时要参与孩子的学习，共同研究探讨，注意培养孩子良好的学习习惯和学习方法；体育方面，中小学生正处于长身体的时期，特点是爱动，必须适度引导孩子运动。要鼓励孩子做些正当、安全、有益的活动，要保证孩子有充分休息和睡眠的时间，以促进孩子健康发育。

三、因材施教

有针对性。美国心理学家加德纳的多元智力理论告诉我们，每一个儿童都具有不同的智力发展潜力，都能够在不同的方面取得突出表现。家长与孩子朝夕相处，最能发现孩子的兴趣点以及孩子在某些方面的潜能，那就应该因势利导，因材施教。

孩子的年龄、个性发育程度不同，生理和心理特征就有所不同，身心发展水平也存在差异。家长一定要根据孩子的具体情况，有针对性地做好孩子的教育工作。不看孩子具体情况，不顾孩子身心发展水平，以主观主义教育方法对待孩子，是违反儿童身心发展规律的，往往达不到教育效果，甚至事与愿违。

不贪多求全。父母希望孩子长大成材，无可非议，希望孩子学到更多知识和技能也是可以理解的，但不能超越本身条件。有的家长希望把孩子培养成"全才"，让孩子学画画、学音乐、学舞蹈、学书法等等，恨不得一下子让孩子什么都学会，结果把孩子搞得无所适从，以致什么也学不好，甚至把身体搞垮了。孩子的天赋和智商是有差异的，如果孩子不具备某些天赋，家长只凭主观愿望，要求学这学那，是强人所难。这样做的结果，必然会造成孩子学习负担过重，引起孩子反感，也会影响孩子身心健康。

培养劳动观念。有些家长什么劳动都不让孩子参加，甚至连吃饭、穿衣都不让孩子动手做，结果是养成了孩子好逸恶劳的不良习惯。应该懂得懒惰是万恶之源，劳动可以促进孩子的智力发展和身心健康，家长要注意给孩子创造适当的劳动锻炼机会，从小养成孩子热爱劳动和爱护劳动成果的优良品质，同时也能培养孩子独立生活的能力。这是家长对孩子进行早期教育中不可忽视的。

四、要求一致，教育统一

统一理念。教育理念不一致的原因及表现是培养目标不一致，对孩子爱的方式不同，对孩子的情感表现不同，祖父母同父母在对待孩子的教育上态度不一致等。教育观念不一致的危害是严重影响教育效果，容易形成孩子的"双面人格"，容易形成对父母的怨恨等。在家庭教育中，要贯彻教育理念一致，家长施教互相配合的原则，要统一培养目标，制定教育计划；要相互配合，态度一致；要情感和谐，批评有节。

统一认识。在现实生活中有些家庭以孩子为中心，独生子女成了"小太阳"，家庭围着孩子转。当孩子有了缺点、错误时，有的主张批评教育，有的却要包庇护短，往往是祖父母与父母的意见不统一，有的父母之间认识也不一致。不同的情绪、态度和做法暴露在孩子面前，孩子必然会喜欢祖护自己的一方，而气恼批评自己的一方。这不仅影响了家庭和睦，而且不利于教育孩子，以致孩子任性，是非不清，听不进正确批评，常常无理取闹等。因此，在对孩子进行教育时，家庭成员应统一认识，即使意见有分歧也不能在孩子面前暴露，否则会给孩子身心发展造成不良影响。

统一要求。孩子良好品德和行为习惯的养成不是讲一次道理或做一两次练习就可以办到的，而是要经过多次练习、不断强化和巩固而成的。家庭成员对孩子教育的态度和要求一致，就会促使孩子对某些品德和行为进行多次练习，不断强化和巩固，从而形成良好品德和习惯。

家庭成员间的一致性，不能是一时一事，必须是长期一致方能真正达到教育孩子的一致。如果不是这样，当家庭成员间在具体事情上出现分歧时，孩子就会倾向于感情深厚的一边，或是父亲，或是母亲。如果孩子的情感倾向于父亲，父亲是正确的，孩子就会自然接受正确的教育；如果孩子的情感倾向于母亲，结果母亲的做法是错误的，则孩子就会接受错误的教育。

形成合力。现代教育讲求学校、家庭、社会三位一体，这是合力教育。合力教育要求多角度、多层面对青少年进行教育。家庭教育也是一样，父母和家庭其他成员之间，包括孩子在内，是一种互相影响、互相学习、互相补充的教育，在具体对待孩子的教育上，可能在教育内容和方法上有所不同，但教育的态度和目标必须保持一致。这种教育同样需要合力。

父母打孩子是因为小孩不听父母的教训或做错事情。当父母打小孩时，旁边的人是不应帮小孩说情的。有旁人说情，孩子会以为自己是对的，父母是错的。旁边人要任由父母打他几下，然后把他领开，向他说明父母打他的道理，教他要听父母的话。

五、关心爱护与严格要求相结合

父母关心爱护自己的孩子是天性，这种爱是培养孩子良好品德和行为的感情基础。没有这种爱，就谈不上教育，就难以达到好的教育效果。但爱而不教，管而不严，自然也达不到教育的目的。

（一）爱而不溺

父母对自己孩子的关心爱护，应以有利于孩子身心健康为前提，离开这个前提就容易与望子成龙的愿望背道而驰。父母对孩子的爱应该是理智的、有分寸的，绝不能溺爱；否则，就会成为孩子身心畸形发展的祸根。

有理智、有分寸地关心爱护孩子。既要让孩子感到父母真挚的爱，感受家庭温暖，激发积极向上的愿望，又要让孩子关心父母和其他家庭成员，并逐步要求孩子做一些力所能及的自我服务性劳动和家务劳动。这不仅有利于培养孩子热爱劳动、关心集体的品德，而且也有利于培养孩子的智力和自理能力。

正确对待孩子的要求。对孩子的需求要具体分析，以家庭的实际状况和有利于孩子的身心健康为前提，合理要求要尽量满足，但也不能百依百顺、有求必应。过分地满足孩子的需求容易引发孩子过高的欲望，养成越来越贪婪的恶习。一旦父母无力满足其需求时，势必引起孩子的不满，致使难以管教。当孩子欲望强烈而又得不到满足时，就容易走上邪门歪道。这是每位家长需要注意的。

（二）严而不厉

关心爱护和严格要求是对立统一的。严格要求要根据孩子的发展水平和年龄特点，以取得良好教育效果为前提。如果"严"得出了格，就会走向反面。家长必须遵循以下几点：

要求合理。父母提出的要求是合理的，是符合孩子实际情况又有利于孩子身心健康的。

要求适当、明确。父母提出的要求必须是适当的，是孩子经过努力可以做到的；若要求过高，孩子即使经过努力也无法达到，就会丧失信心，也就得不到教育效果。父母对孩子的要求一经提出，就要督促孩子认真做到，不能说了不算数，或者干也行不干也行，这样得不到教育效果。

六、身教与言教结合

身教重于言教。孔子说："其身正，不令而行；其身不正，虽令不从。"身教和言教相比较，身教重于言教。

孩子的生活经验和社会知识都非常缺乏，不能辨明是非，时刻都需要父母的指点。但只讲道理还不够，也难以达到教育目的。因为孩子听到的是空洞的道理；然而父母的言行举止却是从早到晚时刻都出现在孩子的面前，孩子看到的是具体的、活生生的形象。两者相比，后者比前者更有影响力。无数的经验证明，父母自身做得好的，孩子一般情况下就做得好；父母做得不好的，孩子一般情况下不容易做好。

身教和言教是两种交叉的教育手段。没有身教，言教是无法发挥应有作用的；没有言教，身教也很难得到升华。身教绝不是满足于给孩子做样子看，而是家长用长期的表现为孩子树立榜样和示范作用。身教有言教无法比拟的感染力，能直观地向孩子展示正确的或者错误的做法和道理，特别是父母在孩子面前的所作所为，是最有说服力的影响和教育。虽然身教重于言教，但是言教也不能忽视。言教就是讲道理。如果说身教是直观地告诉孩子应该怎样做，言教就是更深层次地告诉孩子为什么要这样做。

七、量力而行，循序渐进

量力而行。幼儿期的孩子，生理和心理方面发展非常迅速，独立生活能力、对周围事物的认识能力和语言表达能力都随着年龄的增长发生变化。在早期教育中，对孩子的要求既要有一定的难度，又要让孩子经过努力可以达到。如果家长不考虑孩子的实际水平，教育目标过难或过易都不能促进孩子的身心发展。无论是让孩子学做家务，还是让孩子学习某些文化知识，都要从孩子实际身心发展出发，遵循从易到难的顺序进行：忽视了这一点就难以获得应有的效果。所谓"跳一跳够得着"就是这个道理。要激励孩子学习某种知识，当这种知识与孩子已有的知识水平相差不大时，孩子不仅愿学、有能力学，而且也容易引发学习兴趣。如果相差很大，甚至超过孩子的实际发展水平，孩子就不愿学、也学不懂，当然就提不起兴趣，甚至产生厌倦或抵触情绪。

循序渐进。科学文化知识有由浅到深、由易到难的逻辑顺序，有一定的连贯性。在向孩子传授知识的时候，要注意新旧知识的联系，注重知识的系统性。既要注意巩固已学过的知识，又要启发孩子学习新的知识；要启发、诱导孩子进行独立思考，逐步培养孩子系统思考问题的能力；要注意观察，了解孩子掌握知识的情况，当孩子对所学知识尚未理解时，不要急于教新的内容，要按照循序渐进、量力而行的原则向孩子传授知识。

第二节　家庭教育的基本方法

一、及时更新教育观念

观念决定思路，思路决定行动，行动决定成败。家庭教育既是对孩子的教育，也是对家长的教育。家长的教育观念必须更新，教育观念更新不是说完全抛弃旧有的教育观念，而是指在现代社会发展的背景下，根据人的成长发展的需求去规划设计良好的家庭教育氛围。

吸取传统家庭教育思想中的精华。诚信克己、谨言慎行、勤劳等传统思想应在现代的家庭中占有牢固的地位。

除去读寄宿学校无法参加家务劳动等客观因素，有些家庭从不主动让孩子承担家务。不做家务的孩子，其实一开始就丧失了独立应对日常生活的能力。

家长应具备心理学的基本常识。尝试从心理学的角度看待孩子的成长，比如家长要了解角色期待法。角色期待法是社会心理学概念，是由美国心理学家罗森塔尔提出的。实验已经证明：期望，以及因期望而产生的鼓励、信任，是帮助个人成长进步的最有效的方法。家庭教育过程中，希望家庭成员成为什么样的人，就应该常常对之抱以明确的期待。社会总是要求每个人必须有符合自己身份或社会地位的规范化的行为模式；而如果一个人不懂得这种规范化的行为模式，就可能做出有悖道德习俗风尚和社会传统的不恰当的举动。家庭有责任教导个体明确自己的社会身份和地位。

家庭成员应形成合力。家庭成员之间教育目标及方法应该达成一致意见，步调一致；应融洽相处，自由表达情感，注重知识对个人成长发展的影响，为个人提供与社会交流和娱乐的机会。家庭活动组织严密、计划性强等，都能在个人成长过程中发挥潜移默化的影响。

二、说服教育法

讲解。这一方法的特点是家长讲，孩子听。在讲、听的过程中，家长是主动者，孩子是受动者。它的优点是可以充分发挥家长的主导作用，便于家长控制教育过程，启发孩子思考，使之在短时间内获得大量的、系统的知识，提高分辨是非的能力。讲解的时间、语句的长短要符合孩子的年龄特点，语言要具体形象，准确生动，通俗易懂，富于感情色彩，具有启发性、吸引力和说服力。

谈话。谈话是家长就某一问题和孩子交换意见，使孩子明白某一道理、解决某一问题。它的优点是不只家长讲，还要和孩子交流，谈话中孩子也可以问问题，可以有效地发挥孩子的主体作用，激发孩子思考、评价、解决问题的积极性、主动性。谈话主题要鲜明，内容要具体，难易要适度，切忌简单粗暴。

谈话的艺术，主要体现在交谈时机的捕捉和交谈方式的运用上。一般来说，家长和孩子双方在情绪不佳时，特别是在气头上，不要交谈；在事情的原委还没有搞清楚时，不要交谈；有局外人，特别是有客人在场时，请不要做批评性的交谈；在饭桌上、在孩子睡觉前，也不宜做批评性的交谈。

谈话的方式可以多种多样，如漫谈式、调查式、激励式、严肃批评教育式等，都可采用。其中的漫谈式，即不拘时间、地点、内容，海阔天空、轻松愉快地交谈，常常是孩子欢迎的交谈方式。成功的交谈，似春风化雨，孩子是会受到教益的。

讨论。讨论是家长与孩子共同探讨一个问题，经过讨论甚至辩论，得出正确结论，使孩子明辨是非、提高认识。这种方法充分体现了家长对子女的信任、尊重。讨论法的优点是可以充分发挥孩子的主体作用，通过互相探讨、研究和争论，使孩子明辨是非，加深理解，提高认识，并留下深刻印象。讨论法是一种民主的方法，经常运用它可以培养孩子的民主精神，加深子女与家长的亲密关系。

无声榜样。教育的最高境界是心灵的震撼。行动胜于语言，有时家长无声的榜样，给予孩子的教育作用更大。

三、行为训练法

讲清道理，配合训练。训练前应对孩子讲清道理，使孩子懂得为什么要进行这方面的训练。只有孩子明白了训练的重要性和必要性，才能提高参加训练的自觉性。

提出要求，具体指导。在进行训练时必须耐心，孩子年龄小，光讲大道理不行，必须具体指导。指导时要从每个细小的动作入手，从坐、立、行开始，对握笔姿势、看书姿势、敬礼姿势都要给予指导。要教孩子学会如何给大人递东西，如何接教师发的本册，如何说话，甚至咳嗽时如何用手帕捂嘴等等。

严格要求，反复训练。这是行为训练法的核心。有了要求就要让孩子按要求反复去做，甚至"逼"着孩子非做不可。开始时孩子可能很不情愿，但家长也要"逼迫"孩子这样做，时间长了，孩子习惯了，就会变成愉快的行动了。严格训练最忌讳的就是溺爱。

反复检查，经常督促。为了使孩子能长期坚持下去，家长在训练的过程中要反复检查、督促，做得好给予表扬、奖励，做得不好要给予批评、惩罚，并要求重新练习。

正确评价，强化巩固。在训练中为了使孩子能坚持下去，还要给予必要的评价，使孩子的行为得到强化，达到自我约束、自我监督的目的。

四、和孩子一起成长

和孩子一起读书。与孩子一起读书是培养孩子阅读习惯的关键。在很多父母看来，读书是孩子自己的事情。事实上，静心读书的习惯，是阅读者在读书过程中渐渐形成的。在孩子形成阅读习惯之前，需要定时陪孩子一起读书，让读书成为家庭的一道文化风景，令孩子形成读书习惯。

与孩子一起读书，会形成良好的家风，可以构建更为和睦的家庭。"幼承庭训"或"易子而教"是中国古人陪孩子读书的典范。《三字经》中有"苏老泉，二十七，始发愤，读书籍"。苏老泉即苏洵，他与两个儿子苏轼、苏辙共读诗书，最后"一门三父子"，皆登进士榜，在文化上各有成就，成为千古佳话。"书香门第""诗书传家"就是对教子有方家庭的美誉。歌德在自传中对儿时父亲教自己读书的场景如数家珍，从中也可以看出歌德父亲对天资聪颖的儿子所流露出的喜悦。

与孩子一起读书、培养孩子的阅读习惯是我们能够做到的，这是真正能影响孩子成长的最好路径。古人云："遗子千金，不如遗子一经。"让孩子养成读书习惯将是父母送给孩子一生最好的礼物。

与孩子一起读书，可以让我们重温经典，重新体会成长；与孩子一起读书，可以使我们与孩子形成共同的成长记忆。最关键的是我们让孩子学会了怎样通过读书突破个人视角的局限，学会从书中汲取智慧。曾国藩经常将自己的读书心得与家人分享。"世间极占地位的，是读书一著。然读书占地位，在人品上，不在势位上。"将自己的读书经验与孩子分享，在与孩子的共读中厘清认识的误区，分享孩子的进步，让人体会出"几百年人家无非积善，第一等好事只是读书"的妙谛。

和孩子一同活动。 家庭气氛是实施家庭教育的重要因素之一，跟孩子在一起活动，就是创造家庭良好气氛的有效做法之一。在生活中，家长跟孩子共同活动的机会是很多的。

跟孩子一起去野外游玩。大自然是美的：春天的百花，夏日的蝉鸣，秋季的落叶，寒冬的白雪，对孩子都会有无穷的吸引力。家长掐着时令带孩子郊游，赏心悦目的自然景色会带给孩子美好的遐想和憧憬，唤回家长对童年趣事的回忆。共同的心境和语言，使长幼之间的距离一下子消失了，多少教育内容都可以在此时此刻进行。

跟孩子一起去参观游览。假期若能带孩子到外地旅游，孩子是最开心的。那些名胜古迹和各种展览都值得去看一看。游览时，若家长能做精辟的讲解，孩子会很佩服；如显知识不足，则会迫使家长去翻书查资料，这更能赢得孩子的心。

跟孩子一起上街购物。孩子小的时候喜欢跟家长逛商店，顺便要点心爱之物，家长可乘机介绍商品知识，灌输勤俭持家的道理。孩子长大一点了，可以为家庭、为自己购物，家长陪着当参谋，边买边谈，边看边谈，边走边谈，两代人之间相互没有戒备，是教育的好机会。

跟孩子一起娱乐。晚饭后，节假日，一家人各展特长，吹拉弹唱，谈天说地，让家庭充满欢乐的气氛，增强了家庭的凝聚力和生活的情趣。

家长和孩子共同活动的内容很多，共同活动的目的是要消除代沟，融洽感情，寓教于活动之中，让家庭教育在欢乐、亲切、无拘无束的活动中进行。

五、科学使用表扬奖励和批评惩罚

表扬奖励。可以鼓励孩子重复良好习惯，激发孩子的上进心，有利于培养孩子的自尊心和荣誉感，培养孩子自我约束的能力，还可以增强孩子的是非感，有助于父母与子女之间的情感的加深。

孩子达到了父母的要求、希望，可以给予表扬、奖励；孩子有了良好的行为表现，虽只是苗头，也可给予表扬、奖励；孩子完成了一件比较困难的事情，表现了勇敢的品质或一定的毅力，也可得到父母的表扬、奖励；孩子获得了光荣称号，父母要给予表扬、奖励。

表扬、奖励孩子的方式很多，应以精神奖励为主。比如夸奖、赞许、点头、微笑、亲昵等，都能达到激励孩子上进的目的。物质奖励也要有，对年纪小的孩子，必要的物质奖励也是很好的教育手段。可以赠送书籍、衣物、玩具、学习用品等，但要慎用金钱，更不能让孩子小小的年纪纯净的心灵过早地染上铜臭气。

表扬也好，奖励也好，都要实事求是，因为这是对孩子的一种评价，要让孩子在表扬和奖励中去认识自己。过高，容易让孩子盲目满足；过低，又不容易达到激励的目的。表扬、奖励，态度要真诚，不要事先许诺，一旦许诺就要守信；绝不能在奖励的程度上与孩子讨价还价。

批评惩罚。批评和惩罚都是对子女不良思想行为的否定，不过后者是对严重不良思想行为的一种教育手段。批评惩罚时，首先要全面了解情况，掌握不良思想行为的具体情节和严重程度，从错误的实际出发。批评是指出危害、思想根源，否定其思想行为，使之感到羞愧和痛楚，进而产生改正错误的动力。批评时不要讽刺，不要奚落，不要谩骂。惩罚主要是剥夺某种权利，而不是体罚，不是侮辱人格和摧残身心。

我们常说"数子十过，不如奖子一长"。是说在教育孩子时，以正面激励为主，但不是否认对错误、缺点和过失的批评，甚至惩罚。批评是可以采用的，但不要过多、过滥，不要把批评当成家长的教育手段。另外，批评、惩罚是一种否定、一种压力，但同样也可以成为一种激励、一种动力。

六、提倡运用三多三少的教育方法

多商量，少命令。比如提醒孩子该做作业了，可以这样说："到时间了，你是不是该做作业了？"而不要直来直去地说："别看电视了，快去做作业！"这样，孩子就会感觉你很尊重他，愿意听你的话。

多引导，少训斥。其实，家长越是尊重孩子，孩子就会越自尊，越会注意修正自己的言行，以更加赢得别人的尊重。当然，具体情况还得具体对待。对于孩子的坏品行、坏习惯等，父母不必要委婉，但也不可采用训斥的方式；而是要平等而又严肃地与他谈话，指出其危害性，要求其改正，并订出一些惩罚措施。

　　多交心，少探"隐私"。很多孩子特别反感家长翻看自己的书包，偷看自己的日记。实际上，家长应和孩子交朋友，平时多抽时间和孩子聊聊天，问一问孩子学校的事情、人际关系情况、对一些事物的看法等等。这样，孩子感受到父母对自己尊重和信任，也会越来越信任父母，就会把父母当成倾诉对象，而不是保密对象了。

第三编

借鉴，做强榜样

第一章　取长补短看国外

第一节　人生观、价值观教育

一、人生观教育

（一）独立性培养

西方值得我们学习借鉴的培养方式。父母的着眼点在于孩子能否具有适应各种环境的能力和独立生存能力，能否在社会上立足。出于这样的目的，西方家庭大多都十分重视孩子从小的自身锻炼，并且普遍认为孩子的成长必须靠自身的力量。因此，要从小就形成自立的意识和独立生活的能力。

据英国报纸推销站联合会统计，全英约有 50 万送报童，年龄一般在 13 岁左右。酬金大约是 18 镑一周，每次工作时间半个小时左右，加上去拿报纸的时间，需要一个小时。这些报童要早早起床，走一程又另一程的路，七点左右的时候送完，然后才上学去。稍大一些的孩子打工也是寻常现象，而且都得到家长支持，家长希望孩子打工挣钱。家长不仅不反对甚至还鼓励，更重要的原因是可以从小培养孩子的自立意识，让孩子知道钱必须用劳动去换取，因而懂得不能乱花钱。

家长认为孩子要自己劳作，自己生活，从劳作中得到快乐，从动手中获得各种知识，学习各种技能。孩子能做到的，就让他自己做，这是对孩子的尊重。

在西方，父亲或母亲在前面走，刚刚学会走路的孩子跟在后面走。家长认为这对孩子独立性的培养十分重要。

家长认为，孩子一岁半起，在生活上就应培养自我服务能力，这样，孩子能尽早走出父母的生活圈，减少依赖性，在心理上能够尽快自立，有利于其尽早走向社会，开创自己的事业。在西方很多国家，孩子在年满18周岁甚至更小就离开家，尝试独立生活，这些孩子不喜欢伸手向父母要钱，而是靠自己去挣。

在西方会经常看到小孩们夹在大人堆里，时常问大人一些十分可笑的问题，他们的父母非但没有呵斥他们，反而耐心地为他们解答。孩子与父母们谈话没有一点孰长孰幼的概念。

西方的父母习惯于让孩子去寻找自己的兴趣，而且还常常鼓励孩子去做自己认为是对的事。

我们需要改变的思想行为。仅着眼于希望孩子将来有出息，有个好职业，一生能在顺境中度过；基于这种企盼，认为自己的责任就是让孩子生活得好；在孩子成长中能给他们多少幸福就给他们多少幸福，过分溺爱；若能倾尽所有给孩子创造最优越的生活条件，让他们无忧无虑地成长，再苦再累也心甘情愿……这些都应该改变。

古有孟母三迁，为了给孩子创造良好的学习生活环境，尽自己最大的力量去改善不易改善的因素；现有父母不放心孩子离家上学，辞职专心照顾孩子。这种方式方法，对孩子成长不能说全是副作用，但和西方发达国家培养孩子独立性的做法相比，我们还是应该反思一下。

我国父辈，特别是祖辈，往往有一种"俯首甘为孺子牛"的精神，认为服务孩子义不容辞，孩子还小，不到做事年龄，不应让孩子动手。这是剥夺孩子的劳动权利和实践机会，也不利敬老思想形成。

孩子，特别是独生子女，不能被当成家里的小皇帝、小公主，"饭来张口，衣来伸手"。父母不仅要懂得如何去满足孩子的需要，还要思考如何让孩子学会独立。孩子在未成家时，父母不能一直把他们看成是不懂事的孩子。如果孩子有了自己的想法，父母不要加以阻止，不要习惯于为自己的孩子安排好未来，让孩子照着所安排好的计划行事。有些父母往往存在这样一种观念："因为我是你的父母，所以你必须听我的。"这会扼杀孩子的好奇心，让他们学会循规蹈矩地做事，结果是让孩子不敢尝试新的事物，不利于孩子将来的发展。好奇是孩子的天性，因为好奇，孩子才会不断地去思考、去钻研，继而去发明创造。

（二）意志力培养

西方值得我们学习借鉴的培养方式。西方家长认为从小娇惯的孩子，缺乏自制能力和独立生活能力，长大后难免要吃亏，而苦难磨炼对人坚强意志的形成和聪明才智的增长有极大的作用，所以要让孩子经历一点苦难。"再富也不能'富'孩子"，成为国外家庭教育一种普遍的理念。

西方父母认为挫折、困境是人生必不可少的成长经历，他们觉得出现问题比没有问题要来得更好，他们更乐于看着孩子独立地去解决，即使做不到很好，孩子也能够勇于面对自己要承担的事实和责任。他们对孩子放手但不放任。这样收放有度的观念，反而能培养孩子坚强、独立、完整、良好的品质。

我们需要改变的思想行为。父母对于孩子的生活不能采取过度保护的态度，生怕孩子会面临什么困难，会遇到什么挫折，任何事都事先替孩子做好安排和打算，并且思考再三。当孩子面对困难的时候，要让孩子学会独自面对，不能企图把他们保护周全。

孩子从小缺乏艰苦磨炼，缺乏坚强意志，在当前这样竞争激烈的时代，不但创业困难，生存也有一定困难。这些是值得我们思考的问题。

二、价值观教育

（一）关于财产问题

西方值得我们学习借鉴的思想行为。比尔·盖茨把自己580亿美元财产全部捐给慈善基金会，一分也没留给自己子女。他和他的妻子认为不能让高额的财富成为子女成长的累赘，幸福要靠自己努力。股神沃伦·巴菲特，在妻子去世之后按其遗嘱将所有遗产全部捐给巴菲特家族基金会，而他的子女们则分文未获。更甚的是，他的大儿子霍华德·巴菲特居住父母的房子，还须每月付一定的房屋租赁费用。家富而不奢，给孩子固定的零花钱，让他们自己去赚钱，懂得生活的辛苦。

西方父母认为，孩子的未来需要靠自己去努力，财富本身不能给他们带来什么幸福；相反，还会害了他们，让他们满足于现有条件而失去奋斗的意识。他们不希望自己的孩子不劳而获。

我们在财产问题上要反思的问题。大多数父母认为，孩子是自己这一辈子的心血，给予是天经地义、理所当然的事。为此，有时会超出自己能力范围地为孩子创造物质条件。无限制地为孩子花钱，只要他们需要，不管能否负担，都会尽力去满足。

大多数父母会把自己的财产全部给予子女，并且让他们形成了父母的就是子女的思想观念，造成大多数子女极其依赖父母，甚至在成家之后仍旧靠父母生存。尽管大家都知道"富不过三代"的祖训，但在我们的世界里，无论贫富，也不管官民，几乎所有父母为给孩子创造一个舒适安逸的将来都不惜含辛茹苦，忍辱负重，想方设法积累一些财富。

（二）个人价值和公共价值

西方观念。遵循先个人而后社会的价值取向。他们通常认为个人的价值利益是最重要的，不实现个人利益，就谈不上实现集体利益、国家利益。所以在他们的教育观念里，如果一个人连对自我价值个人利益都采取无所谓的态度，那更谈不上对国家、对社会有任何价值。

我们的观念。我国自古奉行先社会而后个人的价值取向，所以代代相传受这一思想影响的父母对于孩子的价值观教育也是如此。认为只有实现了社会价值，个人价值才能得以实现，国家集体的利益高于一切，个人价值、利益应融入家族和民族价值利益之中。没有公共社会价值，就无法实现、无法体现个人价值。

比较观点。我认为，在此方面，中西各有千秋，不能说哪方短，哪方长。以中西合璧为佳。

（三）创新与探索的不同态度

西方值得我们学习借鉴的地方。家长鼓励创新，相信孩子具有同成人一样的独立研究、独立动手的能力，能以宽容的心态去营造一个利于培养孩子创造力的环境和氛围。他们对孩子所做的种种探索行为往往持积极、肯定的态度，鼓励孩子在生活中提出不同的见解，并对其中的疑问进行积极的探索。即使家长认为孩子的某一行为并不具有积极的效果，他们也不会过多地干涉，而是让孩子在探索中逐渐认识到自己的问题，并予以纠正。

我们要注意的问题。我们国家也越来越重视培养孩子的创新与探索的能力，但还没有形成广泛的"共识"。有些家长对孩子的探索活动还是持否定态度，往往还把孩子进行的"探索活动"视作"胡闹"而加以制止。

第二节　发展观教育、教育结果和局限

一、发展观教育

（一）行为习惯培养

西方值得我们学习借鉴的培养方式。从小教起，从日常教起，西方家长重视从日常行为与情感中对孩子进行"做人的教育"，注重从内心情感去尊重别人，看重的是日常生活的行为与习惯的培养。

我们要反思的问题。在培养孩子行为习惯方面，家长和幼儿教师不能脱离孩子心理发展的实际，例如在幼儿园时期就过早提出爱国主义、革命英雄主义、伟大理想主义的教育；而应在基础的行为习惯、人际交往等方面进行与孩子发展阶段相适应的"做人的教育"。

教育要循序渐进，不仅适用于智力教育、知识教育，同样适合于做人做事的道德教育。孩子道德观念淡漠，社会性发展差，与家长忽视对孩子最基础的"做人的教育"不无关系。

（二）人格培养

西方值得我们学习借鉴的培养方式。西方家长认为，孩子也是独立人，有自己的人格，必须给予尊重。被尊重人格的孩子，才知道尊重别人的人格。无论是家长、老师还是亲友，都没有特权去支配和限制孩子的行为，在大多数情况下都不能替孩子做选择，而是要使孩子感到他是自己的主人。甚至在什么情况下说什么话，家长都要仔细考虑，尊重和理解孩子。

我们需要反思的问题。古代中国处于封建家长专制社会，此种情形下的孩子往往不存在独立的人格，必须绝对服从父母命令。家长对孩子管得过多，甚至专横，不讲道理，容易造成孩子遇事退缩、胆小、惧怕和孤独的性格，进而阻碍孩子正常心理的形成。

我们要明确的道理是，尊重人格并不等于不加管理和引导，使孩子养成随心所欲的习惯，成为不受制约的野马。严加管教是为了更好地使孩子懂得什么是人格，进而尊重人格。良好的教育一定是促进人格健全，人格健全需要自由幸福的童年为基础。对童年时代的孩子严加管教，当孩子进入青年时代则给予尊重和放手。许多失败的父母恰恰相反，该管并且好管的时候（10岁之前）不管，该给予尊重和放手的时候却又管头管脚，岂有不败之理？

（三）心灵沟通

西方值得我们学习借鉴的沟通方式。西方家长绝大多数重视孩子健康心理的培养，因而很注意与孩子的情感交流，关心孩子的心理需要。家长把快乐教育作为一项重要的教育内容来实施。他们经常和孩子一起讨论问题，孩子遇到不顺心的事也愿意跟家长商量。心理学的研究表明，健康的心理对于孩子的成才和健康人格的塑造至关重要。

我们需要注意的问题。日常生活中对子女的关心不能只集中在孩子的生理需要方面，还要关心孩子的心理需求，以及孩子健康心理的培养和性格、意志的磨炼。否则，会在相当程度上导致孩子的心理承受能力过低，甚至经不起生活中的压力和挫折，即使是一件小事也能使他们沮丧、颓废、自暴自弃，动辄离家出走，甚至轻生厌世。

（四）花钱观念

西方值得我们学习借鉴的观念。西方家长对孩子从小就进行理财教育，使孩子知道钱是怎么来的，怎么用的，挣钱是要付出代价的；让孩子懂得节俭是美德，树立花钱要靠自己挣的观念。这样孩子就不会因富裕而成为纨绔子弟。

孩子主要是自己打零工或者做家务赚取零花钱，父母不认为钱都必须留给孩子；所以孩子从小就自己努力，等继承了父辈祖业，也会如此传承，几代过去，就成就百年企业。

富翁更注意对孩子的节俭教育。美国石油大亨洛克菲勒对子女用钱非常"吝啬"，孩子7岁始，每周发三角钱并发小本子要孩子记账，使用不当则罚，好则奖。

希腊船王之孙女是20亿英镑财产的继承人，但其父规定，步行上学，不准剩饭，新年捐一件心爱玩具给贫穷孩子。

我们需要反思的问题。与西方家长比较，我们的家长缺乏对孩子的理财教育，许多家长认为小孩不用对挣钱了解，只管用就可以了。因此，一些富裕人家孩子花钱如流水，从小就养成奢侈浪费的习惯，不知挣钱不易，只知花钱潇洒。长大后成为纨绔子弟，败尽长辈苦苦挣来的万贯家财。

（五）小孩的看管

西方值得我们学习借鉴的方式。父母一般都自己带孩子，不需要老人或保姆带孩子。他们觉得教育子女是自己的责任，即使吃点苦、受点累也应该自己来做。而老人一般也不愿给子女带孩子。

我们需要注意的问题。我国年轻夫妻有了孩子多半是由老人或保姆看管，理由许许多多：工作繁忙无法兼顾，缺乏经验，外出打工养家糊口，等等。

孩子需要父母的陪伴。3岁之前，父母不在孩子身边时，孩子会立即感到焦虑和被遗弃的恐惧，这往往会造成孩子缺乏安全感、难以形成正常的情感等一系列问题。加州大学克里斯托弗·内夫博士的研究结果显示：孩子成年后的性格基本上在3岁之前就已经定型，3岁之后变化不大；儿童的脑细胞组织在3岁之前就已经完成60%，这时期的儿童大脑具有很强的吸收能力，孩子在4岁前就已经获得了50%的智力，其余的30%是在4～7岁间获得的；3岁之前是儿童的感觉、记忆和思维的形成过程中最为敏感的时期。可以看出，3～7岁这一重要的性格培养和智力开发的学习期，将决定一个人成年后的性格和行为方式。7 岁之后，基本上就难以重新塑造了。

（六）目标期望

　　西方值得我们学习借鉴的地方。让孩子自由发展，西方人对孩子成名成家的观念相对比较淡薄，他们并不煞费苦心地设计孩子的未来，而是注重孩子的自由发展，努力把孩子培养成为能够适应各种环境，具备独立生存能力的社会人。他们的家庭教育是以培养孩子富有开拓精神、能够成为一个自食其力的人为出发点的。

　　很多家庭都十分重视孩子从小的自身锻炼。他们普遍认为，孩子的成长必须靠自身的力量，因此从小就培养和锻炼孩子的自立意识和独立生活能力。例如从孩子小时候就让他们认识劳动的价值，让孩子自己动手修理、装配摩托车，分担家里的割草、粉刷房屋、简单木工修理等活计。

　　我们需要改变的问题。相对于西方来讲，我们对孩子的期望过高，太注重学习成绩。家长望子成龙心切，因而超越孩子实际水平的高要求、拔苗助长的教育方式、恨铁不成钢的态度在家庭里弥漫。

　　在孩子的成长过程中，除生活上加倍关心外，家长最关心的是孩子的学习。为使孩子学习成绩好，将来"光宗耀祖"，学习之外的事情家长都不让孩子干，似乎学习好就是万能的，而对孩子的独立生活能力、社会适应能力、心理健康程度、道德情操以及公民意识等则关心甚少，有的甚至完全不顾。从孩子出生到成年，家长几乎把孩子的一切都包了下来，做饭、洗衣服、打扫，攒钱供孩子读大学、出国、结婚、养儿育女等。

二、教育结果

（一）自立能力

西方值得我们学习借鉴的地方。孩子 18 岁开始就不依靠父母、家庭，即使在读的中小学生、大学生，很多都靠自己打工补助自身的消费需用。就是很富裕的家庭，在读的孩子打工的也不少。

我们需要解决的问题。孩子虽然学业成就不亚于西方，但相对而言独立生活能力差，缺乏自立意识，依赖性强，做事被动，胆怯，缺乏适应环境能力和应变能力。有些人在家不知关心自己的长辈，在外缺乏社会责任感。

（二）适应市场经济的能力

西方值得我们学习借鉴的地方。一些家庭的孩子从小就参与"当家理财"，学会一些推销、与顾客沟通的能力等"经营之道"。实践使他们深知钱来之不易，从而养成了精打细算、勤俭度日的习惯。

我们需要解决的问题。孩子由于学业，在踏入社会之前很少接触钱财和家庭生活开支，对理财没有具体的概念。

（三）适应社会环境的本事

西方值得我们学习借鉴的地方。青少年不怕苦，有克服困难的毅力，遇事镇定沉着，能与周围的人和谐相处，有作为社会成员而独立存在的信心和勇气。这些素质和技能，为将来走向社会谋职、就业奠定了基础。

我们需要解决的问题。有些孩子由于从小以自我为中心，很少参与集体活动，没有团体合作意识，没有很好的社会适应能力，也没形成完善健康的社会人格。所以当毕业踏入社会之后，或者在面对社会问题时通常都比较盲目、无主见。

三、西方家庭教育的局限

过于崇尚独立自由。过于崇尚独立自由，使孩子无拘无束，有的则放荡不羁，由此引发许多青少年问题，例如更容易有暴力倾向，甚至吸毒、犯罪等等。

性开放。性开放的观念，使他们恋爱比较早，未婚先孕比较普遍。而基督徒又是不允许打胎的，所以许多婴儿被扔在孤儿院。如果以后养父母管教不好，又会形成新的问题，恶性循环。

过于倡导平等。父母和子女较平等，因此父母的权威性受到挑战，孩子在误入迷途时抛下一句"你拿我有什么办法？"父母就一点办法都没有，又不能打又不能骂，只好自认倒霉。未满 18 岁还好，满了 18 岁就惨了，虽然孩子还在上高中，可是他们已经有独立行事能力了，爱怎么样就怎么样，家长一点都管不着。

亲情淡化。子女成年后就要脱离父母独自打拼，父母一般不会给钱支援，加之西方家庭教育又过于放任自由，而淡薄了家庭的存在，从而导致少有亲情的概念。

第二章　从美、日、德看国内

第一节　美国家庭教育给我们的启示

一、美国家庭教育的特点及给我们的启示

（一）美国家庭教育的特点

注重培养平等意识。大人跟孩子谈话会蹲下来同孩子脸对脸、目光对视着，体现了家长对孩子的尊重，有利于培养孩子自尊、自信。孩子有自由选择的权利，父母负责引导、帮助分析，但最终的选择权在孩子手里。大人在日常生活中充分提供孩子表现的机会，无论结果怎么样，总是给予认可和赞许。在这样宽松的环境里成长起来的孩子开朗活泼、勇于创新、充满自信。

美国家庭各式各样的玩具和儿童读物放在孩子能拿到的地方，墙上门上贴满孩子们的"美术作品"，父母很少强求孩子的言行，孩子们像伙伴似的称呼长辈的名字是很自然的事。

注重培养动手能力。父母很重视孩子的创造能力，他们会有意识地为孩子提供环境和条件进行劳动训练，加强他们的动手能力。父母认为劳动能给孩子带来很多好处，比如：劳动可以培养孩子的独立性；劳动能促进手脑并用，促进智力发育；劳动能促进身体健康、增强体质；劳动能促进良好的个性品质的形成。

父母看见孩子在墙上乱画，用嘴咬玩具，拿剪刀在书本衣服等物品上乱剪乱画，不是痛惜某件东西被孩子损坏了，而是会感到高兴，然后耐心地告诉孩子一些操作上的技巧和知识。因为他们认为这是孩子学会了某种技能。

注重培养独立能力。在美国，绝大多数18岁以上的青年，都是靠自己挣钱来读书。家长普遍支持自己的孩子通过打工、做兼职等来锻炼独立生活的能力。孩子从小睡小床，稍大后单独一间，从没听说过孩子与父母睡在一起。

在孩子打理日常事务上，父母只帮孩子做一些当时年龄还无法做到的事，凡孩子自己力所能及的事都尽量由孩子自己去完成。

注重培养创造能力。大人不会让孩子死记硬背大量的公式和定理，而是煞费苦心地告诉孩子应怎样去思考问题，教给孩子面对陌生领域寻找答案的方法。他们认为对人的创造能力来说，有两个东西比死记硬背更重要：一个是要知道去哪里寻找所需要的；一个是综合使用这些知识进行新的创造的能力。

小学课堂对孩子从不进行大量的知识灌输，而是想方设法把孩子的眼光引向校园外那个无边无际的知识海洋；他们从不用考试把学生分成三六九等，而是竭尽全力肯定孩子的一切努力，去赞扬孩子们通过思考得出的一切结论，去保护和激励孩子们所有的创造欲望和尝试。

（二）美国家庭教育的特点给我们的启示

不要太功利。我国的家庭教育大多以家庭利益为主要价值取向。望子成龙是家长的最终目的，个人利益与家庭利益紧密地融为一体。这种具有功利性的教育目标，其期望值之高，功利性之强，并不是每个国民都能承受的。要想每一个子女都能实现有出息、好职业、一生顺境的兴家之目的，谈何容易！出于这个目的，父母特别关心孩子的学业成绩，对孩子的唯一要求就是坐下来静心地读书学艺，而忽视了孩子的天分，限制了他们的创造力，结果为了培养所谓的"人才"反而扼杀了天才，导致"有心栽花花不开"的负面效应。

不要重养轻教，重物质轻精神。现在不少父母仅关注孩子的衣食住行，忽略孩子内心世界，导致孩子容易出现心理问题和品德问题。

家长的溺爱造成孩子个性缺陷。剥夺了孩子对人生的正常体验，孩子便失去了独立生存能力；而家长对孩子学习上过高的期望又造成他们过重的精神压力。这种教育十分不合理，缺乏科学性。

不要把孩子当作私有财产。很多家长爱孩子，更爱面子，家长喜欢拿孩子作为自己炫耀的资本，满足虚荣心，给自己挣面子。他们理所当然地认为孩子是他们的，他们就有权利支配孩子的行为，而当孩子违背他们的命令时，有的家长就会使用"威严"的家庭暴力，却不知道他们的行为是违法的，他们坚信"棍棒底下出孝子""不打不成才"的"教育理念"。

二、美国家庭教育的目的及给我们的启示

家庭教育的目的影响家庭教育的方向，决定其总体效果，所以教育目的是家庭教育的核心。家庭教育的目的就是要通过家庭教育把受教育者培养成什么样的人。一旦目的确定，教育内容、方式都据之选择。

（一）美国家庭教育的目的

社会人。美国家庭教育是要把孩子培养成具有适应各种环境的独立生存能力的"社会人"。

父母能较为轻松地对待子女的教育，把孩子个性中积极的成分最大限度地挖掘出来，让孩子实现自我价值，就算达到目的，也并不追求一些功利性的目标，如高学历、好职业。但事实上，这样的教育往往能够产生许多"无心插柳柳成荫"的效应，正所谓天才产生在不经意中。

将来有能力。为培养孩子的能力，美国的孩子从小就独立睡；当会行

走时，就自己玩耍，很少父母抱着玩；再大些时，就有自己的空间，房间内的摆设、布置和清理全由孩子负责；他们从小就做些力所能及的有偿服务，如做清洁、帮人看小孩、送报纸等，到了高中或大学后就勤工俭学，赚生活费。

（二）美国家庭教育的目的给我们的启示

不能只注重学习。应试教育成为选拔人才的单一方式，使许多家长盲目追求成绩，认为只有成绩好，将来才有出息。由于很少考虑孩子的性格、社会适应能力、公民意识等问题，即使学业成绩好，将来也未必能顺利地立足社会，有时候，还会使父母的期望完全落空。

不能满足于好职业。大部分家长认为，有了好职业，才是有出息，这样一生就能在顺境中度过。这个目的的期望值高，而且功利性强，因为有出息、好职业、顺境不是一个一般的目的，较难实现。

三、美国家庭教育的内容及给我们的启示

（一）美国家庭教育的内容

美国家庭教育内容丰富，注意让孩子在体力、认知、语言、社会性等可称之为"素质教育"内容上获得和谐发展。

在促进体力的增强上。重视开展幼儿户外活动、体育锻炼，如在庭院里荡秋千、野外远足等。

在认知的发展上。重视训练孩子的各种感官，注意开拓孩子的文化、审美视野和孩子的学习兴趣，如父母到图书馆借阅图书或学习时喜欢带上孩子，让其受周围环境的熏陶，萌发学习的愿望。

在社会性的培养上。教育孩子自我服务，自己的事情自己做，并要求孩子学会与同伴合作、分享、互助。

在情感的陶冶上。指导孩子欣赏音乐、美术、舞蹈、文学艺术作品的美，如带孩子到美术馆、博物馆观看各种展品，鼓励孩子参加艺术创作活动；让孩子亲身接触、体验大自然的奥秘，如带孩子到森林公园旅游、在海浪中游泳、攀登岩壁等。

（二）美国家庭教育的内容给我们的启示

我国的家庭教育内容虽然也可以分为德、智、体、美几方面。但往往是当孩子进入了学龄期，有的甚至在学龄前期，就开始将智育放在压倒一切的地位，使得教育内容出现不平衡的倾向。

加大强身健体的力度。我国的家庭在保证孩子生长发育所需营养、保护孩子的安全、注意疾病的预防与治疗方面，与美国对比起来，是一种防御性的、静态的、消极的保护，温室培育起不到强身健体的作用。

弥补学校教育的不足。学龄前，我们的大多数家庭教育还重视向孩子传授知识、技能，如为孩子购置各种知识性、趣味性的读物，训练孩子朗读、书写、计算等。当孩子开始接受学校教育后，家庭教育出现学校化倾向，父母监督学习、检查作业、购买习题集、实行题海战，应付永无休止的考试。

不盲目培养特殊才艺。越来越多的父母认识到"一技之长"的重要性，因而盲目培养孩子特殊艺术才能，如把孩子送入绘画班、歌舞班学习，聘请家庭教师教孩子学拉小提琴、学弹电子琴等，这种急功近利的做法一方面无视孩子的兴趣，另一方面由于耗费大量时间和费用，往往对孩子要求过高而增加了负担。

不忽略技能。我国教育忽略的是技能，如动手能力、协调能力、生活技能、劳动技能、工作技能等等，而美国在社会性的培养上特别重视这些技能，在他们看来，这些技能是一个人立足社会的基本。

不忽略潜能。我国的教育在智育上忽略了一部分实能的同时，更加忽略的是潜能。潜能分为学习能力和创造能力。表面上我国父母很重视知识的学习，实际上只注重认知能力中的低层次部分，这部分可以应付考试，但始终不能构成未来社会的创造力量。

四、美国家庭教育的方式及给我们的启示

（一）美国家庭教育的方式

家长重视锻炼孩子独立生活能力，从孩子出生，父母就设法给他们自我锻炼的机会和条件，让他们在各种环境中得到充分锻炼。

宁苦而不骄。家长特别注重培养孩子的吃苦精神。孩子从小就打工，这就是一种吃苦精神的磨炼。

家富而不奢。美国的家庭平均收入比较高，但家长对孩子的零用钱有严格的限制和要求。据调查发现，美国54%的青少年学生没有零用钱，而且年龄越大越不可能拿到零用钱。

严教而不袒护。大人对孩子的缺点错误绝不听之任之，更不袒护，而是设法教孩子自己知错改错。

学习不施压。家长认为孩子自然会努力去学感兴趣的知识，强制孩子去做本不愿做的事情，反而会伤害他们的感情与个性。人的兴趣、爱好和才能本来就各不相同，孩子适合做什么就做什么，让他们自己走自己的人生道路。成功的家庭教育让孩子在尊重和鼓励中成长。

附：美国前总统奥巴马的五大教子锦囊

无论工作压力有多大，美国总统贝拉克·奥巴马都会尽量与妻女共进晚餐，分享一天的喜怒哀乐，有时还玩一种叫"玫瑰和刺"的游戏。身为"总统老爸"和"第一夫人妈妈"，奥巴马夫妇秉持几点准则，努力为11岁的马莉娅和8岁的萨沙营造一个严格而自

由的环境，希望她们能像普通孩子一样健康、快乐成长。

要知道我们爱你们。美国心理学家戴维·埃尔金德说："孩子们最需要知道的是，他们对父母很重要，永远都被爱围绕。"

奥巴马夫妇对女儿的爱体现在每件小事上：和女儿手牵手滑旱冰；相互击掌鼓励对方；萨沙坐在父亲腿上看姐姐马莉娅踢足球；上学第一天，当着总统车队的面，和父母亲个够……

奥巴马夫妇努力融入女儿的生活。无论是萨沙的舞会还是马莉娅的篮球赛，他们都尽量参加。米歇尔的每日安排都有"玩耍"一项。她喜欢了解女儿在学校的表现，与老师保持联络。

"我认为，女儿在学校表现出色，原因之一是我这个做母亲的能够在工作和生活之间把握平衡。"米歇尔说，"我虽工作忙，但一定会挤出时间打理家务。"

最令奥巴马自豪的是，即使在长达 21 个月的总统竞选期间，他也亲自出席两个女儿的每一次家长会。如果出差在外，他每晚都给女儿打电话，让她们知道父母从没有将她们遗忘。

美国家庭与工作关系研究所负责人埃伦·加林斯基说，现实生活中，很难做到同时对工作和生活给予足够关注。不过，只要别把工作压力带回家，孩子就能根据父母的忙闲自行调整生活。

守规矩但适当通融。奥巴马夫妇面临的一个最大挑战是，如何让女儿尽享童年时光的同时避免被宠坏，明确并且始终如一的规矩可以培养孩子的责任感，帮助他们区分对错。

马莉娅和萨沙可以做自己喜欢的事情，但不能越界。奥巴马夫妇允许她们与青少年乐坛偶像"乔纳斯兄弟"见面，但拒绝让她们参演风靡全美的少儿电视剧《汉娜·蒙塔纳》；可以使用 iPod 音乐播放器、照相机和电脑，但不能违反学校规定把手机带到课堂。

　　不过，规矩固然重要，但家长有时也可适当"通融"。这种事情通常是祖父母、外祖父母喜欢做的。例如，马莉娅和萨沙的外祖母有时会允许她们 20 时 30 分以后上床睡觉、多看一会电视或者多吃几块点心。

　　米歇尔说，小时候她的母亲对自己很严格，现在却娇惯外孙女。她曾对母亲开玩笑说："你是谁呀，怎么和我熟悉的妈妈不一样啊？"

　　"白宫千金"自然受人瞩目，但奥巴马夫妇努力保护女儿的隐私。某个万圣节，一向处事冷静的奥巴马在护送萨沙参加舞会的路上对偷偷跟随的摄影记者大发雷霆。在采访中，奥巴马经常会拒绝回答有关女儿的问题。

　　享受美妙家庭时光。奥巴马一家住在芝加哥时，每周末都有固定的安排：举行家庭舞会和比萨饼午餐。夏天，一家人还常去郊游。奥巴马当参议员期间经常不在家，米歇尔和女儿就制定了"促膝时间"，即母女三人躺在床上聊天。

　　奥巴马当选总统后，一家人从芝加哥搬到华盛顿，米歇尔的母亲也跟随搬进白宫，担任"第三家长"的角色，负责安排外孙女的业余生活、监督她们写作业、练钢琴。米歇尔曾表示，"第一祖母"在一家人适应白宫新生活的过程中发挥了很大作用。

　　贝勒大学医学院儿科专家阿蒂亚哈·斯平克斯·富兰克林说："我喜欢那些有祖父母的家庭。数代同堂让一个家庭充满活力。"

　　奥巴马就职总统后，白宫举行了一个家庭庆祝会，大约 50 名亲戚和朋友参加。入主白宫前，奥巴马一家就经常和这些人聚会，相互帮忙。米歇尔说，当丈夫工作繁忙时，就会有人暂时充当一下"周末爸爸"，协助她照顾两个女儿。

　　泰勒认为，孩子与熟悉的成年人接触十分重要，"（孩子可以向他们）寻求建议，或者敞开心扉"。

好孩子心中有他人。马莉娅和萨沙拥有良好的教养，可以安安静静地坐在观众席中听父亲演讲，还会微笑着倾听陌生人为她们唱生日快乐歌。

美国家庭心理学家约翰·罗斯蒙德说："许多父母不重视对孩子的礼仪教育。学习礼仪可以让孩子关注他人，看他们是否需要帮助。在这个过程中，孩子学会尊重他人，这是良好品德的核心。"

奥巴马夫妇一直教育女儿要心中有他人。在父母指导下，马莉娅和萨沙志愿帮助穷人，并选择以尊重他人、社区服务为教学理念的希德威尔友谊学校就读。

要多参加户外活动。一项针对16个国家儿童的调查结果显示，由于将过多时间用在看电视和玩电脑游戏上，孩子的户外游戏时间大大减少。在此问题上，抱着笔记本电脑和手机不放的父母无疑给孩子做了坏榜样。

奥巴马曾在一个大型集会上说："仅仅告诉孩子'在学校里表现好点'是不够的。你的孩子回到家，家里开着电视，开着收音机，你不帮孩子检查作业，房间里一本书也没有，你还沉迷电脑游戏。"

为了让女儿多参加户外活动，奥巴马夫妇在白宫院子里搭建了秋千和绳梯。斯平克斯·富兰克林说："玩这些普通游戏装置，孩子们可以用到最基本的运动技巧。即使天气寒冷，她们也会到户外玩，理应如此。"

（二）美国家庭教育的方式给我们的启示

生活上不能包办代替。家长尤其是独生子女的家长，对孩子的衣食住行往往包办代替。这种包办横向涉及孩子的方方面面，纵向延伸到孩子长大成人，对孩子自主能力的形成非常不利。

社交上不能过度保护。不少家长怕孩子吃亏或学坏，于是限制孩子与外界的接触，一旦孩子与小朋友或同学之间发生争执或不愉快的事情，多数家长采取袒护自己孩子而指责其他孩子的办法。

经济上不能任意放纵。很多家长对孩子的要求有求必应，不少小学生都拥有手机、数码相机、iPad 等高档消费品，这无形中助长了他们奢侈浪费的习惯。

学习上不能过于严厉。应试教育一直深深桎梏着我国家长们的思想，导致家长们把孩子的学习成绩与能否考取高等学府视为孩子成材的唯一标准，对孩子成绩要求非常苛刻严格。

五、美国家庭教育的主要问题

道德教育滑坡。美国家庭教育，有许多是娇惯、放纵式的，从而造成很多的社会问题。多年来，美国中小学生的道德品质每况愈下，青少年吸毒、卖淫、暴力、怀孕、偷窃等现象司空见惯，引起美国各界人士的广泛关注和忧虑。

缺乏沟通。美国人认为家庭中的每个成员都应该有自己的空间。按照他们的观念，即使他们是一家人，也不能相互干涉对方。而且当年满 18 岁后，孩子就要离开他的父母。这就意味着孩子只有很少的时间和他们的父母待在一起。因此，他们对其父母没有太多的责任感。老人的赡养更多的是由社会来完成，而不是由子女来完成。但是，在中国人的眼里，离开父母不是个好主意。这样有可能失去彼此沟通的机会。

过多关注快乐学习。美国人很重视快乐学习。但实际上，孩子年纪小时快乐学习效果不错。但仅仅重视快乐，父母会发现孩子的学习水平在下降。

一些习惯快乐学习的孩子没有计算器就不会算数了。

六、中美家庭教育差异的原因

（一）历史背景不同

美国： 19世纪下半期，美国是当时世界上首屈一指的经济大国。经济的繁荣给教育的改革和发展创造了必要的客观条件和保障。在那个"镀金时代"，一大批工业家像卡耐基、洛克菲勒等富足后成为慈善家，把大笔的钱捐给学校，使美国的教育事业获得了发展。

中国： 虽然经济迅速发展，但是现代化的教育才刚开始成型，刚开始普及。尽管在18世纪以前就开始有"西学东渐"的思潮，那也只限于在小部分地区传播。

（二）经济形态的差异

美国： 生产力先进，商品经济发达，而且美国是个"能力社会"，用人机制健全，劳动力流动自由，跳槽机会多，所以美国人择业观开放，职业选择面宽。美国父母认为孩子将来只要能在社会上立足生存，职业是不分高低贵贱的（当然要合法）。因此，美国父母的教育目的重在育"人"，更为宏观、宽泛，以不变应万变。

美国的家庭教育推崇以理性的基本原则对待家庭成员和家庭事务。父母多把抚养教育孩子的义务，与对社会应尽的义务一样看待，这是超越个人的立场，而不是完全从家庭本身或父母自身的利益来看待家庭教育。既然他们认为抚育子女是义务，也就不图养儿防老，不图回报，自己老了进养老院是应有的归宿。

中国： 人口众多，生产力水平还没有达到一定高度，尤其是农村有广大欠发达地区。对于那些需要改变命运的家庭而言，读书几乎是唯一的方法，于是就有了"万般皆下品，唯有读书高"的观念。

中国人是情意至上，家庭教育以人伦为基础，以情感情理为法则来处理家庭人际关系。父母把孩子看作是自己私有财产，从个人养老或个人荣誉面子角度考虑子女教育，在无微不至的父母爱怜中隐含着较为浓厚的"投桃报李"的私情。

第二节　日本、德国的家庭教育

一、日本的家庭教育

（一）日本家庭教育的内容

调教。这是日本人对子女进行的一种有意识的教育。"调教"的含义有两种汉字表示：一种是"身"旁加一个"美"字，写成"身美"，是自造的汉字，顾名思义，可能就是使孩子的身材变美吧；另一种表示是"仕付"，它的原意是做衣服时先用线大致绷一下，以便随后细细缝制，用在子女教育上，意思也是很清楚的。调教的方法，对于还不懂事的幼小孩子多采取奖惩结合的"尼考澎"原则。"尼考"是日语"尼考尼考"的简称，微笑的意思；"澎"是轻轻敲击的象声词，就是当孩子做对了时，父母就微笑相对以示赞许，做错时父母就轻轻敲他一下手心以示惩戒。到孩子慢慢长大懂事了，再逐渐代之以讲道理。

身教。日本人有句老话："孩子是看着父母的背影长大的。"在成人之间常用这句话互相提醒给孩子做好榜样。当自己孩子欺负了别家的孩子时，或者做了损害别人利益的事情时，父母知道了以后就立即带着自己当事的孩子到对方家去赔礼道歉。特别是干个体经济的农户商户，总是把在家的孩子带在自己身边，让孩子看到自己劳动经营的身姿，或者让他们给予力所能及的帮忙，更多的是让孩子分担家务，进行身教。

情感教育。日本人特别重视全家人一起举行传统节日活动和平日的家庭团聚活动，共享快乐，培养丰富的情感，特别是热爱家庭、热爱乡土、热爱民族文化的感情培养。比如3月3日的"偶人节"，被作为女儿的节日，为女孩陈列象征高贵温柔的偶人。5月5日的"端午节"作为男孩的节日，为男孩陈列身披铠甲的威武偶人，在屋顶立起"鲤鱼旗"；还有11月5日的"七五三节"，当男孩3岁、5岁，女孩5岁、7岁时，在这天把他们打扮一新，到神社祈愿健康成长等，对于孩子幸福快乐地成长都有促进作用。

总的说来，日本的传统家庭教育重点在子女的社会化上，系统功课的学习基本委托给了学校，父母只做督促和支援。对于孩子自发的游戏，如攀树爬墙、猎奇探险等，一般也比较宽容。他们有句谚语："心爱的孩子要让他出外闯荡。"这说明日本人是重视实践锻炼的。

（二）日本家庭教育的特点

重视母教对人才培养的作用。一千多年前，中国的儒家文化经过朝鲜传到日本，以《诗》《书》《礼》《易》《春秋》等五经为中心的儒学逐渐在日本盛行起来。明治维新以后，日本大量吸收了西方文化，资本主义得到发展，但儒学仍受到重视，日本文化保留了大量儒学的影响。日本人非常重视家庭教育，而且至今重视用儒家的伦理思想教育子女，一直把中国孟母三迁教子的故事视为家庭教育的典范。

日本家庭教育传承儒家思想，重视家庭教育，特别重视母亲在家庭中培养孩子的作用，专门实行了妇女结婚生育退职制，有力地保障了家庭教育的开展。在日本，职业女性一生孩子就得辞职，政府鼓励女性回家带孩子。女性如果全职在家带孩子，政府会给予相应的补贴，并且会减免丈夫收入所得税，丈夫的公司也必须为全家购买相关的健康保险。在二十世纪五六十年代，大约有90%的已婚妇女是全职主妇。随着时代的发展，一些女性也追求自己价值的实现，婚后坚持工作，甚至坚持工作、不生孩子。目前有

60%～70%的已婚妇女是全职主妇，其余的也至少要把孩子带到一岁以后再去上班，而且往往是做兼职工作，工作时间为一天中的某段时间，如上午10点来，下午3点走，日本的公司也提供这样的岗位。家庭主妇用更多的时间安排家庭生活，照顾和教育孩子。

日本妇女在结婚前，享受着接受各种学校教育的权利和机会，这保证了她们有较高的伦理道德和科学文化素质。她们结婚后辞去公职，专心料理家务和养育子女，能够用科学的方法持家和教育子女，使家庭教育质量普遍较高或很高，而政府也从制度上对家庭教育予以保障。妇女怀孕就要到政府部门报到，为孩子建立相关档案，凭建立的小册子可以到任何医院检查。"孕妇健康教室"每周有讲座，介绍有关知识，还有专门的营养师定期上门指导。政府机构要对家庭教育孩子进行监控，强制父母认真看护孩子。如果孩子生病或受伤送到医院，他们就会怀疑父母对孩子照顾不周或有虐待孩子的行为。如果属实，政府就会把孩子保护起来，与家长隔离开。政府机构的人定期上门，观察家庭环境是否适合孩子，家里是否有不利于孩子成长的人，测量孩子的身高、体重等发育指标。这一制度成为一种社会生活制度，既保证了家庭教育的质量，又确立了妇女在家庭教育中的突出地位。因此，家庭教育以母亲为主，母子关系十分亲密，母亲常用唱歌、做游戏、做功课、跳舞等形式培育孩子，寓教于乐。

重视礼仪教育。日本家庭教育非常重视对子女的礼仪教育。母亲做好了饭没告诉孩子可以吃，孩子是不能自己先吃的。孩子在吃饭前，必先说一声"那就不客气了"。孩子离家或归家都有一套礼仪规矩。孩子每次出门都要和母亲、父亲说一声"我走了"；每次回家进门都要说一声"我回来了"。文明礼仪行为已成为他们的习惯。

重视对孩子的自立教育。日本家庭从小就培养孩子自主、自立的精神。大部分家庭要求孩子做家务劳动，包括吃饭前后的帮忙、烧饭；让孩子收拾整理自己的房间及身边的东西；让孩子自己去买东西；等等。家长非常支持孩子在学校里学好烹饪、缝纫课等。在日本，孩子自己处理问题的能力，适应生活、环境的能力都比较强。小孩走路时摔跤，父母不是主动扶他起来，而是鼓励孩子自己起来。大一点的孩子受到挫折，父母鼓励他们自己去克服困难。在日本，小学生在冬天都穿短裤，有的孩子腿冻得都发紫了，父母并不"心疼"，而是支持鼓励孩子那样做。

重视创新教育。日本家庭教育从小重视对孩子创新人格的培养，重视培养孩子的好奇心和冒险精神。孩子提出的各种问题，父母都尽量解答。从小就鼓励孩子提问题，鼓励孩子有独立的想法、看法。家长经常带孩子到科技馆去参观，鼓励孩子到社区图书馆去看书，借阅图书，玩各种创造性游戏，发展孩子的想象力。父母很重视对孩子动手能力的培养，给孩子买来组装玩具，鼓励孩子从不同的角度组装各种各样的模型，培养孩子的动手能力和创造性。

挫折教育。孩子受点委屈、挫折，家长不会马上去帮他们，而是鼓励他们自己去克服。孩子两岁之前，家长会教他们学会"等待"；两岁之后，就会教他们学会"忍耐"。需要指出的是，忍耐不是消极的忍耐。在日本，人们信奉这样的信念：只有让儿童经受一定的以忍耐为内容的身心训练，而不是满足他们的各种要求，才能培养儿童克服困难的能力，形成坚韧和顽强的品质。为了让儿童养成坚韧和顽强的品质，父母非常重视对儿童进行忍耐的教育，并且将其与社会生活结合起来。在日本，人们经常可以看到，一些孩子在没有成人带领的情况下，面对艰苦的自然环境，安营扎寨，寻觅野果，捡拾柴草，寻找水源，克服重重困难，进行自救活动。

日本孩子自己处理问题的能力、适应生活环境的能力都比较强。家长不大干涉孩子的着装打扮，比如孩子染发，染成金色、茶色、红色、白色和银白色，各种各样的化妆是每个学生必不可少的"课外作业"，家庭基本默许他们的这些时髦之举。

家庭教育有效地与学校教育、社会教育配合。日本是一个十分重视教育的国家，其教育质量之高，在世界上是名列前茅的。日本的学校教育发达，要求严格，针对青少年的社会教育制度较为严密健全，这些制度都能与家庭教育较好地配合。

为了鼓励妈妈在家看护孩子，做好家庭教育工作，日本的幼儿园非常少，收入高的家庭需要交很高的费用才能使孩子入园。同时，日本几乎没有全托幼儿园，主要是半日制幼儿园，上全日制幼儿园也要开很多证明，要求家庭，特别是母亲尽到教育孩子的责任。幼儿园的教育也与家庭教育配合密切，幼儿园教授的课程很多、很全，不需要再上专门艺校，父母长辈也可以参加学习，如游泳馆就是家庭制，全家人一块去；幼儿园要求父母轮班负责家庭与幼儿园之间的联系，轮班负责在马路上指挥孩子过路口等；幼儿园还要发动孩子的父母举办活动，如运动会，收集各种旧物品在操场上出售等等。总之，在孩子年幼时，即使把孩子送入了幼儿园，父母也必须承担起教育责任，要花很多时间与孩子交流，与学校教育密切配合。

从社会教育来看，日本专门制定《日本少年法》，并建有少年院及家庭裁判所。《日本少年法》主要体现对犯罪少年实行人格保护。家庭裁判所是基层专门法院，负责《家事审判法》所规定的家庭案件的审判和调解，以及《日本少年法》所规定的少年保护案件的审判。少年院是为收容和改造、教育家庭裁判所解送的受监护处分所设立的国立机构。为了使被收容者适应社会，少年院对其进行文化教育和职业教育与训练。

全社会重视和关心家庭教育。日本社会关怀儿童成长成为社会风气，认为儿童第一、教育第一。日本供家长和学龄前儿童订阅的月刊大约有50种。书店常出售有关教育孩子的书籍，家庭教育受到政府、社会和家庭的普遍重视。在日本还有"幼儿教育大学"等专门提高父母育儿水平的专业机构。

日本父母注重对子女的实践锻炼。在大街上，经常能看到大人、孩子各背一个包。甚至刚会走路的孩子也背一个小包，里面装上自己要用的衣服、水、奶瓶、尿布，从小就要学会自己的事自己做，不要依赖他人。在今天的日本，越来越多的城市儿童，在父母和有关社团的帮助下，离开父母、离开家庭，到边远的农村、渔村，在那里的学校求学，感受艰苦的生活，锻炼独立生活能力。

日本的家庭宪法。日本科技发达、国力强盛在世界上是出了名的，可大家不曾注意到让日本人直接获益了数十年的教育方式也是出了名的。日本有一个"家庭宪法"曾声名大噪，这个"宪法"其实就是家庭教育的一些方法，之所以称为"宪法"，表明此法在日本家庭教育中的重要地位。比如为了培养孩子的独立精神，规定孩子一上高中就要搬出去独立生活，并且在小学、初中阶段的孩子们要一直为此做准备。告诉孩子到几岁应该如何，有助于孩子明确时间界线，培养独立精神。

"家庭宪法"规定：教育既要讲究方法，又要讲究步骤，首先要确立目标，然后再仔细确定步骤，预先告知孩子下一步应做什么。明确告知脱离保护的期限，有助于以后教育的顺利进行。例如，孩子刚上小学时，父母若担心学校离家远，就先制订计划并告诉孩子，第一周可送入校园，第二周送到车站，第三周起则要一个人来回。这样，孩子才能事先做好心理准备，顺利地迈向下一阶段。以这种方式改变整个生活，即使阶段变化迅速，但很少会出现失败。带孩子去购物或旅行，刚开始孩子会跟在家长后面，但只要告诉孩子下次要他自己去，他一定会用心记住道路顺序、金钱的支付方式等。

（三）日本的《家庭教育手册》

日本文部省曾颁布《家庭教育手册》，内容通俗易懂，却极有深度和针对性，至今仍被日本家长奉为最佳家教指南，很多中国家长和老师都表示从中受益匪浅。主要内容被人们概括为"30条法则"。

第一部分：家庭是什么。

第一条：孩子最大的愿望是家里人都能愉快地过日子。当问及孩子"你对家庭有什么更高期望"时，孩子回答得最多的是"家里人都能愉快地过日子"。孩子们在企求这么理所当然的事，作为父母应该认真面对这样的现实。

只要给孩子提供必要的东西，孩子就能自然地成长的时代已经过去了。现在，安宁、愉快的家庭需要全家人有意识地共同努力。为了孩子，为了自己，请对家庭进行一次再认识。

第二条：不会珍惜自己的人也不会珍惜孩子。养育孩子确实很重要，但是整天神经绷得紧紧的也吃不消，父母的烦躁不安会传递给孩子。

正因为养育孩子很辛苦，所以，拥有属于自己的时间，保持心理健康很重要。父母应互相配合，共同承担。有效利用孩子去托幼机构的时间，可让你的身心有个休整。另外，有什么事别自己一个人烦恼，鼓起勇气去家庭教育咨询中心、保健中心、儿童咨询所等机构跟专家谈谈。在家里，父母充满幸福的笑容，会使孩子感受到幸福。

第三条："养育孩子是母亲的事"，有这种想法的父亲要当心。一般认为，在现代家庭里，父亲的权威变得越来越弱，对孩子辨别善恶、分清好坏的社会教育也越来越马虎。通常，父亲和母亲的育儿方针基本一致，但父亲和母亲站在不同的角度教育孩子，能纠正过于密切的母子关系。父亲自然地参与养育孩子，发挥父亲的影响力很有必要。父母要互相尊重，母亲应注意不要在孩子面前贬低、瞧不起父亲，父亲也应注意不要在孩子面前大声斥责母亲。

第四条：未必"一说就知道"，但不说就更不知道。在现代社会，如果什么都不说，要互相理解是很难的。不断增加夫妻之间、父母和孩子之间的对话，是建立幸福家庭的基础。无论是夫妻之间还是父母和孩子之间，不管什么事都可以交谈是最好不过了。全家人一起吃饭，一起交流各自的近况，早晨的问候，让孩子帮忙做家务，和孩子一起玩，一起参加社区的义务活动等等，这些对增加交流都很重要。

第五条：**全家人一起吃饭这件事真的很重要。**饮食生活不仅对儿童的身体健康，也对儿童的心理发展有深远的影响。全家人一起吃饭的愉悦，父母费心做出的饭菜等自然地将父母的爱传达给孩子。由此得到的满足感、信赖感能使孩子开朗、坚强地成长。注意饮食的营养均衡，养成全家人一起吃饭的习惯。

第六条：**父母积极向上的生活姿态，孩子一定能领会到。**家长要一边工作一边养育孩子，容易使家长与孩子接触的时间变少。但是，疼爱孩子，为了更美好的未来而努力奋斗的家长的形象，一定会深深地铭刻在孩子的心中。

另外，各种各样的烦恼是难免的，别一个人承受着，应请亲戚、朋友们协助，或积极利用社区的咨询窗以及育儿机构来解决问题。无论何时，都要充满自信地养育孩子，表现出积极向上的生活姿态。

第二部分：家教。

第七条：**孩子的缺点跟父母总很相似。**不守公德的人，让人讨厌，不可信赖。如果孩子这样做时不予以纠正，孩子会误认为自己做得对，这样就可能慢慢变成一个不讨人喜欢的人。孩子做错事时，要以父母之爱严正斥责、严加管教。同时，大人自己也要注意尽量不做出轨的事，做能一直让孩子依赖、尊敬的父母。

第八条：**"规矩"是为谁定的。**在家里，孩子们有时候守规矩，有时候"犯规"，由此逐渐学会了处理人与人之间的关系，了解社会规则。

家规不仅包括日常问候、门限时间、关灯时间等，还包括不给别人添麻烦、不撒谎等社会规范。为了让孩子懂规矩并一直遵守规矩，父母要经过认真讨论，定出明确的家规，父母和孩子一起遵守这个家规。另外，倾听孩子的意见、和孩子共同定家规也很重要。

第九条：**如果你想让孩子不幸，那就什么都给他买吧。**如果父母不加考虑地一味给孩子买东西，容易使孩子失去为了得到自己想要的东西而努力、忍耐、多加思考的精神，变得什么都想要，不能自控。

不管孩子怎么闹缠人，不必要的东西不给买。不要给孩子太多的零花钱。零花钱定额，让孩子自己安排、调整怎样花。

如果真为孩子着想，比起在孩子身上花很多钱，更应在孩子身上花费心血，倾注父母之爱。

第十条：如果让孩子帮着做家务，他将变得很能干。孩子们有以自我为中心的言行，自立推迟等倾向，主要因为自我责任感没有形成。在家里定出规矩，让孩子分担家务，对培养孩子的责任感、自立心，感受到自己是有用的人等方面是十分重要的。让孩子从"把用过的东西整理好"等小事做起，养成和父母一起做家务的习惯。

第十一条：如果孩子最好的朋友是电视，那太寂寞啦。如果孩子整天呆在屋里看电视、看录像、玩电子游戏，容易造成与他人、与大自然接触和体验不够，与他人不能很好地交流，缺乏同情心，生与死的现实感淡薄，不能区别现实与假想世界，阻碍孩子身心健康成长。给孩子创设与其他小朋友一起玩和自然体验的机会，并让其积极参加。定出不多看电视、不多玩电子游戏的规矩，并使孩子养成遵守这些规矩的习惯。

第十二条：给孩子单独房间的同时，也给他定好规矩。如果孩子整天待在自己的房间里，父母就搞不清孩子在干些什么，父母与孩子间的对话也会减少。况且，孩子房间有可能成为犯罪现场。

要使孩子房间对孩子的成长起作用，定出家规很有必要。比如：孩子回到家后，先在起居室露个面再进自己的房间；孩子的房间不上锁；孩子带朋友进自己房间前，先把朋友介绍给父母；父母觉得有必要时可以敲门经允许后进入孩子的房间，以便把握孩子的实际情况等等。

第十三条：孩子并不能正确发出"危险"信号。父母情绪焦躁，对孩子的爱抚、疼爱不够，以及对孩子过分娇生惯养和过多干预等等，都会影响孩子的心理健康，并常常会在孩子身上表现出来。例如，孩子出现肚子疼、恶心、拉肚子、食欲不振、头晕眼花、发烧等症状，以及吃得过多、失眠、吮指头、咬指甲等行为，不要只担心孩子是不是生病了，还要好好想想这些症状、行为是不是由于心理原因造成的。

不要仅给孩子贴上"神经过敏""任性""赖学"之类的标签了事，要好好观察孩子，认真听听孩子的话，做出努力理解孩子的姿态。同时，也要与熟悉孩子的医生好好谈谈。

第十四条：孩子愿意跟怎样的父母谈心。人是一种喜欢被别人爱、被别人理解的高级的动物。如果得不到别人的理解而产生的不满积累太多，有时会一下子爆发出来。孩子突然大发脾气时，连孩子本人和家长都搞不清是怎么回事。其实，孩子发火、苦恼是有原因的。如果父母平时做到仔细听孩子说话、与孩子站在同一角度考虑问题、对孩子的事非常关心，孩子便能切实体会到自己被父母爱着。

孩子只有在感到自己被爱着时，才能心平气和地对待问题。这样能避免不必要的冲突，使孩子能够接纳别人、正视问题，茁壮成长。

第三部分：同情心。

第十五条：幸福，不仅有从别人那儿得到的幸福，还有为别人造福的幸福。有65%的中小学生说他们"没有"或"不太"能在公共汽车、电车上让座。为培养同情弱者，有勇气帮助、爱护弱者的孩子，家长能做些什么呢？父母可以从孩子很小的时候开始，通过日常生活的实践培养孩子的同情心。父母应率先给孩子做出榜样，逐渐培养孩子给孕妇、老年人等让座，当残疾人遇到困难时能主动上前询问并予以必要的帮助等行为习惯。

第十六条：不希望孩子成为歧视他人的人。当发觉孩子有欺负、伤害、污辱别人的行为时，父母有责任教导自己的孩子：对正直的人来说，这是可耻的行为！

在这种时候，与其给孩子讲大道理，不如给孩子讲讲父母是如何爱孩子，希望孩子成为杰出的人；讲讲看到自己的孩子欺负弱者时是多么吃惊；讲讲对自己的孩子看到别人受到伤害时反而高兴是多么气愤；等等。尽量把自己的真实想法传达给孩子。还有，要向孩子表明：父母不持偏见，不欺负别人，也不容许孩子欺负别人。这对孩子的教育很重要。

第十七条：人和人不一样，生命只有一次。眼看着亲近的人死去的情况越来越少了，如果渐渐习惯电视节目、电子游戏中不断重复杀人虚构的"死"，将很难体会到"生命是宝贵的，生命只有一次"的含义。

让孩子在大自然中游戏，精心培育花草虫鱼等，有意识地给孩子提供各种生物以及看到生物死亡的机会，让孩子切实感受到生命的尊严和珍贵。让孩子想象失去亲人的家属和有心灵创伤的人的心情，使孩子理解那种悲伤是多么深刻。

第十八条：最精彩的书，是父母自己念给孩子听的书。在孩子感受到父母爱之温馨的同时，也要让他们接触优秀的图书。孩子和家长一起阅读并产生共鸣的时候，正是丰富孩子的感情和心灵的宝贵时刻。

就像人必须有吃饭时间一样，父母也应费心开设"读书时间"，哪怕只有一点点时间也没关系，坚持每天给孩子讲故事吧！

第四部分：个性与理想。

第十九条：把孩子培养成一个能自己思考、自己行动的人。父母把孩子成长道路上要跨越的障碍物事先全部清除掉——过于保护；孩子每走一步都要指示一下——过于干涉。这样的结果是：孩子到任何时候也不会一个人走路。父母这样做也剥夺了孩子接受挑战、从失败中学习以及获得各种体验的机会。

父母容易拿自己的孩子跟别人家的孩子比较，把自己的希望强加给孩子，让孩子与自己的步调一致，等等。但是，没有一个孩子是跟别的孩子完全一样的。父母应重视孩子的个性，去爱"就是这样"的孩子。

第二十条：不要总是指责缺点，应使优点不断增多。对孩子来说，重要的是具有自信、自爱的精神。这种精神就像植物的根一样，扎得越深越广，汲取的营养水分越多。父母不要只看表面情况，对孩子的成长、发展要充满信心。给孩子的心田浇灌丰富的营养和水分。

那么，成为营养和水分的东西是什么？是找出孩子的优点并加以表扬。该批评的时候就批评，该表扬的时候应好好表扬。在心里定下批评一次、表扬三次的"一比三"标准。受到表扬的孩子心情愉快，自信心及自尊心也会随之得到增强。

第二十一条：有了理想人会变得坚强。有这样一种说法，现在的孩子没有热情，对将来不抱梦想和希望，对艰难的目标还未挑战就先放弃，等等。但是，孩子有孩子自己的梦想、希望，不管多么微不足道，多么滑稽可笑，作为父母，要静心倾听孩子讲述他的梦想和希望。

父母要抓住时机给孩子讲讲自己的经验，讲讲那些经过长期艰苦奋斗而最后实现了自己理想的人们的生活经验，教育孩子人生的目标是在流大汗、不断重复失败的过程中实现的。父母要密切关注孩子的成长，父母是孩子的"大后方"。

第二十二条：没有一个孩子跟别的孩子完全一样。孩子记住了多少单词？已经学会了多少东西？有的父母只将眼光落在自己的孩子跟人家的孩子相比、跟平均值相比上，以自己的期望值来评价孩子。这对孩子的个性养成及孩子的成长、发展没有好处，会使孩子变得容易失去自信。把自己的孩子跟其他孩子、跟平均值比较以后，不要坐立不安。不管什么时候都要相信自己孩子是有个性的；相信孩子的成长。慢慢地、踏实地培养孩子。

第二十三条："拔苗助长"要不得。对孩子进行早期智力开发的父母正在不断增加。但是，让孩子从很小的时候就学这学那，等到上了小学、中学，不少孩子已感到疲惫不堪。在那种老把自己的孩子跟别人家孩子相比、想早出成果而焦躁不安的家庭气氛中，孩子的心理发展容易扭曲。而且，过早地让孩子学这学那，会减少对幼儿的发展来说很重要的游戏及各种各样的体验机会，不利于孩子的发展。

应正确地看待孩子，充分认识到根据孩子的个性、以充足的时间、踏踏实实地培养孩子的重要性。

第二十四条：没有一个人是完美无缺的。完美主义的父母总希望自己的孩子能做到完美无缺。一旦孩子出现小小的失败、丁点儿过错，父母马上变得神经过敏、心理紧张、焦虑不安。长期下去可能导致"育儿不安"、虐待孩子等。

孩子没有完全照着父母期望的那样去做，这是很自然的事。大方向对了就行，不必太拘小节，这一点很重要。自然地养育孩子更能使孩子茁壮成长。

第五部分：游戏。

第二十五条：游戏是孩子的工作。游戏对孩子的心理发展非常重要，特别是在幼儿期，孩子通过游戏运用感知进行活动、想象，动手制作东西。如果减少和孩子们一起游戏的机会，将会使孩子从奔来跑去的户外游戏转向在家里一个人游戏，这对孩子的发展十分不利。

近年出现了一些喜欢看电视而不爱玩玩具，喜欢黏着妈妈而不会和其他孩子玩，在户外不知道怎么玩的孩子。应该认识到，游戏对孩子来说是多么重要，让孩子自由自在地、轻松愉快地玩吧！

第二十六条：常说"真累啊、累死啦"的孩子多起来了。现在的孩子从很小的时候起就被时间赶着跑，游戏的时间也被削减，使他们失去了自由。不能悠闲地玩的孩子里，有不少人动不动就觉得累，没有什么事也会觉得烦，不开心。

只有给予孩子充分自由的时间，孩子才会从心里感到游戏的乐趣，去创造、发展游戏，从而使孩子的个性及创造能力得到发展。父母应该鼓起勇气，给孩子充足的时间和充分的自由。

第二十七条：人生需要的东西是从自然中学得的。看电视、玩游戏机等室内游戏在不断增加，而在大自然中进行的游戏正在不断减少。鼓励孩子去野外游戏，并带领孩子到大自然中去，让孩子感受到接触动植物、接触自然的乐趣。可以全家人一起参加社区举办的亲近大自然的活动，有时候也可以让孩子离开父母一个人参加此类活动。

在大自然中玩，通过体验惊异、感动，不仅能培养孩子丰富的情感，也能使孩子认识到学会爱护自然的重要性。

第二十八条：跟其他孩子一起玩，远比我们想象的重要。在不同年龄层次的人构成的集体中，孩子能学到不少有关人际关系的知识。对小的孩子来说，通过集体生活，能理解遵守纪律、自制的重要性；对大的孩子来说，通过集体生活，能培养他们关心别人的情感和在集体中起带头作用等责任心。

有不同年龄层次孩子参与的集体活动，能给孩子们提供相互切磋的宝贵机会。父母要认识这些活动的重要性，鼓励孩子积极参加。

第二十九条：在家庭里每年进行的例行活动，意义也很重大。在春节、端午节、生日、圣诞节、年末大扫除时，孩子们不仅能与老年人等不同年龄层次的人交流、联络，加深亲情，也是他们关心社区、亲近传统文化的一个好机会。

第三十条：你的生活态度是对孩子的最好教育。为培养那种不仅考虑自己所在单位的利益，还放眼于社区以及整个社会，并积极参与各种活动的孩子，重要的是父母自身应该先理解独立思考、自我行动、刻意创新、充满勇气的重要性，并积极地去努力、去挑战。

（四）日本家庭教育的缺陷、不足

二战后的日本奇迹般地仅用了几十年的时间就从废墟上建立起了一个屈指可数的世界经济强国。日本在各个方面都取得了长足的进步，这些进步使日本社会发生了翻天覆地的变化。但是，伴随着经济的高速发展也同时产生了一些问题。

学习竞争进入家庭内部。在学校教育高度发展和完善的基础上，社会发展到了"学习化社会"的阶段。在学习化的社会中，教育的发展与社会的进步同步进行，教育、学习渗透到社会的每一个层面。这是一个积极的好的发展方向。但是，近年来，存在于学校的学习竞争现象却在不断地进入家庭教育内部中。现代日本社会存在着偏重高学历、考试竞争加剧现象。因此，在家庭内部，父母期望自己的孩子将来能够获得高学历的倾向也越来越严重。为了达到这一目的，便将孩子送到私塾里学习，以期孩子在竞争激烈的日本社会中站稳脚跟。虽然把孩子送到私塾里学习，是作为对学校教育的补充和对知识的扩展来进行的，但这种做法使一大部分家庭教育出现了只偏重学习的现象。

家庭教育缺乏计划性与意识性。家庭教育大致可分为两种：一是家庭中以父母为代表的家庭成员有意识地、有计划地对孩子进行的家庭教育；二是通过父母或家庭成员平时无意识的言行来进行潜移默化影响的家庭教育。在经济高度发达、社会各方面快速发展的日本能够做到对孩子有意识、有计划地进行教育的家长不是很多。

把教育推给学校。在日本很多的家庭中，父亲整天为工作忙碌，母亲不关心孩子的成长教育，把孩子的教育问题全部都推给了学校。在这种情况下，学校与家庭之间没有取得联系，得不到沟通。孩子在学校里的情况、表现，很多家长一无所知。

家庭人际关系不稳定也对家庭教育产生极大的影响。因为家庭成员之间的关系是一种精神上的联系，是一种亲情关系。这也正是能够称得上家庭成员的必要条件。但是，日本的家庭成员关系却在悄悄地发生着变化。现今日本的离婚率很高。在离婚的案例里，共同居住5年不到就离婚的例子最多。另外，有的家庭虽然夫妇仍然住在一起，但是实际上婚姻已经破裂的家庭内离婚的案例很多。仅从这一点看，日本问题家庭中，青少年所经受的痛苦、悲哀与寂寞便可想而知。

二、德国的家庭教育

（一）主要特点

注重独立性培养。在德国，当孩子长到一定年龄时，父母就认为孩子应该走向社会，而不希望他们过分依赖父母。孩子都有自己的房间，大多数父母十分尊重子女的生活方式和个人隐私，父母没有经过同意一般不会去翻子女的东西。一方面，父母希望借以促进子女形成独立的个性；另一方面，希望通过尊重和保护子女个人权利的教育形式，向他们传递这么一种信息：那就是每个人都是独立的个体，在保护自己权利的同时，也应该尊重和保护别人的权利。德国家庭的独立教育还体现在理财方面。孩子出生后，父母便给孩子一个银行账户。为的是让孩子从小就学习管理自己的钱财以便懂事后有计划地支配自己的零花钱和打工钱。尽管德国家庭普遍较富裕，但孩子们从小就养成了相对独立的习惯。大部分孩子在中学阶段就有打工挣钱的经历，特别是在假期。中学毕业或到一定的年龄后，孩子们会在父母的指导和自己的选择下离开家庭或家乡到外面去开创自己的生活道路。

孩子具有选择权。在德国家庭，子女具有选择个人生活道路和兴趣爱好的权利，父母不干涉子女的选择，这是德国家庭教育的一条重要原则。选择报考什么学校、上什么补习班、参加什么兴趣班，这些都是子女的个人事务，父母无权干涉，更无权代替子女做出选择。德国人比较注重为孩子的学习环境创造良好的条件，但是，他们不希望给孩子很大的压力。他们也会很关心孩子的成绩，但是不会把分数看得比孩子、比实力更重要。

理性对待学习。德国父母不是把自己的愿望凌驾于子女发展之上，而是本着理性的态度和公平原则对待子女的学业。从另一方面说，德国人比较注重从情感上感染孩子，他们很关心孩子，从小就使孩子感到被爱，每次都会鼓励他们去做，做得更好。当孩子成绩不好或是有不良行为时，他们会很认真地去和孩子探讨原因，积极从孩子的观点去考虑问题，而不会用其他给孩子施加压力的方式去对待孩子。父母并不会强求孩子一定要得第一，而是比较注重培养孩子学习的能动性和自觉性。做作业时，父母只会鼓励他们自己去找答案，绝不会轻易说出答案。

重视善良品质培养。德国格外重视对孩子善良品质的培养，爱护动物是许多儿童接受"善良教育"的第一课。在孩子刚刚学会走路时，不少德国家庭就特意为孩子喂养了小狗等小动物，并让孩子在亲自照料小动物的过程中，学会体贴入微地照顾弱小的生命。德国人在这方面绝非小题大做——越来越多的德国人已有这样的共识：小时候以虐待动物为乐的孩子，长大了往往更具暴力倾向。有一个例子：法兰克福有一个孩子粗暴地将上门乞食的流浪者驱赶出门，全家人特意为此召开了家庭会议。大人们严肃、耐心地启发孩子：流浪者尽管穿着邋遢，但同样享有人的尊严。使孩子明白一个道理：仰慕强者也许是人之常情，而同情弱者更是美好心灵的体现。后来，孩子建议邀请那些受辱的流浪者来家做客，大人们则毫无保留地支持。德国人注重从内心影响孩子。

宽容对待交友。德国的父母对待子女的交友抱着十分宽容的态度，在他们的辞典里没有"早恋"这个词。在对待子女交异性朋友的问题上，他们不会进行干预，而只会为子女做好指导和咨询工作。在中国，其实许多"早恋"都是父母逼出来的，父母越禁止，处于青春期的子女就越抵触。当家长和老师看到男女同学有亲密的举动时，就会想到"早恋"，就要想方设法做孩子的思想工作，或者采取检查书包等监视方式掌握情况，阻止孩子与异性亲密来往。相对的，德国的父母并不会对子女交异性朋友进行干涉，而是引导他们如何与异性相处才最合适，如何保护自己和尊重他人。父母只是孩子成长道路上的引导者，而不是指挥者和领导者。

（二）几种观念行为

德国幼儿园没有年级，所有年龄的幼儿都混在一起；小学都是半日制的，下午没有课，只有课外活动；英语 3 年级才开始学习；小学 4 年级毕业，根据老师推荐升学，学习技工，上中专或者上以后能上大学的文理中学；上大学的比例还没中国高……然而，为什么 8200 万的德国人分享了世界上一半的诺贝尔奖？答案竟然是——不要过早过度开发儿童智力，让孩子输在起跑线上。

宪法禁止学前教育。通过国家介入，禁止对孩子过早开发智力，避免将孩子大脑变成硬盘，留给孩子大脑更多的想象空间。孩子在小学前的"唯一任务"就是快乐成长。在德国不仅幼儿园的孩子不允许学习专业知识，就是上小学的孩子也不能学习额外的课程，即使这个孩子的智商超过同龄人。

如果说在上学前对孩子非要进行"教育"的话，那"教育"的重点只有三个方面：其一是基本的社会常识，比如不允许暴力、不大声说话等；其二是孩子的动手能力，在幼儿园期间孩子会根据自己的兴趣参与手工制作，让他们从小就主动做具体的事情；其三是保护孩子的情感胚胎，培养情商，培养领导力。原以为只有德国才有如此奇怪的规定。其实，欧洲很多国家对待小孩子的做法基本上大同小异。

学前教育破坏想象力。欧洲人普遍认为，孩子有自身的成长规律，他们在相应的阶段要做相应的事情。如果过早进行学前教育，他们的想象力和思考能力就会被破坏，由此造成孩子养成被动接受知识而疏于主动思考的不良习惯。

残酷教育。德国人认为，孩子长大了早晚要自闯一片天地，与其让他们面对挫折惶恐无助，不如从小摔摔打打，"撞"出面对人生的勇气和本事。因此，"残酷教育"在德国的幼儿教育中成为流行趋势。

从不强迫孩子。德国人从来不喂孩子吃饭，如果孩子饿了，自己会主动吃的。孩子这次不会自己吃，下次就会了。孩子不会做的事，老师只在必要时给以言语或者行为上的鼓励和暗示。大人不强迫他们做什么，也不包揽，因为那样可能会抑制孩子独立行为的发展。帮他完成某些事，日后他就只会做那些别人做过的事，而缺乏创造性。

大人向孩子认错。家长必须善于控制自己的情绪，给孩子尽量多的爱而不是宠溺，尊重孩子的自尊心。家长要常把"对不起""请原谅"和"谢谢"之类的词挂在嘴边。由于得到父母的爱护和尊重，德国的孩子从小就参与家庭的各种活动，并提出自己的意见。比如购买什么样的家用电器、汽车，如何布置房间、处理家务等，孩子都可以以小主人的身份和父母一起商讨，父母愿意倾听孩子的意见，充分肯定孩子正确的想法和行为。

法律严禁父母唠叨。在德国，爱护儿童、保护儿童的合法权益已被列入法律条款。一方面法律规定孩子要帮助父母洗碗、扫地和买东西，从小养成爱劳动的习惯；另一方面，严禁父母"唠叨、打骂或不爱子女"，如果孩子认为自己得不到父母的尊重或受到冷落，可以向法院控告自己的双亲。此外，法律还详细解释了儿童享有的各项权利。

把孩子看成一粒种子。德国人把孩子看成一粒种子，他们需要自然的生长环境，不可过于控制，给孩子留下尽量多的自由发展空间。比如，许多人抱孩子时，孩子的脸朝外，眼睛和大人的视野基本一样，小手小腿可以自由地活动，全身能充分地与阳光和空气接触，有利于他们适应自然环境，茁壮成长。

第四编

成长，榜样的领航

第一章 习惯养成期的家庭教育

第一节 习惯养成从黄金期开始

一、习惯养成的黄金期

（一）习惯养成期

习惯养成时间。 在心理学术语中，"习惯养成期"指每一个新习惯要保持下来，所需要坚持的时间。一般来说这个数字是 21 天，也就是坚持 3 周时间，一种新习惯才能被接纳，大脑才能将新习惯视为日常活动。

习惯养成需要坚持。 偶尔一次未能坚持并不代表计划失败，可以向后顺延 1 日。但如果你急于养成一个好习惯，那么坚持连贯的 21 天还是最好的方法。

习惯养成和改变的同一性。 一个习惯的养成需要 21 天，同样，21 天也可以改掉一个习惯，所以，不论好习惯还是坏习惯，21 天就能让你习惯或者不再习惯！

（二）习惯养成黄金期

不同年龄段的成长黄金期。 6 ~ 7 岁，智力发展；7 ~ 8 岁，学习习惯培养；8 ~ 9 岁，纪律分化；9 ~ 10 岁，注重后果向注重动机过渡；10 ~ 11 岁学习兴趣培养；11 ~ 12 岁个性形成和发展。

幼儿园和小学是关键。许多研究者认为，孩子习惯养成的"黄金期"在幼儿园和小学。初中还可以弥补，到高中就相当困难了。

习惯养成黄金期是人生学习的最佳时期，在这个年龄段培养孩子行为习惯成效最大。在黄金期对孩子实施好习惯教育，事半功倍，一旦错过这个年龄段，终生难以弥补。

二、黄金期要培养哪些良好习惯

习惯有多种，有卫生习惯、饮食习惯、运动习惯、阅读习惯、节俭习惯、文明习惯、为人习惯等等。下边仅举几例。

（一）阅读习惯

一般来说，从9个月开始，就可以给孩子看一些图书了，只要根据孩子的认知能力、语言能力选择适当的书，循序渐进地给他看，孩子就会在不知不觉中养成爱看书的习惯。

9个月～1岁。9个月至1岁的孩子看的图书有以下几个特点：一是画面清晰、干净，最好一物一图，如一个苹果、一只鸡、一条狗等。因为1岁孩子的平面视觉经验还很有限，所以画面一定要简单明了，不要杂乱。二是色彩鲜艳、明快，能引起孩子的注意。三是内容对于孩子来说有一定熟悉性。当孩子看着图片时，父母要说出该物品的名称，让他跟着学发音，这是为了将音和图在大脑里建立起联系，为以后认图、说话做准备。

1岁～2岁。1至2岁的孩子可以看由大幅图画组成的书了，内容最好是孩子在日常生活中经常接触到的，如房屋、日常生活用品、动物、玩具等。图书的画面要简单，色彩要鲜明，配的话语、儿歌要简单、押韵、有节奏，适合孩子听、学、说。

2岁～3岁。2至3岁的孩子语言飞速发展，所以父母可以和他一起读一些情节简短、有趣、与孩子熟悉的事物有关、以图画为主的故事书。父母在给孩子讲故事时，要用简短的语句把故事内容讲清楚，还可以一边读一边让孩子在书中找出讲到的事物，或让孩子重复父母讲过的话。

3～4岁。3至4岁的孩子需要内容更丰富多彩的图书了，如有关动物、小朋友的故事。故事里不仅要有孩子熟悉的事物，还要有一些新鲜事物，要有较多的细节和情节，以便孩子在看书听故事时能学到新知识。当然书中仍然要有较多的图画，以适合孩子的胃口。

4～5岁。4至5岁的孩子可以看有故事情节的连环画了，因为这时候孩子在语言能力方面又上了一个台阶，比起2～3岁儿童的字词、简单句要精彩得多了，能够灵活地与成人进行日常对话，而且喜欢自己编故事；在认知能力上也同样大大地进步了，充分表现出具体运算期的特点，能很生动、形象地思考问题，喜欢自我尝试解决问题。

5～6岁。5至6岁的孩子阅读范围更广泛了，而且从形式上也有了明显的变化，那就是更加图文并茂，孩子开始在阅读中欣赏文字。虽然不强求孩子记住那些文字，但会在孩子脑中留下痕迹，相当于一种潜伏学习，而且有图片对照，更容易留下印象。这些都可以作为入学的准备。

（二）诚信和尊重的习惯

说了就要做。诚实守信是人的立身之本，是全部道德的基础。一个言而无信的人，是不堪与之为伍的；一个言而无信的民族，是自甘堕落的。

耐心听别人讲话。尊重他人是最重要的文明习惯之一，也是吸纳一切智慧的必要条件。因此，从小学会用心倾听各种声音，而不去粗鲁地打断别人或随意插嘴，是现代儿童应有的良好素质。人群积聚的地方，最聪明的人是那些善于倾听的人，听有益的知识和信息，自己用心归纳整理。

（三）行为规范的习惯

按规则行动。按规则办事是全世界人民学会共处的基本准则。如果每个人只从自身利益出发，不遵守公共规则，不考虑他人意愿，世界必定永无宁日，也必定危及每个人的利益。对于儿童来说，养成做事之前先了解规则的习惯，并自觉遵守有关规则，是儿童社会化的范式。譬如，从小养成习惯在公共场所排队，拒绝投机取巧。

天天锻炼身体。健康第一，是教育永恒的方针，也是一个人幸福的基本保障。一个重要的发现值得人们铭记：一个人如果在童年养不成运动习惯，长大了也很难养成运动习惯，而一个没有运动习惯的人，生命的质量必定下降。因此，小学生每天应保证睡眠 10 小时，学习不超过 6 小时，而运动 1 小时以上。

用过的东西放回原处。善始善终对于儿童是困难的，却又是十分必要的，用过的东西放回原处，这不仅有助于培养儿童思维的有序性，也有益于其责任心的形成。对于父母与教师来说，用百次机会可养成儿童某种文明习惯，若错过最佳教育时期，千次万次也是徒费心机。

节约每一分钱。节俭不仅仅显示了个人的道德观与生活能力，也与整个人类生存发展密切相关。节约每一分钱的实质是节约资源，并从中体验人类的高尚情感与博大智慧。（节俭不浪费是美德须提倡。个人不赞成吝啬守财奴式的过分节俭，该花的钱就花，不该乱花的要控制。开源节流是大智慧。）

干干净净每一天。从清洁做起，是培养孩子神圣感的良好措施。不必穿名牌，更不必奇装异服，只要求干干净净，譬如，剪去长指甲、经常换洗衣服、经常洗澡、不使自己发出异味、书本不乱涂乱画等。

注意让孩子养成良好的饮食卫生习惯，按时进餐，不暴饮暴餐，少吃零食，不偏食。教育孩子讲究卫生，不随地吐痰，不乱扔杂物，保持衣服干净，不乱涂写，勤洗手、洗脚、洗澡等。

做事有计划。成功的事业离不开周密的设计与不懈的奋斗，我们鼓励孩子走向成功，却又太宽容孩子的心血来潮和胡思乱想，尽管这的确是儿童期的自然反应。假如当孩子提出某项请求时，我们总是轻轻地问一句：你的计划呢？当儿童逐步习惯了行动之前做计划，一个伟大的变化就开始了。如果，我们耐心地与孩子讲他的计划，并使计划趋于可行，那么，孩子也就悄悄地成熟起来了。做大事要从小事做起，譬如每天临睡之前，将第二天要穿戴的衣服或使用的东西摆放整齐，就是儿童做事有计划的必要训练之一。

（四）文明礼貌的习惯

礼貌待人。作为一名现代家长，应注意从孩子的牙牙学语阶段，就注意教育他学会礼貌用语。家长在教养过程中要让孩子学会说话和气、举止文雅、活泼大方，形成待人诚恳、落落大方的良好习惯。模仿是孩子最早的学习方式，父母如何待人、如何做事、如何学习等行为，对孩子来说，就是一本没有字的生动教材。所以父母的良好习惯是培养孩子良好习惯的主要前提。

尊敬长辈是传统美德，教育孩子尊敬长辈，父母首先要尊重老人，使孩子幼小的心灵受到感化，使孩子学会从小就尊重别人。教育孩子在学校见到老师或同学，要主动说一声"老师好"或"您好"，同时报以微笑；在接受别人的帮助时，要微笑着向别人致谢；在别人不小心冒犯了你时，要用微笑表示你的谅解；尊敬、爱护和关心老人，尊重外地人、有困难的人或残疾人，对他们有礼貌，给他们力所能及的帮助和方便等等。

及时感谢别人的帮助。对于一切来自他人的帮助都应心存感激，对于一切妨碍他人的行为都应心存愧疚，这是一个人的正常反应。如能养成及时表达内心感受的习惯，既可以与他人实现心灵沟通，又可以避免遗憾的产生，从而使自己处于健康、积极、主动的生活状态。

（五）学习的习惯

合理安排时间。据美国教育专家观察研究表明，如果在学前阶段，孩子的学习能力没有得到充分发展，那么孩子将来入学后很可能就会学习能力低下，跟不上学校学习的进度。为人父母者，在孩子幼年阶段，要注意激发孩子爱学习、爱看书的兴趣，这对培养孩子良好的学习习惯极为有益。小学一、二年级是学习习惯养成阶段，要让孩子逐渐养成按时休息、按时起床、按时学习等生活习惯，以适应今后紧张的学习需要。

模仿榜样。家长的榜样作用是不可小看的。父母是孩子的首任教师，是孩子首先模仿的榜样。父母的言行、思想观念和文化素质无时无刻不影响着孩子，可以说从孩子身上总能找到父母的影子。家长应喜欢学习，善于学习，多读书、看报纸。要言传身教，以身作则，从自身的行为习惯做起，再根据孩子的年龄特点，制定切实可行的学习目标，让他们能通过点滴的培养、训练，养成爱读书爱学习的好习惯，这对孩子一生都会有影响。

（六）为人处世的习惯

明白为人处世的道理。学龄前正是树立人生观价值观的关键时刻，在古今中外的优秀作品中，有大量关于为人处世、性格、理想的诗词、故事等，孝顺、礼貌、诚信等美好的品格，都能在书中找到典范。别对孩子空洞地说教，给孩子多讲故事，多教诗词歌赋，时间一长，孩子便能领悟书中的道理，并自觉运用到生活中来。

懂得与他人和谐相处。孩子以后成长、生活离不开集体环境，家长要教育引导孩子与伙伴儿进行友好交往，友好相处。要让孩子有集体荣誉感，鼓励孩子帮助别人，为别人或为集体做事情，并及时鼓励夸奖他们。同时要求孩子与同学之间要互相团结，互相帮助。教育孩子在学习上有不懂的问题要向老师或同学请教，对成绩差的同学不能歧视，要帮助他们。支持孩子把自己的玩具、图书借给他人等等。使孩子在潜移默化中产生集体意识，学会遇事考虑他人的感受，不能事事、处处以自己为中心。

记住自己的责任。责任感对于孩子来说，是十分重要的。只有具备一定的责任感，人才能自觉、勤奋地学习、工作，做各种有益的事情，掌握各种技能。孩子必须从小培养责任感，以便长大后能尽快适应社会，能照顾家庭，完成本职工作，尽自己的义务，从而成为优秀人才。

在目前，有些孩子，尤其是独生子女，责任感较差，他们"不知道疼人"，只顾自己，不管别人，甚至不关心自己的父母。从前，中国多数家庭是多子女家庭，生活水平不高，父母对孩子的宠爱比现在要轻得多，孩子的责任感可能在兄弟姐妹之间生活和学习活动中得到体现，例如，"让着小弟弟、小妹妹"，"哥哥、姐姐要多干活，要让他们多吃点"，等等。每个人都要担任一定的角色，长幼有序，每个人的责任、义务都不同，责任感也就慢慢建立起来了。

培养孩子的责任感，家长要把孩子当成独立的人，让他们了解家庭收支的情况、社会分工和人际关系、每个人应负的责任；要对孩子的行为多加指导，使其渐渐走上自立的道路。家长可以让孩子从小做一些家务劳动，如收拾床铺、洗碗筷、洗袜子、倒垃圾等，使之明白自己是家庭的一员，应尽一份义务，负一定的责任。

在培养孩子的责任感方面，德国的经验可供借鉴。他们把家务责任范围规定为：6 岁以前的孩子可以尽情地玩耍；6 到 10 岁要帮助洗杯盘碗碟，购买小物品；10 到 14 岁要整理草坪，洗刷鞋子；14 到 16 岁要参加宅旁园地的劳动。对不愿干和不完成父母交办的家务事的孩子，按百年来约定俗成的法规论处；双亲可以请求市监管委员会给予帮助。

（七）热爱音乐的习惯

孩子的生活离不开音乐，孩子的发展需要音乐，年轻的父母们应该积极培养孩子的"音乐细胞"，在百忙中抽出一点时间，和孩子一起"玩音乐"，带领孩子走向音乐的王国。我们可以通过以下方法来培养孩子的"音乐细胞"。

学会听。音乐离不开声音，在大自然里让孩子学会听鸟鸣、蛙叫、雨水的滴答声等。引导孩子发现音有高低、长短、强弱之分，和孩子一起玩"敲敲听听"的游戏，例如在厨房里用筷子先敲敲铝锅，再敲敲玻璃杯，比比哪个声音高，哪个声音低。经常让孩子闭上眼睛，问孩子听见了什么声音，在生活中，在孩子高兴的时候，反复训练孩子的听觉，使孩子从小听觉灵敏。

学会记。当孩子对物体的各种声响产生了兴趣，我们就应该进一步要求孩子记住这些声音，例如：让孩子辨别家人的说话声、走路声、敲门声等。假如您对孩子在听声音和记声音方面进行了一段时间的训练后，一定会发现孩子对各种声音的敏锐感觉和细微辨别能力远远超过成年人。

学会拍。这里所指的拍，就是对孩子进行初步的节奏训练。拍手是孩子们经常重复的动作，也是孩子表示内心喜悦的动作，我们可以从拍手开始，和孩子玩玩拍手的游戏，训练孩子的节奏感。节奏是音乐的生命，是音乐生命力的源泉，我们要培养孩子在朗诵、拍手拍腿、跺脚等活动中对节奏的敏感性。

学会唱。孩子很希望用自己的歌声来表达自己的心情、愿望和理想。模仿是孩子最大的特点，我们应当抓住孩子的这一特点，给孩子准备各种歌曲，供他们欣赏或学唱。家长是孩子的第一任老师，因此，父母教孩子唱歌时要发音准确、吐字清晰、节奏感强。自认为没有"音乐细胞"的父母可以借助录音机、平板电脑等设备，让孩子从学唱简短的儿童歌曲入手，引导孩子多听、多练、多唱。

学会动。孩子们在音乐的感召下是喜欢"脖子扭扭、屁股扭扭"的。孩子天生喜欢随着歌曲音乐做动作，大人要多给孩子一些鼓励和夸奖，给孩子一个充分发展自我的舞台，让孩子尽情地表现自己，抒发内心的情感，在此基础上逐步帮助孩子协调四肢的动作，使其动作优美。在生活中家长要和孩子共同编小律动，一起分享音乐带来的欢乐。

用和谐的古典音乐做生活的背景。在孩子成长的过程中，可利用如潜脑音乐作为孩子生活的背景音乐，开发孩子的右脑，提高孩子的情商。长期背景音乐的熏陶，有助于提高孩子的思维、观察、记忆、想象等方面的能力。培养孩子"音乐细胞"，家长可根据孩子的年龄特点和需要，灵活制定一套最适合他的训练方法。

第二节　习惯养成从家庭教育开始

一、家长是良好习惯养成的第一责任人

（一）重视家长对孩子行为习惯养成的作用是各国教育共识

日本。2006 年日本内阁会议通过的《教育基本法》修正案，新增了"家庭教育"条目，其中第十条指出："父母及其他监护人，是孩子教育的第一责任者，必须努力让孩子养成生活当中必要的习惯，培育其自主精神，使他们身心和谐地成长。"

德国。《宪法》明文规定：教养儿童是父母的自然权利和义务，真正承担教育责任的是孩子的爸爸和妈妈。

英国。政府在其发布的教育白皮书《追求卓越的学校教育》中指出：家庭也是教育者，青少年教育仅靠学校单方面的力量难以完成，需要社会各方面尤其是家长的密切配合。

中国。教育部在 2015 年 10 月下发的《关于加强家庭教育工作的指导意见》

中明确指出了"家长在家庭教育中的主体责任"。要依法履行家庭教育职责，严格遵循孩子的成长规律，不断提升家庭教育水平。

（二）学生习惯的好坏与家长有直接关系

一个好学生，一个走上社会后品格高尚、有成就的人，大都与他从小受到的良好家庭熏陶和影响有直接的关系。而学校的问题学生，以及他们走上社会后暴露出来的种种问题，大都可以在家庭环境和家庭教育中找到根源。优秀家长营造优秀家庭，问题家长促成问题孩子。一个问题学生的背后，大都站着一个有问题的家长。以色列有一句名言：一个好母亲胜过一所好学校。

家长家庭教育水平与在校优等生的比例成正比，提高家长家庭教育的水平，不仅可以使自己孩子成为优等生的可能性大大增加，更能大幅度降低孩子成为后进生的可能性，避免孩子成为未成年违法犯罪者。孩子形成坏习惯，多是父母的教育方法出了问题。

故意打扰。如果孩子总是故意打扰你，可能是因为你和他的身体亲密度不够，他渴望和你接触。

撒谎。如果孩子撒谎，可能是因为你曾过度指责他的错误。

缺乏自信。如果孩子缺乏自信，可能是因为你给他的建议比鼓励多。

不敢坚持自己意愿。如果孩子不敢坚持自己的意愿，可能是因为他从小就被当众训斥。

拿不属于自己的东西。如果你啥都给孩子买，但他还是去拿那些不属于自己的东西，可能是因为你没有给他选择的机会。

懦弱。如果孩子比较懦弱，可能是因为你总是及时帮他。你无须为孩子扫除人生道路上的所有拦路虎。

嫉妒心强。如果孩子的嫉妒心强，可能是因为你经常拿孩子和隔壁小朋友比较。

大发脾气。如果孩子稍微不顺心就大发脾气，可能是因为你对他的表扬不够，他只有在行为不当时才能获得你对他的关注。

不尊重他人。如果孩子不尊重他人的感受，可能是因为你总是命令孩子，首先你自己就不尊重他。

做事神秘。如果孩子总是神神秘秘，什么事都不告诉你，可能是因为你总爱打击他。

没礼貌。如果孩子没有礼貌，可能是耳濡目染，从爸爸妈妈或身边人那里学来的。

二、如何教育孩子养成良好的习惯

（一）习惯养成教育的基本原则

有利的环境。必须给孩子提供养成好习惯的适当环境，尽量避免任何破坏这种环境的行为。例如，想帮助孩子养成早睡的习惯，但今天晚上有精彩的电视节目，明天晚上要带孩子出去做客，后天晚上家里又要请客……孩子根本没有早睡的机会，或者早睡的习惯尚未养成就一再遭到破坏，这样就难以养成早睡的习惯。

耐心的引导。望子成龙的心情人人都有，但操之过急往往达不到预期的效果。不能指望孩子马上就养成许多好习惯，必须有耐心，慢慢地引导。比如孩子每天从幼儿园回来后喜欢看电视，谁说也不听。妈妈非常生气，一见到孩子看电视，就走过去粗暴地把电视机关掉，任由孩子哭闹。这样不但不能帮助孩子养成不看电视的好习惯，还会造成孩子的逆反心理。遇到这种情况，家长应耐心地给孩子说清道理，花时间陪孩子做一些其他感兴趣的事情，时间长了，孩子就会摆脱对电视的依赖。

及时的称赞。发现孩子无意中有良好的行为表现时，家长应立即给予称赞以示鼓励，强化孩子的这种行为。例如孩子玩完了玩具，顺手把玩具收拾整齐放回原处，妈妈注意到这件事，马上对孩子说："真乖，真是一个会收拾玩具的好孩子。"孩子得到妈妈的称赞，心里非常高兴，下一次更乐意把玩具收拾好，渐渐就养成这种良好的习惯了。但家长的赞赏应着重控制在言语和态度上，尽量少用买玩具、买东西吃等鼓励方式，因为这些方式若使用不慎就会变成一种"贿赂"或交易。

良好的示范。家长的一举一动都逃不过孩子的眼睛，必须以身作则，时时刻刻给孩子起到良好的示范作用。比如孩子礼貌的行为、早睡早起的行为、整齐清洁的习惯、喜欢读书的习惯等，都跟家长的日常生活习惯有很大关系。而成人不知不觉间做成的不良示范，同样会对孩子产生极大的影响。家长喜欢乱发脾气，孩子的脾气一定也不会好；家长常常骂人，孩子自然也会常常骂人。

坚决的态度。在孩子面前，家长必须有主见，做每一件事都要态度坚决。家长自己拿不定主意，孩子就会受到影响。有一位母亲很怕她的孩子不吃她准备的食物，每次拿东西给孩子吃的时候，总是很紧张地问："喜欢不喜欢吃？"长此以往，孩子就养成了挑食的坏习惯。

家长的态度一定要前后一致，如果孩子今天在桌子旁吃饭，明天坐在台阶上吃饭，后天坐在沙发上一边看电视一边吃饭，而家长又没有立下一定的规矩和保持前后一致的坚决态度，那么就很难使孩子养成良好的饮食习惯。

默契的合作。家长之间教育方式方法以及态度要协调一致，才有利于孩子良好习惯的培养。即使家长有不同的意见，也要在孩子不在场的时候讨论，大家在商谈中寻求一个共同的解决办法。例如妈妈正在称赞小孩子自己吃饭，不用大人帮忙，奶奶走过来说："别让他自己吃了，弄得地上全是饭粒，身上又脏兮兮的。还是大人喂他吃饭，又快又干净，多省事。"这样孩子刚刚开始自己吃饭的兴致就会被打断，自助的好习惯也就难以养成。

多给一些机会。让孩子在"做中练"。父母的过度保护或越俎代庖往往剥夺了孩子学会自我照顾的机会，使孩子渐渐产生依赖性，一旦离开父母就吃不好，穿不好。所以，父母要尽早放手让孩子在游泳中学会游泳。如让孩子从小就自己穿衣、穿鞋、帮忙扫地、叠被子、收拾玩具等，使孩子在实践中养成良好的劳动习惯。当然，放手并不等于放任。毕竟他们年纪小，能力有限，因此父母要用合适的方式教给孩子劳动的技巧，更要为孩子创设适合他们的空间。如腾出家具的低矮部分放置孩子的玩具、衣物、食品等，让孩子可以自己取放物品，从而在合适的空间中充分发挥他们自主劳动的积极性。

适当立些规矩。孩子分辨是非和自我控制的能力很差，家长要让孩子知道哪些该做、哪些不该做、怎样做，就一定要给孩子立一些具体的规矩。如饭前洗手，爱护书籍，不能打骂别人，自己喜欢的东西要用自己的零花钱来买等等，也就是把日常生活中各种良好的行为习惯确定下来，而且父母要形成统一战线，不打折扣地执行。在制定规矩时父母最好先同孩子商量，让孩子参与讨论，使其对这些规矩心悦诚服地接受。

（二）习惯养成教育的基本方法

潜移默化的榜样教育。儿童最早的学习是模仿学习，也就是模仿成人的行为，尤其是他认为亲近的、他尊重的人的行为。从这个角度上讲，父母的行为习惯就是孩子学习的一本教材。儿童是通过观察生活中可亲可敬的人的行为而学得社会行为的，儿童是将这些观察以心理表象或其他符号表征的形式储存在大脑中，来帮助他们模仿行为的。

目标明确的训练和严格的要求。习惯是一种相对稳定的、自动化了的行为。个体的行为，其生理上的机制有无条件性（先天的无条件反射）和条件性（条件反射）。良好的行为习惯应该说是受后天环境影响和教育的结果。从某种意义上讲，没有训练，就没有习惯。对儿童来说，有明确目标的训练教育对其形成良好的行为习惯是很有必要的。

在提出每一点要求的时候，事先都要经过周密考虑，做到要求合理。根据孩子能力，提出的要求逐步提高，循序渐进。从孩子的能力来看，即使履行一些内容极其简单的要求，也要做出巨大的努力。如果对他们提出的要求不合理，他们接受不了，那么这样的要求就会落空。

提出要求的时候，注意做到内容具体、明确，语言通俗、简练；适合孩子的年龄特征。

主动参与的体验教育。体验教育是指儿童在实践活动中的一种感受，这种教育具有形象性和情感性。对孩子来说，理念上的说教他们几乎是不能理解的，不被理解的理念是不可能产生行为的，没有行为就谈不上习惯。因此，教育者应创设具体形象的情境。

体验教育强调儿童参与到实践活动中去，或者参与到创设的模拟性情境中去。生动、真实的情境更能激起儿童真实的感受，这种感受应该说是道德行为习惯形成及道德理念认知的感性基础。对少年儿童来说，在良好的行为习惯培养中，这种感受更显重要。

教育实践的强化教育。在儿童行为习惯形成过程中，正确地采用适合的强化（如对儿童行为给以赞扬、肯定、赏识、奖励等）是能促进良好习惯的形成和不良习惯的矫正的。强化是人的最深层次的需要，而满足正当、合理的需要是调动儿童积极性的最好办法。积极的强化是有利于促进儿童的心理健康，有利于克服诸如自卑、恐惧、不安、失望、焦虑、忧郁等不良情绪的。教育者也可以教会儿童学会用自我暗示的方法对自己实行"积极强化"。

有始有终的做事教育。孩子做事经常三心二意，虎头蛇尾，出现这种现象不要随便打断他们的活动。如果觉得孩子的活动持续时间太长了，比如看了一小时的电视，最好不要大声命令或强行关掉电视，可以换一种方式，告诉他们眼睛看累了，该休息休息，再过五分钟就关电视，让他有个思想准备。

如果随便打断，会引起孩子的对立和反感，不利于培养孩子注意力的集中性和坚持性，而这些良好的专注的品质恰恰是日后专心学习的重要条件。

不要同时给孩子委派几件事情。孩子年龄小，不能很好地分配自己的注意力，如果安排的事情过多，会让孩子干这件想那件，结果一件事都干不好。

做好家校配合。为什么孩子在学校能够不挑食、准时午休？原因是学校有严格的规范、良好的机制，而家里没有，所以就有了5+2=0的说法，就是说在学校培养了五天的良好习惯，在双休日之内全部破坏。所以要强调家校联系、家校互动、家校同步教育。学校和家庭就像是一辆车的两个轮子，必须朝同一方向行驶，如果背道而驰，那咱们的教育就相互抵消，起不了任何作用。

（三）不良习惯的矫正方法

认真对待第一次。当孩子的某种不良行为第一次出现时，家长应认真对待。例如上街第一次哭着要东西，第一次打小朋友或拿别人东西，要非常严肃地告诉孩子这样不对，同时给予小小惩戒。比如让其独自站在一边或大家不理睬他一段时间，然后抱着他再次认真地告诉他这样做为什么不好，应该怎样做才能达到自己的目的。孩子的不良行为第一次就被及时责罚，即使以后二次出现，稍作劝阻孩子就听从了，出现三次、四次的可能性更小，甚至不会再出现。但遗憾的是很多家长总抱以"孩子还小不懂事，现在讲没用"的态度，错过了第一次最佳的教育机会，导致以后的矫正困难重重。

冷处理。心理学上又称"爱的剥夺"。比如孩子骂人，可采取罚站并不许周围人理睬的方式，可让孩子单独处于房间的角落，使其深刻体验到不被人理睬的孤独、难受滋味，但之前应先告诉为什么罚。

冷处理的时间期限，并不是越长越好，应该是年龄几岁就罚几分钟，比如孩子三岁就应只罚站三分钟，并在此期间周围人不理睬他的任何举动。这样既让他认识到为什么被罚与体验孤独的滋味，又没有超过他的心理承受能力。"孩子哭着往怀里扑不认罚怎么办？"家长在告诉他为什么之后，只要闭起眼睛不理他，到时间，效果是一样的。粗暴的打骂反而可能使孩子也具有暴力倾向，进入一种恶性循环。

及时惩罚。不良行为一旦出现，必须立即施以惩罚，千万不要采用口头威胁"等（或其他人）回来收拾你"。孩子小，尤其是学前儿童的思维能力只能了解眼前的直接后果，不能想象更不能顾及将来的可能结果。相信家长一定经常发现此年龄段的孩子哭的同时转眼就笑，更不用说一个漫长白天之后他怎能记得爸爸（或其他人）回家批评他的原因，而且家长自己往往也已经忘记了应该责罚孩子。及时惩罚孩子的作用在于让孩子明白自己是因为什么错误行为被责罚的，他也才明白应该改正什么错误。

教给孩子合适的行为标准。大多数家长认为责罚过孩子就完事了，其实并非如此。孩子的行为都有自己的目的，是为了满足自己的某种欲望。矫正的方法是责罚之后要教给孩子合适的满足欲望的方式。比如孩子拿别人的玩具回家，很多家长只是简单批评一句"不能拿别人东西"。这种情况下，责罚反而是次要的，更重要的是告诉孩子："明天把它还回去。你想玩别人的玩具要先经过别人同意，玩一会以后要还给人家。"孩子只有知道了正确的行为，才不会再出现错误的行为。

抓住重点，持之以恒。经常有家长如此抱怨："才批评过你，又忘了，没长记性啊！"事过就忘，哭过就笑正是学前儿童的特点。况且冰冻三尺非一日之寒，不良行为的形成非一日之果，自然不可能在一朝一夕间得到矫正。因此在一段时间内，应先针对最不能忍受的不良行为进行矫正，反复责罚以使这种行为彻底消失。不应该一会儿因为孩子说脏话、一会儿因为孩子不写作业而不停地批评他，孩子会无所适从。

第二章 青春期子女的家庭教育

第一节 子女青春期的特征及心理变化和需求

青春期，是指以生殖器官发育成熟、第一性征发育为标志的初次有繁殖能力的时期，泛指青春期的年龄。世界卫生组织（WHO）规定青春期为10～20岁。女孩的青春期开始年龄和结束年龄都比男孩早2年左右。青春期的进入和结束年龄存在较大的个体差异，可相差2～5岁。进入青春期的一个重要标志就是心理上"性意识"的觉醒。

青春期，是由儿童向成年人过渡的时期。通常人们把青春期与儿童期加以明显区分，区分的界限是性的成熟。对于男性来说，性成熟的标志是遗精；对女性来说是月经初潮，即第一次来月经。

一、子女青春期的特征

（一）女孩青春期的特征

已经进入青春期和即将进入青春期的女孩有如下几方面主要特征。如果你的孩子还没有出现这些情况也没关系。青春期的改变通常按照下列顺序发生，但并非每个人都是如此。

身体迅速长高。进入青春期的女孩身高发育速度会比童年时期快。这就是所谓的"生长突增"。身高发育也许不像胸部发育和体毛的生长那么明显。首先，孩子手脚比以前大了；接着，由于臂骨和腿骨开始生长，会长得更高。这段时期可能比较尴尬，它会持续到身体其他部位的生长赶上来为止，之后体形更加匀称；由于骨骼的生长，体重也会有所增加。

胸部开始发育。胸部发育分成几个阶段。首先，乳头下方出现小"花蕾"或肿胀。之后乳房逐渐长大、丰满，可能会有些胀痛。乳房的发育并不对称，开始时其中一个可能比另一个大些，但以后就会变得一样大（大多数女性的乳房都是一个大一个小，但差别通常很小）。乳房的大小取决于身体状况和家庭遗传特征。乳房发育完全需要两到三年时间。

开始长体毛。不久，从下腹部延伸到两腿之间的耻骨区会长出卷曲的阴毛。有些女孩的阴毛生长早于胸部发育。起初，阴毛柔软稀疏；后来，它会长长，并且变得有些卷曲。虽然阴毛的生长开始于两腿之间，但最后它会覆盖整个耻骨区，甚至包括大腿内侧的上端。它的生长需要两到三年时间。阴毛生长开始几个月后，腋毛也会开始生长。

身材更有女人味。随着骨盆（横跨臀部的大块骨骼）开始发育，臀部会变宽，胸部会更加丰满，腰肢也会更加纤细。换句话说，女孩们的身体变得更加柔软、匀称。在这段时期，一些女孩的体重会迅速增加。

出汗更多。汗腺会变得更大、更加地活跃，出汗会增多。这种现象甚至可能早于乳房发育。

脸和头发容易出油。在青春期，皮肤上的毛孔会产生更多油脂，尤其是脸部，并因此引起痤疮。处在青春期的女孩一般需要多洗脸、多洗头发。

生殖器发生变化。青春期女孩生殖器也会生长并出现变化。大小阴唇包裹住外生殖器（外阴）。大阴唇长有阴毛；位于内侧的小阴唇则没有。同时，它们会稍微长大一些。在身体内部，阴道开始长长，子宫变大。

分泌物。分泌物指的是身体分泌出的，用于滋润和清洁阴道的液体。女孩子很可能在经期开始之前在内裤上发现淡黄色或白色的污渍。这就是阴道分泌物。这很正常，说明很可能在 6 到 18 个月后开始有月经。

分泌物颜色可能较深，也可能几乎注意不到——两者都是正常的。但如果分泌物有异味，或你感觉到生殖器部位疼痛或瘙痒，这可能是感染的迹象。在这种情况下应当去看医生。

经期来临。女孩有月经之后的头两年，月经可能非常不规律。月经周期的形成通常需要一到两年时间。

（二）男孩青春期的特征

生殖器官的发育。男性生殖器官有内外两部分，内生殖器包括睾丸、输精管道和附属腺；外生殖器包括阴囊和阴茎，青春期前发育非常缓慢。进入青春期后在雄性激素的作用下迅速发育。睾丸迅速增长，阴茎开始变粗变大，随着前列腺的发育，男生在 13 ～ 15 岁出现遗精，比女生月经初潮晚 1 ～ 2 年。遗精是青春期后健康男性正常的生理现象，首次遗精多数发生在夏天，大多数男性都有遗精现象。

第二性征的出现。第二性征发育：男性第二性征发育主要表现在毛发、变声和喉结。毛发指阴毛、腋毛和胡须。在十二三岁以后睾丸迅速增长的同时长出阴毛。阴毛长出后 1 ～ 2 年腋毛开始发育。开始长出胡须，前额变宽，额部发际后移，逐渐形成男性成人面貌。同时喉结突出，声音变得粗而低沉。

由于个体差异，表现特征有明显的区别。不要到了一定年龄，为某一现象未出现而惊慌失措。不过值得注意的是，如果男孩子到了十二三岁睾丸还不增大，十五六岁第二性征还迟迟不出现，阴茎像幼儿一样，睾丸如蚕豆大，甚至像黄豆粒一样，无阴毛和腋毛，则要考虑睾丸或其他方面是否出了问题，应该及时到医院去检查和治疗。

二、子女青春期的心理变化和需求

（一）青春期男孩的心理变化

性心理的变化。进入青春期发育初期，男孩开始对异性敏感，本能地产生对异性的疏远与反感。随着性发育渐趋成熟，在雄性激素的作用下，会产生性幻想，甚至会想到和心爱的女孩性接触，进而产生遗精现象。

交际方式的变化。青春期的少年开始主动与家庭外的人建立关系。他们渴望友谊，希望有倾诉心声的朋友。他们具有自发形成的社交能力，有的青春期男孩社交能力比较差，往往会感到孤立、寂寞或者无助。青春期男孩的成长过程中，同伴和群体的作用甚至超过了长辈的影响。

独立意识增强。青春期男孩有了自己的兴趣、爱好、见解和主张，他们不再安于爸爸的袒护和安排，而是有了自己独立的意识和独特的行为方式。

关注自己的形象。青春期前的男孩关注的多是同伴手里是否多了自己没有的玩具，而进入青春期之后，他们开始关注自己的体貌，并且有了爱美的意识。

自尊心增强。青春期男孩已经开始注意自己在社会中的角色，关注爸爸、同学、老师和邻里对自己的评价，并且希望得到理解、尊重和宽容。青春期男孩有了儿童期没有的诸多变化，他们慢慢地走向成熟。在这转变的过程中，有喜有忧，有笑有泪，有对性心理的困惑，有对周围人不理解的烦恼，有自己的特立独行，也有同伴之间的互娱互乐。

（二）青春期女孩的心理变化

对性发育困惑不解。进入青春期后，随着第二性征的发育和月经的来潮，女孩身体有很大变化：乳房丰隆，阴毛和腋毛出现。面对从未出现过的体表变化，不少女孩，特别是性格内向的女孩感到害羞和恐惧。对经前和经期因内分泌变化引起的乳胀、轻度浮肿、下腹不适等症状更是缺乏应有的认识，以为患了重病，随之出现心情烦躁、情绪波动、紧张、注意力不集中、心理负担重等。她们不好意思向家长或老师询问，一些女孩通过非正规途径去探索有关知识，但又无法保证信息来源的可靠性。在这种情况下，若得到不正确的答案，对身心发展都会造成不良的影响。

萌发性意识。进入青春期后，在性激素作用下，少女逐渐产生情欲意识，表现为对异性产生兴趣和仰慕心理，医学上称为"接近异性期"，也叫"爱慕期"。女孩子在这个时段开始注重自己的仪表，爱打扮，愿意向男孩子展示自己，有意识地接近男孩，希望与他们建立友谊。另一方面，在青春期女孩心中，又存在着与渴望接近相反的矛盾心境，表现为在面对男孩时，拘谨、淡漠。此时的异性接近多是朦胧的，且具有不确定性，因此，不能简单判断为真正意义上的男女恋爱。这时孩子的心理往往单纯却敏感，如遭遇老师、家长和同学的无端指责，可能反会暗示相接近的两人恋爱，或引发其他心理问题。

青春幻想。青春期的女孩常常生活在幻想之中。有些女孩幻想自己爱慕的男性是某个英俊的演员、歌星或同学。虽然自己也知道是不可能的事，但仍喜欢在幻想中享受温情，得到心理上的满足，"追星族"情结多在这一年龄段女孩中发生。随着年龄的增长，爱幻想的心理会逐渐减弱，大多数孩子能够面对实际，找到属于自己的人生道路。

自慰。想入非非，白日做梦，进一步就是手淫自慰。过去人们认为只有男孩子才会有手淫的行为，事实上，女孩也有手淫的现象。

情感活动日益丰富。此期由于旺盛的精力，遇事能激发出很高的热情，易激动、兴奋，也易消沉、愤怒。情绪不稳定是青春期女性的通病，也是个性不成熟的表现。爱情的体验也在此期出现。生理、环境、社会因素与个人愿望、生活经验、自我水平的发挥等都会引起情绪的变化。

（三）青春期孩子的心理需求

合理的物质需求。物质需求是生活永恒的主题，孩子进入青春期以后，表面上还是在服装、零食、玩具及文具等方面有所需求，实质的需求却在悄然变化。刚刚进入青春期，追求个性化的孩子较少，更多是要求自己从众。从众让自己有安全感，融入同学的圈子里，不显山露水。随着年龄的增长，熟悉了周围的环境，了解了同学、朋友的个性，孩子们开始彰显个性，暗暗地在群体里比高低。这种比较有积极的意义，孩子获得了经验，给自己在群体中定了位。

朋友的交往需求。进入青春期前后，又是初中生活的开始，孩子们像进入一个全新的世界，接触新的面孔、新的习惯、新的学习方式。这是我们看得到的变化，还有一个看不见的变化，就是进入青春期的孩子思想和情感的转移。

青春期之前，孩子心里依赖的是家长，进入青春期开始转移，转移到朋友身上，到青春期后期，转移到异性朋友身上。最后，固定在异性身上，成家立业，生儿育女，进入一个新的循环，这是人类成长的必经之路。

对异性关注的需求。孩子进入青春期，与异性接触时有了微妙的变化。他们开始悄悄地关注异性。关注往往只是停留在外表上。比如女生关注帅气高大的男孩。女孩子们在一起去对他们评头论足，有一些新鲜和刺激的感觉。男孩子也注意女孩子，偶尔也会在一起用调侃的方式谈论某些女生，即使有一种淡淡的喜欢，他们也知道自己在想入非非。男孩和女孩，都会很拘谨，这只是孩子们走出家庭的圈子、步入社会认识异性的最初的学习阶段。而随着时间的推移，孩子们越来越明白自己喜欢什么样的异性，希望去接近他或者她。最开始的形式可以是打打闹闹，简单的问答，还可以是以班级活动为主题的工作式交流，很多孩子可以通过这样简单的交流，达到对异性的了解。很多孩子知道这不是什么爱情，只是同学交往。他们认为自己憧憬的美好爱情没有来临，所以，更多人选择了等待，等待自己长大。

获得帮助的需求。孩子进入青春期时，性格也变得外向起来，很容易受到事物的感染，很容易冒失。他们独立处理问题的时候越来越多，遇到的事情越来越复杂。初出茅庐的他们，面对未知的世界，充满好奇、疑问和恐惧，他们真的希望自己身边有保镖，有"百事通"，有"机器猫"，当然，兜里再有很多钱就更好了。而这一切都没有，遇到问题的时候怎么办？孩子们需要帮助。

对自己认知的需求。随着身体和心理逐步走向成熟，孩子逐步意识到自己是一个有独立意识的人，身体的变化也让他们更加渴望全面了解自己，了解自己的能力。

由于身体的变化，男孩意识到自己是一个男子汉，既然是一个男子汉就要有男子汉的作风。原来可能还跟男孩打打闹闹的女孩，会意识到女孩子不应该再疯疯癫癫，应该有淑女风范。可以说，在一定程度上孩子们是通过身体的变化来进行性别定位的。再后来，他们对人体的结构产生了进一步了解的需求

自我实现的需求。自我实现的需要，也就是孩子感受成功，并肯定自己、体会成长的需要。一个人走向成才、成熟、成功的过程，是不断认识自我和超越自我的过程。自我实现是孩子们心灵的需要，是对生活充满自信的心理支撑。孩子一直以来都在寻找自我，想把自己看清楚。孩子们感受自己的力量、存在的价值，这是他们自我实现的另一个渠道。

第二节　青春期子女的家庭教育

全国心系系列活动组委会委托专业的调研公司做过一个调研。结果显示，家长对青春期教育所涵盖的内容并不清楚，对青春期教育开始的时间（6 到

18 岁）也存在认识误区，有近一半的家长认为是初中、高中甚至大学。另外，有 93% 的家长在孩子提出青春期有关问题时不知如何回答。为此，了解一些子女青春期的常识，掌握一些正确开展青春期子女家庭教育的方式方法，很有必要。

一、青春期子女教育的性别差异

（一）男孩的青春期教育

别的女人都和妈妈差不多。男孩青春期最大的困惑就是对女人的神秘感，他老想看一看女人到底长得啥样，到底与自己有什么不一样。美国有一种教育方法，妈妈在他的面前，大胆地暴露，比如洗澡前在卧室脱完衣服，然后再到卫生间，洗完澡大胆在客厅里走动并不避着他，他久而久之看惯了，就没有神秘感了。然后再告诉他，其实女人都是这样，有乳房，有阴毛，他没必要想方设法去偷看裸体的女人，搞不好还要犯错误。当然他还是会对乳房感兴趣，就告诉他这是他婴儿时的"饭碗"，他是喝里面的奶长大的。有时他也会有想摸一摸碰一碰的愿望，你适当地可以让他碰一碰，不必太在意。但在意的是要告诉他，除了妈妈的"饭碗"，其他的女人是绝不能碰的，想都别想，因为一旦有这个想法都会引起麻烦，甚至会被说成流氓。

经常讨论偷看其他的女人的问题。当你在他面前已经很自然地暴露后，就经常地和他探讨："你现在还有强烈的愿望去看女生或其他的女人的隐私部位吗？"他就很自然地说："没这个强烈的愿望了。"你可以告诉他："我们小的时候总听说有男生趴澡堂子偷看女生洗澡或想方设法在厕所里看女生，都是从来没有看到过像妈妈这样的女人，当然那样是要付出代价的。"

不参与同学传看裸体女人照片。青春期的男孩总爱凑在一起议论女人，如果班里有男生私下里传看裸体女人的照片，或网上有这样的照片，最好不要参与传看。因为，此时的小男生不一定能有控制能力，难免会做出什么出轨的事，再说一旦被老师发现，又请家长又谈话的，太不值。关键的是会有性压抑、性困惑产生。会认为性是不能沾、不能碰的，会有完全不明白怎么回事的性犯罪感，这样等到了结婚年龄，面对女人该进行性行为时，会有很大的心理影响，也是不好的。

对女生的月经要装傻。当电视里放卫生巾广告，他会不解地问："那是干什么用的？"不要回避，告诉他："女人每月都有那么几天不方便的日子，比如不能吃凉东西，不能游泳，不能跑步，甚至要发脾气，当然最明显的就是要流血，就得用卫生巾。"当然一定要强调："假如看到女同学裤子或裙子脏了，就是这个原因造成的，最好的方法是视而不见，既不嘲笑也不指出来，也不用帮忙，只当没有看见一样，因为那个状态下的女生是最尴尬的。"同时与女生相处，看到女生不能参加一些活动，也不要去问。

自己的小家伙硬起来太正常了。男孩很关心自己的小家伙，比如开始长毛了，长了多少毛了，自己的有多粗有多大，什么时候能硬起来，硬起来是什么感觉。爸爸可以和他探讨，妈妈也可以和他探讨，让他有一种与妈妈这样的女人探讨性不是一件困难和丢人的事。顺便看看他的小家伙是不是发育良好，有没有包皮，并要告诉他一定要讲卫生。并告诉他小家伙的变化是一件好事，因为这表明他从男孩儿开始向男人过渡了，必须要有这些反应。当他说："有时上课时突然硬了起来，觉得很难堪，生怕别人看见，于是就紧张起来，用手捂。"就可以告诉他："食、色，性也。性，就和人的所有反应一样，饿了，肚子就会叫，有时叫声很大，别人都能听得见，但没有人笑话；吃饱了，不消化，肚子里就有气，于是就要放屁，除了有点难闻难堪，不会造成过于恶劣的影响。你上课时硬了，看见漂亮女孩硬了，都是最正常的反应了，我为你高兴，因为说明你有男人的正常反应，最起码目前性取向还没有问题。当然小家伙硬了，不用理它，一会就正常了，再说也没有人注意你那个地方。"不要让孩子产生性困惑和性压抑至关重要。

妈妈大胆和他谈喜欢女生的问题。经常和他讨论喜欢什么样的女生的问题，告诉他喜欢女生很正常，但现在绝对不能有进展，一来老师特烦，二来麻烦不断，三来一旦不成特伤感情。男人有的时候很钟情初恋情人，甚至一生都忘不了，你何必把这么美好的情感放在几乎不知未来如何的一个女孩身上呢。告诉他互送礼物，请女孩吃顿肯德基都不算什么，只要自己心里明白就行了，家长也不会认为这是早恋。

爸爸大胆地和他谈性。爸爸作为男人，作为榜样，应该大胆地和他谈一些男人对待性的感觉，当年青春期时怎样看待女生，怎样有性的各种想法，怎样成功地避免一些性冲动，多讲成功的例子，多讲怎样做好男人。只要他想和你谈性，谈人生，你就正面地与他交流，承认他的想法都是正确的，谁没从年轻时走过来呢，但一定要防微杜渐地引导他，告诉他性的问题一定要处理好，千万别"因性失大"。

其实，只要充分地尊重孩子，把正确的东西都告诉他，让他觉得你特"哥们"，他就什么都愿意和你说。只要他愿意和你说，就不会有心理障碍，更不会有性压抑。必要的时候，在家里大家可以一起谈论表浅的异性感觉，他愿意谈女歌星、女影星的性感问题，无非就是有无胸，大腿是否好看等这些问题，你就和他畅快地谈上一阵，不会有什么副作用的。相反，他的心里会特满足，特放松，会觉得与家长特有共同语言。这样他每天都像一只快乐的小鸟，快乐地成长。

（二）女孩的青春期教育

正确面对自己的身体变化。女孩进入青春期开始长高、长胖。由于人体骨骼的增长速度并不完全相同，因此骨骼框架会发生变化，会发现腿要比以前显得修长。体重的增加与骨骼的增长有关，也与肌肉和皮下脂肪的增加有关，皮下脂肪的分布以乳房、臀部、上臂内侧等处为多，皮下脂肪的增长是持续的，有时甚至达到过胖的程度。这种情况一定要引起注意，为了避免以后不必要的减肥投资和节食的痛苦，一定要保证膳食平衡，即营养和能量的获取要与其消耗相等。

乳房的发育是女性青春期出现的最早标志。月经来潮是青春期发育到中期时必然出现的生理现象，为正常女子发育中独有的现象。在月经期间有一些情绪变化是正常的，要教育孩子保持心情舒畅，不要动不动就发脾气，不然可能导致月经异常，如月经过少、痛经、闭经等，影响身体健康。遇到烦恼事情时最好出去散散步，听听音乐等。

心理学家把月经初潮后的1~2年称为"危险年龄期"。也就是说，性机能的成熟使少女们的性意识觉醒，开始萌发对性及性知识的兴趣，开始关注异性，内心渴望与异性交往。这些其实是青春期的正常心理反应，没有必要为此责备孩子，但要教育孩子正确认识这种心理需要，不然可能因懵懵懂懂的性意识使她们走一些弯路，影响学习和生活。

由于月经期间引起大脑兴奋性降低和盆腔出血、宫颈打开等生理上的变化，可导致身体抵抗力降低，容易感染疾病，影响健康及以后的生育能力，因此要教育孩子注意经期卫生：

（1）月经期间可以正常学习，但一定要避免身体和精神上过度劳累的情况；月经期间可以照常上体育课，但不要剧烈运动。

（2）注意防寒保暖。因为寒冷刺激可能引起子宫以及盆腔内血管过度收缩，导致痛经或月经失调。因此月经期间最好不要吃冷饮，不要用凉水洗衣服，不要洗冷水浴，雨天一定带上伞，避免淋雨。

（3）饮食方面。月经期间最好不要吃辛辣刺激性食物。

（4）保持身体卫生。由于血是细菌最好的培养基，所以女孩子在月经期间一定要每天清洗一次外阴，但不要采取坐浴方式，以免脏水进入阴道，引起感染。洗澡应淋浴。经期不能游泳。卫生巾应该选用柔软、清洁消毒及吸水性强的，注意勤换卫生巾。

学会调节控制自己的情绪。情绪的强烈和不稳定，是处在青春发育期的少男少女普遍存在的现象，也是青春期的心理特点之一。

处在青春期的青少年，至少面临着三方面的压力和挑战：一方面身体正在急剧发育，特别是性方面的发育和成熟，使他们积蓄了大量的能量，容易过度兴奋；一方面学习上的任务很重，不得不面对激烈的竞争，心理压力普遍比较大；再一方面，随着年龄的增长，他们渴望对外部社会有更多的了解，人际交往也逐渐增多，各种各样的信息纷至沓来，这就使他们要处理的问题越来越多，越来越复杂。这三方面的压力常常交织在一起，矛盾此起彼伏，生活的内容大大丰富了。而这时，他们的大脑的神经机制并没有发育健全，调节能力还比较差，因此面对各种压力和刺激，便很容易产生心理不平衡。青少年又不像成年人那样善于控制或掩饰自己，常常喜怒皆形于色，便显得情绪忽高忽低，特别不稳定了。

虽说情绪不稳定是青春期的心理特点，但是由于情绪的波动会给孩子的生活带来一定影响，长期的恶劣情绪还会使人生病，因此要教育孩子学会调节控制自己的情绪。当闷闷不乐或者忧心忡忡时，要做的第一步是找出原因，找出问题症结后，要集中精力解决它；要保持充足的睡眠，对睡眠不足者而言，那些令人烦心的事更能左右他们的情绪；要亲近自然，有助于孩子心情愉快开朗；要经常运动，可以有效改善不良心境；要合理饮食，养成好的饮食习惯；要积极乐观。

把握自尊的尺度。自尊是一种精神需要，是人格的内核。维护自尊是人的本能和天性。我们平常所说的自尊心，就是尊重自己的人格、荣誉，不向别人卑躬屈膝，不容别人歧视侮辱，维护自我尊严这样一种自我情感体验。自尊心是自我意识中最敏感的一个部分，一个人有了自尊心，就总是能争上游，不达目的誓不罢休。我们在平常生活中可以看到，有自尊心的人不甘落后，自觉主动地遵守纪律，努力学习，创造性地完成任务。可见自尊是一种多么可贵的情感，只要我们很好地利用它，就能丰富自己，提高自己，发展自己。

但是，有的同学自尊得过分，特别好面子，贪图追求表面光彩，这就走向了虚荣。比如不能正确地评估自己，将父母或他人的荣耀也当成自己的；因为害怕别人看不起，而不顾经济条件是否允许，在穿着打扮上互相攀比；在知识学问上，不懂装懂；总想表现出一贯正确，听不得别人对自己的批评等等，这些都是虚荣心的表现。

自尊心是建立在自信的基础上的。有自尊心的人也承认自己有比不上别人的地方，但是他们相信通过努力能够改变这种状况，使自己变得更好；而虚荣心却建立在自卑的基础上，有虚荣心的人非常在意自己在别人眼里的形象，总是不由自主地掩盖自己的弱点，以便显得自己和别人一样或比别人更优越。虚荣心使他们不是去努力提高自己的实力，而是急功近利地做表面文章，到头来并不能真正改变不利地位，反而进一步丧失了自尊。因此，虚荣并不能让我们真正感受到内心的充实，永不满足的虚荣心带给人的只能是无休止的烦恼。要教育孩子在交际过程中审时度势准确把握自尊。

（1）当被否定时，进行辩解、反驳，甚至是争吵，倒不如接受这个事实，效果可能会更好一些。

（2）当受到冷遇时，不妨多想一想自己的使命、职责，为了完成任务，迅速加大自尊的承受力度。

（3）当受到批评时，对于批评要能够正确理解，应采取虚心的态度，这不但不会丢面子，反而会改变别人的看法，给对方留下一个好印象。脸皮不妨稍厚一点，这并不是不要尊严，而是要把握适当的度。

正确和异性交往。青春少年孤独迷茫，渴望与人交往，特别是异性朋友，这可以满足青春期特有的心理需求。在交往中更多地了解对方，认识对方，更能客观地认识自己，这是人社会化的重要一步。通过异性交往，可以取长补短，互相激励，共同进步，感情也需要成长，它也有发生、发展的过程。青春期的少年应该在公开场合、在集体活动中广泛地和异性交往，在交往中学习尊重异性，理解异性，体谅异性，在交往中提高交友选择能力、判断能力，在交往中培养自信心、责任感。

与异性交往首先要端正态度，培养健康的交往意识，淡化对对方性别的意识。思无邪，交往自然就会落落大方。其次，要广泛交往，避免个别接触，交往程度宜浅不宜深，广泛接触，利于认识、了解更多的异性，对异性有一个基本的总体把握，并学会辨别异性。有的人外表像个迷人的小帅哥，但交往中会发现华而不实；有的人学习成绩顶呱呱，却恃才傲物、颐指气使。如果只进行有限的小范围个别交往，难免会"只见树木，不见森林"，对异性的了解不但有限，可能还失之偏颇。所以，利用每一次集体活动的机会，有意识地在更广阔的人际范围内进行交往，是十分需要的。再次，交往关系要疏而不远，若即若离，把握两人交往的心理距离，排斥让彼此感到过于亲密和引起心绪波动的接触。如果在交往中发现对方的苗头不对，要调整自己的态度，使交往回复到波澜不惊、心静如水的状态。

在与异性交往中，有的人拘谨、畏缩，有的人又过分热情，显得轻浮不庄重。要教给孩子在异性交往中留下良好印象的办法。

（1）衣着要整洁大方，同自己的身份相符，不要浓妆艳抹，也不要穿奇装异服，那样容易给人以虚浮轻薄之感。魅力并不表现在外表上，而是由内在的修养和品性决定的。

（2）言行举止要文明礼貌，不要大声喧哗，靠声音压倒别人往往是缺乏修养的表现。当然说话过分小声又显得畏缩拘谨，缺乏自信心。不要随便打断别人的谈话，也不要在听别人讲话时心不在焉。自己心里想说什么，就说什么，不要夸大其词，也不要转弯抹角，更不要矫揉造作。

（3）待人要不卑不亢。不卑，就是不卑躬屈膝、讨好巴结、低三下四，维护人格尊严；不亢，就是不傲慢自大，似乎自己总比别人高一等，这会引起别人的反感。

（4）不要故作深沉，不懂装懂。"知之为知之，不知为不知"，不要勉强不知以为知。

（5）讲信用、守时间。说办到的事一定要办到，自己没有把握的事情，即使碍于面子不宜当面拒绝，话里也要留有可能办不到的余地。

（6）不要打听别人不愿让你知道的事情，多嘴多舌，常会引起别人反感。

（7）对别人的话不要过分敏感。有些话对方出于无心，太敏感就显得多疑与偏狭。有些事不要太认真，小事"糊涂"有时反比不糊涂好。

提高自救自护意识。女孩子是弱势群体，由于体弱力微，所以容易受到侵犯。家长要教给孩子保护自己的方式和方法。

（1）若外出应了解环境，尽量在安全路线上行走，避开荒僻和陌生的地方。

（2）晚上外出应结伴而行。衣着不可过露，不要过于打扮，切忌轻浮张扬。尤其是年幼女孩外出，一定要通知家长接送。

（3）外出要注意周围动静，不要和陌生人搭腔，如有人盯梢或纠缠，尽快向人多之处靠近，必要时可呼叫。

（4）若外出，要能随时和家长联系，未得家长许可，不可在别人家里留宿。

（5）应避免单独和男子在家里或是宁静、封闭的环境中会面，尤其是到男子的家里去。

（6）在外不可随便享用陌生人给的饮料或食品，谨防有麻醉药物；拒绝男士提供的色情影视录像和书刊图片，预防图谋不轨。

（7）独自在家注意关门，拒绝陌生人进屋。对自称是服务维修人员的人，也可告知等家长回来再说。

（8）晚上单独在家睡觉，如果觉得屋里有响声，发觉有陌生人进入室内，不要束手无策，更不要钻到被窝里蒙着头，应果断开灯尖叫求救。

（9）受到了性侵害，要尽快告知家长或报警，切不可害羞、胆怯、延误时间，丧失证据，让疑犯逍遥法外。

不回避性问题。美国性教育家戈尔顿教授提出对青春期少女进行家庭性教育的 7 种方法。

（1）通过与孩子拉家常的方式展开。在日常生活中，父母可借助某件与性有关的事打开话匣子。不要希望用某本教科书来解决问题，这样效果不会理想。

（2）让孩子了解一些性交和避孕方面的知识并不等于允许他们过早地这样做。所以，父母既要让孩子知道"性交、避孕"是怎么回事，更要让孩子懂得过早这样做有害无益。如果父母只是简单地向女儿强调"你还小，不能那样"，反而会引起她的反感。

（3）善于回答女儿提出的性问题。父母对青春期少女应增加性问题方面的透明度，不要对女儿特有的好奇心横加指责，应通过循循善诱来抹掉女儿心理上对性问题的神秘感，使之能正确对待性问题。

（4）帮助女儿培养多种兴趣，发展广泛的爱好。音乐、体育、舞蹈等多方面的兴趣爱好能分散少女对异性的注意，要加以引导培养；另外，鼓励女儿从事一些力所能及的劳动也大有裨益。

（5）当父亲的要多关心女儿。女儿进入青春期后，父亲的行为尤其重要。父亲的关心爱护能给女儿宽慰，否则女儿有可能倾心于其他异性，并从其他异性那里寻求安慰。

（6）做出一些有说服力的、易为女儿接受的"约法三章"。任何父母都不可能把女儿长久地关在家里，过多的限制往往会引起女儿的反抗。某些父母试图通过禁止女儿与异性往来防止性问题的出现。绝大多数青少年接触异性的时间一般在放学回家之后、父母下班之前。所以有必要对女儿"约法三章"：家中没有大人时，不能把异性朋友带回家里；孩子的舞会应有大人陪伴参加；在舞会场所不喝酒及有刺激性的饮料，以防不测等等。

（7）教育女儿集中精力创造一个美好的未来。应该让孩子懂得，青春期要集中精力去增长知识才干，为美好的将来打下基础。一个人只有在心智发育成熟后再去考虑性问题，性生活才会美满。

二、青春期子女教育应注意的问题

（一）尊重孩子，培养孩子的独立性

尊重发展。随着年龄的增长，孩子与社会的交往、接触越来越广泛，渴望独立的愿望也日益强烈，他们从心理上要求像成人一样参与家庭、学校和社会的活动。但是不少家长看不到这些，仍然认为孩子是幼稚的，对他们发展起来的成人感和强烈的独立意识看不到或估计不足。

尊重意见。家长认为孩子不听话，孩子认为家长不尊重自己，这种心理差距是造成逆反心理的重要原因。家长应尊重孩子的意见，有事同他们商量，逐渐给他们更多的独立权利，当然同时对他们提出更高的要求。

（二）消除戒心，避免与孩子的对抗

在与孩子的交流中，有时由于方法不当，语气、言词过重或偏听偏信，从而导致产生逆反心理，引发抵触情绪并有碍沟通交流。因此，针对逆反心理，消除其戒心，及时有效地做好教育工作，显得尤为重要。

建立相互友好的关系。家长应尽量与孩子沟通，通过学习、游戏和各种

活动建立彼此的信任关系，让他觉得家长是他的知心朋友。

对事不对人。稍有偏差，长期努力建立的信任就会受损，要让孩子觉得受到了公平的对待，受到了尊重。

不翻旧账。在家庭教育中，家长要坚持一事是一事的原则，绝不翻旧账，这样更容易鼓励他上进。

（三）赏识孩子，树立孩子的自信心

多鼓励。每个孩子的心灵深处都有一种强烈的需求，那就是渴望得到赏识。做父母的应该给孩子力量，不要因为一时的失误而大声训斥甚至大打出手。应心平气和地和孩子一起寻找失误的原因，鼓励他们。不要随便论断孩子"不行"，而要培养孩子"一千次被打倒，也相信自己第一千零一次能够站起来"的胆量和气魄，使他们能够勇敢地面对人生。

巧赞赏。对于缺乏自信的孩子，家长要更多地给予他们赏识、鼓励。一般可以采用"部分攻击"的方法来进行赞赏。如对孩子自认为最美的部分加以赞美，那么他会认为你在赞美他整个人，于是就容易动心。也就是说，再小的优点只要不断地重复夸赞，就会加重它在孩子心中的分量，而再大的缺点也就不足挂齿了。

第三章 叛逆期子女的家庭教育

第一节 叛逆及叛逆期

一、叛逆的表现、特点及形成原因

（一）叛逆的表现

什么是叛逆？叛逆是对旧的规矩、事物、观点不满，认为其不再适用于现在。虽然认识到新的事物有其不完善之处，并且不易验证其相对于旧事物的具体优越性，但在不满老事物的情况下，优先选择尝试新事物。对老事物的否定带有较大片面性和盲目性，往往默认老事物等同于无用、过时、腐朽等。

叛逆是很多青少年都会经历的一个问题，叛逆期也是让家长、老师都非常操心的一段时期。对于青少年来说，叛逆其实是一种对不满的反抗；对家长来说，则意味着孩子"不听话"。

叛逆的主要表现。不喜欢按照别人说的去做；认为绝大多数规章都是不合理的，应该废除；如果父母再三叮嘱同一件事会使他感到厌烦；对那些与老师对着干的同学大加赞赏；认为大人的话有漏洞，大人的批评常常引起他们的反感和愤怒；一旦决定做某件事，不管别人怎样劝阻也不会改变主意；情绪起伏不定，脾气暴躁；不想和父母沟通；越是不让他做的事，就越要去做；喜欢与众不同，爱做令人大吃一惊的事情，喜欢引起其他同学的注意；违反某些规定时会感到快乐；认为冒险是一种极大的快乐；会对课堂上出现一些老师没有意料到的情况而感到开心；对伤害自己自尊的人，想要给他添些麻烦；经常与家长、老师以及同学伙伴激烈对抗……

（二）叛逆的特点

不同年龄、性别、成绩有不同特点。14 岁左右是青少年叛逆行为的高峰年龄；具有反叛性格的学生当中，男生多于女生；学习成绩差的学生要比学习成绩好的学生更加反叛。

对正面宣传作反面思考。有相当数量的青少年对学校、领导、教师的宣传，表现出一种不认同、不信任的反向思考。他们往往以社会上某些个别的不公正的事实来以偏概全地全盘否定正面宣传。同样，也有一些青少年不能从全局出发，从一定高度上去把握现实，片面地夸大社会制度的某些不完善和西方社会制度的某些可取之处，有时甚至有意无意地进行反面宣传。

对榜样及先进人物的无端否定。在教育过程中，许多教育者和家长都希望通过先进人物的感人事迹来教育感染青少年，唤起他们的热情，以期达到激励后进的目的，但结果却往往适得其反。一些先进人物被说成是沽名钓誉的"投机家"或"傻子"，无端怀疑这些先进人物的动机，进而否定他们的先进事迹。对于身边的榜样，则冠以"拍马屁"给予排斥和嘲笑。

对不良倾向产生情感认同。在一些青少年当中，打架斗殴被看作是有胆量；与老师、领导公开对抗被视为有本事；哥们义气等不良的行为倾向却赢得了很多人的认同。而乐于助人、爱护集体、爱护公物、遵守校规校纪的青少年则被肆意讽刺、挖苦，造成在集体氛围里好人好事无人夸，不良倾向有市场，正不压邪的局面。

对思想教育、遵章守纪要求的消极抵抗。有逆反心理的青少年，对于思想政治教育十分冷淡，认为思想政治教育大而空、形式化，不符合青少年的现实生活。因此，对思想政治教育采取应付、消极对抗的态度。

（三）叛逆产生的原因

主观原因。（1）调控能力差。青少年的免疫系统、神经系统发育日趋成熟，对外界的刺激，反应强烈、敏感、快捷，但调控能力还很差。一遇到不顺耳的话或不顺心的事，肾上腺激素就会大量分泌，造成全身血液流动加快，神经过度兴奋，情绪波动，失去理智，行为失控，做出不敢想象的意料之外的叛逆行为，甚至会引起临时性有意犯罪或无意识犯罪，事过之后又懊悔不已。

（2）心智不够成熟。青少年的知识面还不够宽泛，社会经验不足，无法体会师长的良苦用心，以为师长的苦口婆心是另有所图，从而出现认识上的偏差，导致片面、偏激和固执。

心智不成熟，缺乏辨别真假和是非的能力，对善恶、是非、美丑等观念常作扭曲错误的评价，认为胆大蛮横就是"勇敢"，让人佩服就是"英雄"，讲哥们义气就是"友谊"。

（3）自我意识增强。青少年时期的孩子正处于心理成长的"过渡期"，其独立意识和自我意识日益增强，渴望被理解与尊重，迫切希望摆脱成人的监护。若按大人的意愿做事，就会感觉任人摆布，觉得很委屈、很不甘心。为了表现自己的"非凡"，就对任何事都持批判的态度，产生叛逆。

（4）精神需求提高。随着年龄的增长，孩子们的需求不再只停留在物质层面，他们已开始关注更高层次的精神需求。在生命和安全能够得到保障的基础上，人的需求就主要是精神需求，而在精神需求中，最主要的是尊重需求。青少年普遍存在"谁伤害了我的尊严，谁就是我的敌人"的观念，若遇批评、指责、讽刺等有损其尊严的事就会产生对抗情绪，形成叛逆心理。

客观原因。（1）社会的进步。三四十年前，中国经济还处于起步阶段，想必没有这么多的叛逆问题。如今经济发展了，孩子自由了，却变得叛逆了，听不进去家长的任何话。实际上，孩子的叛逆，正与西方个人主义文化在中国的发展有关，个人主义的自由文化崇尚个体价值，促使人们更加关注自我。心理研究分析认为，抛开文化的特点来说，经济因素会影响孩子的叛逆发生。经济落后、文化落后地区孩子的叛逆程度远低于发达地区，因此，文化的催化是不可逆的。

（2）学校教育失当。有些老师不了解学生的心理特点，居高临下，指示学生必须怎样想，必须怎样做，根本不与学生交流思想，共同探究，很容易激起学生的叛逆心理；有些教师对有影响力的学生进行不恰当的批评，甚至采取讽刺、挖苦或惩罚等手段时，引起师生对立、抗拒，导致教师威信下降，激发其他学生跟着故意捣乱，出现一波未平一波又起的现象；有些老师轻视学生，认定某学生是道德败坏、不求上进、不爱学习的，久而久之，该学生就会将这种观念内化，真的表现出教师预设的不良行为。

另外，青少年本身在身心方面就会产生一些变化，比如说对异性好奇，对自己的身体发育产生疑惑等等。如果学校在教育方面没有很好地引导，反而是不断地打压他们的好奇心，那么也就很容易引起孩子的叛逆。

家庭教育失当。（1）思想落后。中国长期的家长专制思想在一些家长中仍然存在，家长对子女的教育缺乏民主意识，总认为孩子还不成熟，要绝对服从家长，不能有自己的看法，否则就是"忤逆""对着干"。因此，孩子不会或很少会把父母当成自己的倾诉对象，怕自己做错事后，受到家长责备。许多学生认为自己做错事后，最反感家长的指责，而反感的原因是因为家长盛气凌人，态度生硬。

（2）缺乏交流。随着学生的成长，独立意识渐强，要求有自己的处事方式，不希望受到过多的管束。而某些家长出于对子女的保护，什么事情都替他们包办，这样子女的渴望独立与家长不恰当的好意关心，就会产生思想上的冲突、矛盾。或许有些家长因工作繁忙，很少与子女谈心，进行思想交流，只是定下一些严格的规定来约束限制子女的行为。因此，作为子女没有一个和谐温馨的家庭环境，与父母缺乏交流，就容易产生叛逆心理和叛逆行为。

（3）过于严格。家长望子成龙、望女成凤的心情非常迫切，所以平时对孩子的教育也非常严格，不准孩子这样也不准孩子那样。特别是孩子们有了过失时，不是与孩子们一起分析错误，商量补救办法，而是责骂甚至殴打孩子，使孩子在犯错误时感到孤立无援。这种过于严格的教育会让孩子对一些没有做过的事情产生好奇、做错事情产生恐惧，很容易诱发叛逆心理。

（4）过度宠爱。叛逆其实更像是一种通过不合作来满足自我愿望的方式。而成熟的人则懂得包容，或者通过其他方式获取。如今家庭模式多是多对一的情况，一家两代人去关心一个孩子，尤其对于独生子女家庭，孩子心理断奶期推迟现象严重，心理年龄偏小，因此无法通过成熟的方式去思考问题，情绪波动大，也因此表现得比较叛逆。

（四）叛逆的危害

易于冲动。叛逆，往往使得青少年在家庭生活中与长辈产生矛盾，与家长格格不入。叛逆的青少年，总是听不进长辈和家长的教导，而且容易产生高傲、自以为是的心理，并且容易冲动、不计后果。因此叛逆心理下的青少年，在没有帮助指导的情况下最容易对社会产生危害。

易走极端。"叛逆"的心理、行为如果不加以正确引导，会导致青少年形成多疑、偏执、冷漠、不合群、对抗社会等病态性格，使之信念动摇、理想泯灭、意志衰退、工作消极、学习被动、生活萎靡等，进一步发展还可能向犯罪心理和病态心理转化，从而走向极端。处于"逆反期"的青少年通常对教育者有明显的"反控制""对抗"心理。老师、父母越恼火，他们越反感，以至于将叛逆性格发展至极端。近年来社会上多发的青少年"逆反期"的违法犯罪、离家出走、自杀等事件无不说明，如果在这一特定时期疏导失当，将会发生多么惨痛的后果。

二、叛逆期及叛逆心理的类型

（一）叛逆期

第一个叛逆期：两岁半到三岁，自我意识萌发。孩子的第一个逆反期出现在自我意识萌发的时期，一般是在两岁半到 3 岁。不过现在的孩子 1 岁前后就开始表现"叛逆"了。一方面现在孩子的确越来越聪明了；另一方面是父母们养孩子更加小心，也因此对孩子更早、更多说"不"。孩子们说出的第一个"不"，就是从父母这里学来的。

这个时期的孩子，行动上，常常会用"打人"来表达自己不同意、反对的态度；语言上，则开始说"不"，什么都是"不"，做与不做都是"不"。这是孩子从意识上最早的与父母的分离。在这个过程中，孩子开始形成自己的想法和态度，感受与他人分离的快乐，并由此建立和派生出优秀的个人品质。

第二个叛逆期：7 ~ 9 岁，准大人期。这个阶段的孩子不同于婴幼儿时期的宝贝，他们认为自己"已经是一个成人，一个小大人了，不再是孩子"了。一方面，他们不愿意让家长拉手，不让父母叫自己"宝贝"或小名了，要求叫他的全名；凡事都喜欢跟家长对着干，大人说东，他偏往西。另一方面，他们又非常依赖大人、不讲道理、爱哭、比较娇气等。

脾气秉性的突然转变，以及强烈的逆反心理都是这个阶段孩子的常见现象。孩子进入学校后学到了很多知识，他们急于想要证明自己已经长大了，因此会开始要求独立，行为上想要脱离爸爸妈妈的掌控，表现为说话做事老气横秋、独立、有个性。

第三个叛逆期：12 ~ 15 岁的青春期。高峰年龄在 14 岁左右。青春期的孩子身体已发育成熟，觉得自己已经很"强大"了，而心理发育尚未成熟，常常会有挫折感。这样，在身体与心理矛盾的自我纠结和成长中，孩子开始有了更多样的情绪体验。对女孩来说，会变得内向并体验到自我怀疑、愧疚或抑郁等情绪；对男孩而言，则更多地体验到暴躁和愤怒。

孩子的角色和身份也会发生一些变化，最明显的是他们开始寻求同龄人的支持。表现为青春期的孩子大都很好面子，自尊心强；重视同伴关系，易受同伴影响，可能会做一些并非自己意愿但同伴认同的事，如抽烟、喝酒。这些行为虽然父母不认可，但对孩子来说，可能是成人的象征，代表他们摆脱了对父母的依赖。这也意味着青春期的孩子会面临一些危险，如网络成瘾、早孕、酗酒、犯罪等。

有的父母会过度忧虑孩子可能面临的危险。希望孩子顺利度过这一时期，我们必须首先要学会信任孩子有这个能力。事实上，大多数孩子也的确能顺利度过这个特别的时期。

与孩子保持亲密而有间的亲子关系：将孩子当作独立的个体，平等对待，支持孩子渴求独立的尝试，在孩子失败时给予鼓励、安慰，在孩子成功时给予肯定和表扬。

要重点提醒的是，针对这个阶段的孩子，父母很有必要为孩子提供一个健康的社交氛围。不要以为孩子大了就不用陪了。带孩子去参加一些团队活动，多与自己的亲戚朋友走动。别让孩子们把自己封闭起来，或者经常"宅"在家里玩电游。孩子们有自己的社交，拥有自己的朋友，或者是有自己尊敬的长辈等，这些都有助于他们的心理健康。有些话，即使不能跟父母说，他们也还能有别的倾诉渠道。同时，父亲的功能尤其显得重要。父亲最好能够跟这个年龄的男孩做朋友。对于女孩，父亲不能刻意疏远。女儿长大了，不少父亲不会再像对待假小子一样亲近女儿了。保持一定距离是对的，但是仍然需要保持对女儿情绪和情感上的关注、支持。这对她们很重要。

（二）叛逆期的共性特点

能力的迅速发展和变化。 过去的平衡体制，由于新能力的萌芽，一直引起变化，甚至造成混乱。因此，对叛逆期而言，既然有变化期，当然也有混乱期，便是因为这个缘故。

独立的要求越来越强。 由于新能力萌芽，自然会使独立的要求更为激烈，同时自我主张也会趋于强硬。其中，第一叛逆期所要求的独立，是自身及行动的自由；而第二叛逆期所要求的是全面的独立。在这一点上，两者有很大的不同。所以，就意义上来看，所谓的叛逆期，也可以称之为独立期。就我个人而言，比较偏向"独立期"的称呼方式。

父母的认识跟不上孩子发展的脚步。 父母对孩子的成长变化，往往感觉迟钝，认为孩子仍和以前一样，与自己有依存关系。但在另一方面，孩子却急于突破对父母的依赖，希望获得完全的独立，因而产生了抵抗的心理。由此可知，叛逆期，乃是因依存与自立之争，不断对立而得名；这原本就不只是孩子的问题，同时也包含了父母方面的问题。只要父母均能意识到这个事实，那么，问题就比较容易解决了。

从十二三岁到十七八岁，是孩子生理上基本成熟，认识和情感有了飞速的发展，理想、信念、世界观开始形成的重要时期。在这个阶段，由于生理成熟与心理成熟的不平衡性，受自我意识觉醒等因素的影响，青少年心理发展呈现错综复杂、矛盾重重的局面，逆反心理的表现十分突出。

（三）叛逆期叛逆心理的类型

自主逆反。 如果教师、家长对待孩子过分地运用控制手段，使孩子感到自己的行动自由受到威胁，他们就有可能拒绝办本来愿意办的事，甚至故意去做与要求相反的事，这种现象就是自主逆反。

平衡逆反。 当教师或家长和学生情绪比较对立时，即使教师、家长所持的立场、观点与孩子一致，孩子也可能产生反感情绪，甚至故意表现出相反的态度，以显示自己与教师的不合拍，从而维持心理平衡，这就是平衡逆反。

信度逆反。教师、家长的所作所为随时随地都受到孩子严格的监督，倘若教师、家长本人的行为举止与他平时所做的宣传教育相悖，就会造成孩子对教师、家长的不信任态度，这就是信度逆反。

情境逆反。在特定的机会、场合，学生个体有不同的"心理热点"，处于不同的情感和情绪状态。如果教师、家长不顾及孩子当时的处境，就会诱发孩子的情感障碍，使孩子紧闭心扉，对教师、家长的教育采取排斥的态度，拒绝接受本来可以接受的东西，这就是情境逆反。

超限逆反。这是由于教育的容量过大、时间过长，或者教育内容机械地、无时间间隔地重复而产生的一种逆反态度。

禁果逆反。人们往往有一种倾向，越是禁止的东西，如果没有说明可能为人们接受的充足的禁止原因，禁止本身就会引起假设、推测，反而常常诱使人们产生好奇并引起初探反射，产生与禁止相悖的意向，这就是禁果逆反。

归因逆反。假如孩子了解大人行为的动机不是利他而是另有所图时，就会产生心理对抗，这就是归因逆反。

评定逆反。这是一种因大人与孩子之间评定差距过大而导致的逆向反应。大人在教育孩子时，过分渲染、夸大其词等都可能诱发孩子产生这种逆反反应。

投射逆反。大人把工作成败的原因主观地集中到少数对象身上，撇开与此有关的其他因素而引起的逆反态度，这是投射逆反。

第二节　叛逆期子女的家庭教育

一、叛逆期子女应享有的权利，教育原则和误区

（一）应享有的权利

孩子进入青春叛逆期后，格外渴望得到外界的认可和尊重。所以，家长要注意对他们下放各种权利，以帮助孩子从不谙世事向成熟过渡。

自主权。"你应该""你必须""你懂什么"，家长面对叛逆期的孩子应该尽量少说这样的话，内心深处认为自己已是大人的孩子是不会接受这种命令的口吻的。要放手让他们"自己的事自己做主"。

发言权。"考不上大学就去扫马路"等话语，不少家长都对孩子说过，虽然是为了孩子好，但他们的耳朵已经长茧，叛逆期的他们对这些话可以说是"百毒不侵"了。这时家长应少说多听，了解孩子到底在想什么。

时间支配权。这个时期的孩子渴望拥有自己的小天地，所以，家长不要自作主张，将孩子的时间按自己的意愿排得满满的，要将时间交由孩子自己去安排。对安排的不合理处，家长再以商量的口吻提出建议，千万不要全盘否定孩子。

表决权。家中的一些大事，如搬家、买房之类的，尤其是有关于他们自己的事，不妨同孩子商量一下，考虑一下孩子的感受，征求孩子的意见。有着民主氛围的家庭，孩子一般能主动向父母靠近。

隐私权。孩子在进入初中后，一些家长发现，以前经常跟自己说心里话的孩子变得不太爱搭理自己了，孩子开始有了自己上锁的日记本、私人信件。如果孩子实在不愿同家长交流，也不必过于强迫，尤其是不要偷窥孩子隐私，尊重孩子的同时也为自己赢得了尊重。

（二）教育原则

调整性原则。不当的教育方式容易导致孩子逆反。孩子是成长中的个体，每天都在不断发生着变化。父母的教育方式也需适时调整，切不可因孩子与自己的想法相左，而强行要求孩子按照自己的要求去做，这样做实际上漠视孩子真正的需要，不利于孩子健康成长。

欣赏性原则。教育孩子不能采取高压政策，更不能讽刺挖苦孩子，要学会欣赏自己的孩子，肯定和鼓励孩子的进步和努力。研究表明，用低声细语的方式教育孩子更能获得好的效果。

区别性原则。对较小的孩子，可通过转移注意力、给出选择等方式引导；对于较大一些的孩子，可通过讲道理、正面引导和肯定的方式引导。

示范性原则。父母言行不一或家庭氛围不和谐，孩子更容易逆反。父母是孩子成长路上的引领者和榜样，要时刻注意自己的言行。自己说一套做的又是另一套，只会招来孩子的不满，孩子还怎么听从大人的话呢？另外，父母关系紧张，经常吵架，孩子要么厌恶父母的行为，要么逃避这样的氛围，父母将无法在孩子面前树立权威，孩子只会越走越远。

（三）教育误区

打击。有的家长面对孩子的叛逆言行，如顶嘴不听话、摔东西等，大为恼火，觉得不把孩子的这股"邪劲"压下去，孩子就有可能变坏或直接变坏。于是家长采取了强硬的措施，非打即骂。渐渐地，孩子表面上恢复到以前那个言听计从的"乖孩子"，实际上，已关上心灵深处那扇与父母交流的大门，开始憎恨父母。

放任自流。在现实中，一些家长面对难教的孩子，在几度管教而无多大起色后便失去了信心，开始对孩子放任自流，随他们自己去，想干什么就干什么。此时，无论孩子的言行、想法怎样，家长都不再过问、指导。久而久之，孩子受到不良影响，行为发生偏差，待家长懊悔时，才发现已耽误了孩子的一生。

以上是叛逆期子女教育易走的两个极端，家长要特别注意。

二、讲究家庭教育方法

（一）讲究沟通的技巧

适合孩子特点。沟通没有通用的模式，与一个孩子沟通的方式并不总是适合于另一个孩子。因此，父母必须根据自己孩子的特点，创造自己的沟通方式。比如，一位母亲的儿子个性内向，沉默寡言，一般的方法难以获得有效的沟通。于是，这位母亲根据儿子喜欢听音乐、写作和阅读的特点，经常与儿子一起到书店去，在那里听儿子向她讲述故事和书里的人物，以此了解他的想法和感受；她还和儿子一起听音乐、做儿子作品的第一个读者，不断进行鼓励。她的儿子最终慢慢地活跃开朗起来。可见，成功的亲子沟通没有什么秘诀，只要你是有心人，就能找到适合自己孩子的沟通方式。

保持冷静。孩子叛逆，家长一定会不满，因此，会为自己的权利斗争，用声音来压倒孩子。急躁的父母，应该提醒自己，保持冷静，也等孩子冷静，再进行沟通。孩子叛逆，言语和行为会有如暴风雨，不懂得控制自己。但成人成熟，应该要懂得何时该保持冷静。

学会倾听。与孩子沟通需要谈自己的意见，但更需要耐心地倾听孩子的想法。倾听意味着避免打断孩子的话，集中精力交流。为了便于做到这一点，沟通最好在安静的地方进行，排除可能使人分心的干扰。如果你正忙于做晚饭或看喜欢的电视节目，要做到认真倾听是困难的。做一个耐心的倾听者能使你了解孩子的问题和观点，有助于澄清事实，避免对孩子的误解。经常倾听孩子的声音，你会发现，尽管你没有对孩子提出许多要求和建议，你的孩子却更多地向你提出问题。这是因为，善于倾听的父母才有可能成为孩子的知心朋友。

创造机会。与孩子沟通需要有恰当的机会。青少年不喜欢预约的谈话。你想谈的时候，他们可能没有兴趣；只有他们想谈的时候，沟通才有可能顺利进行。有些父母可能喜欢在晚饭桌上或睡前时间与孩子谈话，有些父母则常常利用一起散步或郊游的时间与孩子交流。不管选择什么时间，我们都要知道，最佳的沟通常常是在共同的活动中进行的。不要总是试图在临时想起的、不固定的时间与孩子进行沟通，那样做的结果只能是失败。

妥善解决差异。父母与孩子之间往往在观念和意见上存在差异。比如，父母认为孩子应该在晚上9点以前回家，而进入青少年期的孩子则认为自己已经长大了，可以晚一点回来。如果不能有效地处理这种差异，沟通就难免失败。父母应当认识到，这些差异实际上为我们提供了重要的机会，以便重新思考原有的教养方式和限制措施，与孩子一起商议和制定新的制度，从而帮助孩子发展有用的社会技能。由于青少年对事物的认识辨别能力以及考虑各种可能性或观点的能力不断增强，这种商议是可能的，也是有益的。如果差异比较大，一时难以协调，父母也不必着急上火，最好平静而坚定地告诉孩子你对他的关心和期望，耐心地进行解释，从而使差异限定在一定范围内，而不至于演变成一场冲突。

避免过度反应。对孩子言行的反应过于激烈往往导致争吵，使交谈无法继续。为了使交谈保持友好的气氛，父母绝对不要带着焦虑和情绪与孩子交谈；同时，为了体现尊重，避免引起反感，父母在提问题时，最好以商量的、平和的语气进行，如"你这样做是怎么想的""我们谈谈好吗"。

父母要努力成为孩子愿意倾吐秘密的对象，成为对孩子的事情感兴趣的人。只有这样，孩子才乐意向他们敞开心灵。比如，你的孩子告诉你，晚上他和伙伴们一起去抓蜜蜂了，如果你表现得很吃惊且激动，或对事情的结果根本不感兴趣，孩子以后就不会再对你说什么了。

父母要认识到，孩子最希望得到父母的肯定、鼓励和奖赏。如果孩子和父母谈话时受到批评，他会感到自己的坦率得到的不是奖励而是惩罚，这将伤害他继续与父母直接交流的积极性。

讨论孩子感兴趣的话题。孩子生活在不同于成人的另一个世界之中。有些事情对父母来说并不重要，甚至令人烦恼；但对孩子来说就不同了，那可能是意义重大的事，必须对他们的感情和观点表示尊重。因此，经常与孩子讨论他们的事情是必要的。例如讨论关于学校的话题，如果父母问孩子，"今天你在学校做了什么？"孩子很可能说，"什么也没做"。这不是真的。这样回答是因为父母的提问太笼统，引不起孩子的兴趣。那么，父母不妨结合孩子正在学习的课程内容和学校的活动，问一些具体的事情，这样很可能开始一段对话。

再如不少青少年喜欢体育，父母不妨与他们讨论喜欢的球队或赛事，也可以一起去现场观看比赛；音乐也是青少年所热衷的，父母至少应该知道流行歌手的名字。如果你认为孩子正在听的音乐是不适当的，或认为他的"追星"行为有些过分，不妨坦率地告诉他们并且说明为什么，保持沉默往往会被误解为允许。

青少年有时希望与父母交流一些敏感的话题，如毒品、性、艾滋病、离婚等等。在处理敏感话题时，父母要记住，回避并不能使它们消失，反而会促使孩子从媒体或朋友那里寻找相关信息。如果他得到的信息是错误的，就会妨碍孩子正确价值观的形成。同时，对敏感话题的沟通要确保孩子能正确理解，否则宁可延后。

沟通时持亲切、尊重的态度。现代的青少年崇尚个性，喜欢表现，追逐新鲜事物。因此，他们说话做事时常令人难以接受。但无论孩子给你的刺激有多大，作为父母，你最好保持平静。在与孩子说话时，你所表现出的尊重和自我控制最终有一天会出现在孩子与他人交流的过程中。

在与孩子交谈的时候，如何说话与说什么同样重要。简单命令式的、挖苦讽刺式的、情绪发泄式的话语只会伤害孩子的感情，而于事无补。父母要学会以尊重的态度、平静的语气对孩子说话，因为，即使一个不到10岁的孩子也能轻易地区别不同的态度、情绪和语调。

尊重还体现在父母与孩子进行有深度的交流沟通方面。青少年的社会意识和对事物的理解力在不断增强，他们赞赏有思想性的、有深度的交流。因为这样的交流使他们感到自己被父母视为平等的伙伴，能激发他们的自尊感。父母完全可以就广泛的主题——如社会问题、和平、环境治理、创造发明等等——与孩子展开讨论；而不要使沟通仅仅局限在孩子的学习和日常生活上，那只会使孩子逐渐丧失与你沟通的兴趣。

忌谈成绩。同孩子交流，家长不要老以学习入题，这样只会让孩子心有压力，怀疑家长交流的动机。交流时，家长可以从家事入手，将孩子的情绪稳定下来后，再谈正事。

（二）把握好两个"度"

宽严有度。父母纵容孩子，会导致孩子任性，不要迁就孩子的不合理要求；培养孩子自制力，纠正孩子的无理取闹，不要让孩子用哭来达到自己的目的；纠正孩子乱发脾气的坏毛病，改变孩子蛮不讲理的处事态度；纠正孩子乱要东西的坏毛病，坚决纠正孩子以自我为中心的心理；帮助孩子正确认识自己，克服自负，不要让孩子骄傲自大；不要让孩子心胸过于狭窄，纠正孩子做错事不肯承认的缺点。

张弛有度。要改变孩子贪玩的状况，就要找准孩子贪玩的症结，然后采用正确的教育方法。在引导和强制的双重作用下，张弛有度，改变孩子贪玩的不良习惯，把孩子引上正确轨道。指导孩子玩得有时、有节、有制，以适当的规则约束贪玩的孩子；要顺势而为，开发"淘气包"的聪明潜能；要巧妙地给贪玩的孩子规定学习时间，及时纠正孩子不按时完成作业的毛病；别只顾自己忙，把孩子交给电视；不要放纵孩子在假期里玩个没够；千万不可让孩子迷失于电子游戏，但也不要禁止孩子正当的娱乐。

第四章　中高考应试期子女的家庭教育

第一节　初三、高三应试年的家庭教育

一、初三、高三家长应具备的能力

（一）自控力

警惕"中高考家长综合征"。孩子的中高考，尤其是高考，成为家长当下生活中的头等大事，因为重要，所以情绪多元又多变：期待、兴奋、失望、恐惧等，其中较多的成分是焦虑。随着中高考的临近，家长将会不约而同、不同程度出现"中高考家长综合征"。情绪会传染，家长的焦虑会加深孩子的心理负担。所以家长得处理自己的压力，不能自己先被击垮。

孩子的心理问题多来自父母。初三尤其是高三学生的心理问题，情绪方面居多，其诱因有近三分之一来自于父母。情况基本都是孩子的学习状况不尽如人意，家长心急、"恨铁不成钢"，进而不知不觉就爆发成了狂怒、绝望、抨击、挖苦孩子，引发孩子心情的"暴风雨"，有的甚至引起激烈的亲子冲突。

控制负面情绪。家长要做到尽可能不在孩子面前释放负面情绪。不要把工作上的情绪带回家；不要轻易流露出对生活的不满；夫妻争吵虽然难免，也一定要在孩子前面避讳；不要让家庭中的重大事情影响孩子。

家长要警惕，一旦你的负面情绪爆发，孩子需很长时间去消化你的负面情绪，会条件反射地想起不愉快的事情，而难以进入学习状态。为了孩子，

家长一定要尽可能控制自己可能出现的极端的负面情绪。

要心平气和。家长要做好心理准备，在整个初三、高三可能会有几次和孩子的争吵和不快，这时一定要心平气和，做情商高的家长，要理智地让孩子明白你要表达的意思。面对坏脾气的孩子，试着分析孩子真正想表达的意思。

（二）调控力

适当施加压力。现在的家长已经具备一定的心理学知识，意识到"压力越大并非效率越高"，但依然存在一些问题，比如盲目减压现象和无意识加压现象。前者是因为家长认为压力大不好，就干脆把压力撤走；后者则是因为家长虽从认知上认为自己已减压，但行为上还是在加压。

心理学研究表明，压力较小，缺乏挑战而处于松懈状态，无效；压力逐渐增大，激励人们努力学习或工作，效率将逐步提高；当压力达到人的最大承受能力时，人的效率会达到最大值；压力超过最大承受力后，压力成阻力，效率也随之降低。这个也可以说明家长的期望与孩子动力的关系。过高的期望不仅造成家长心态的失衡，也会给孩子增加不应有的压力，特别是对于成绩较弱的孩子来讲，要求过高容易导致孩子望尘莫及的悲观无助感。

找到孩子最佳承受能力区间。家长要保持对孩子适度的压力和期望，才能起到激励作用。这需要家长在平日的生活中一边细心观察孩子的情绪和学习状态，一边借此来对自己行为进行策略的微调，找到一个孩子最佳的承受能力区间。

（三）感染力

传递积极情感和情绪。传递积极情感，提高自己的感染力，使外在要求成为孩子的内在需求。家是温馨的港湾，但是家长未必是孩子愿意沟通的对象，到了初三，尤其是高三，问题依然。家长要帮助孩子将外在的要求变成孩子自己的内在需要，是有条件的。心理学家指出，这个过程的实现取决于孩子的几个心理需要是否获得满足，其中亲密感和信任感非常重要。

亲子之间本应该是一种亲密、相互尊重、相互信任的关系。这样，孩子才可能亲近家长，听家长说话，思考家长的话，认同家长的观点。如果孩子在和家长的接触中，感到的是不安全、焦虑、压抑等消极情绪，孩子必然会抵触家长的要求和教育。

焦虑会传染，当然积极的情绪也会传递。这些积极的情绪和情感是关爱、信心、信任。当孩子的自我意识被激励和认可时，便会激发他们的潜能和责任感，家长要经常向孩子表达这样的信息：我们相信你，坚持下去，爸爸妈妈在旁边支持你，陪伴你！

把老账放下。许多刚进入初三，尤其是高三的学生从内心深处来讲一般是想要奋力拼一把。而当经过了一段时间的复习后，一些孩子的成绩依然没有起色，于是有些家长失去了耐心和信心，认为孩子不努力，没有初三或高三的状态，忍不住要习惯性地翻孩子的老账，而这种做法会阻碍孩子的转变。很可能，孩子已经下定决心重塑自我了。所以，如果想让孩子取得更大进步，就必须将过去的老账放下，至少不在孩子面前把自己想当然的原因说出来，而是不断发现孩子的点滴进步，并给予孩子充分的肯定。许多专家学者认为，在孩子改变和成长的背后是家长认识的改变。

（四）指导力

科学指导。"孩子不和父母沟通，嫌自己烦、说自己不懂。"解决这些问题的关键是要处理好亲子关系，懂点知识和技能，树立自己的权威，不让孩子认为家长瞎指挥。

做初三，尤其是高三考生的家长非常不容易，家长要做孩子心理、学习的指导者，孩子的保健医生、营养师。孩子的学习和心理方面需要密切指导，是取胜的关键；身体是保障，越到后期越体现重要性。

提升指导力。家长可以通过阅读来提升做家长的能力，比如心理学、教育学、保健类的文章，也可通过按摩增进亲子关系。家长对营养、饮食方面也可以进行些关注。

家长可以寻找在现实中或网络群上的"家有考生"同盟，和其他家长学习交流，分析孩子的各种问题，并分享自己在教育孩子过程中的得失，借鉴一些其他家长的好做法。

（五）掌控力

不忘规则和约束。不忘规则和约束，加强对孩子的掌控，以提高孩子的执行力。初三，尤其是高三的学习非常繁重，有家长认为，孩子蛮累的，要对孩子宽松点，于是他们放松了对孩子的作业要求和行为规范。这一定要引起警惕，只能偶尔为之，倘若长此以往，孩子的学习习惯和意志力肯定会受影响。规则和约束很重要，刚柔并济才会发挥更大作用。家长在孩子的学习生活中一定不能放松对他们的习惯上的要求。

督促孩子完成学校规定的学习任务。督促孩子完成任务的好处在于：成功没有捷径，学习规律无非就是预习、上课、做作业、复习，完成任务是对学习的巩固；让孩子从紧张中走出，心理学研究表明，人处于任务中都会显现出一种紧张状态，未能完成任务者，紧张状态持续存在，他们的思绪总是被那些未能完成的工作困扰，心理上的紧张压力难以消失。完成任务最重要的好处就是让孩子提高做事的执行力，学会坚持到最后。

孩子行为规范不能让道，规则不能随意破坏，良好的规则容易营造环境的稳定、心理的稳定。家长要配合老师一起对孩子的生活进行管理和制约，不能纵容孩子，否则长此以往孩子将缺乏意志力。

二、初三、高三家长应注意的问题

（一）不要过度焦虑

心态要好。以往很多的家长从孩子一进入初三，尤其是高三就如临大敌，自己先就有了变化：有的变得比平时更严厉，有的变得比平时更亲切，有的茶饭不思，有的夜不能寐。家长怕孩子的成绩大起大落使得自己的心中没底，怕孩子失去信心自己不能振作，怕孩子生病浪费时间，怕孩子情绪不好影响复习，怕孩子在这段日子里谈恋爱，怕孩子到高三了还不上心、不着急，怕孩子考不上理想的大学……整日忧心忡忡，担惊受怕，焦虑不安。

面对即将来临的中高考，家长必须要摆正心态，因为此时心态很可能会影响到自己的情绪，影响和孩子的亲子沟通，甚至因为家长的不佳情绪影响孩子考前复习。要理智面对孩子目前的学习情况，不要把自己无数的期盼都寄托在孩子的身上。不管孩子考多少分，或者孩子目前的状态如何，都要保持一份乐观的心态。因为这样做，会让孩子感受到一份轻松，减少一份压力。

孩子压力来自父母。孩子学习中面临的真正压力，恰恰就来自于关爱他们、呵护他们的父母。许多时候，作为父母的，自觉不自觉地就成了孩子压力的主要来源，在孩子准备中考、高考的过程中充当的不是一个减压者，却是一个施压者。家长有自己的一份事业，同时也是家中的顶梁柱，既要照顾父母、子女，又要参加各种社会活动，负担重，压力大。尽管如此，家长也要注意：尽量不要过多地谈论社会的阴暗面，会对孩子的心理造成很大的阴影，影响他们的世界观，甚至使他们害怕进入社会。也不要在孩子面前争吵，让工作、家庭的一些事情、矛盾、不和谐音符影响到孩子。

（二）不要过度关心

关心照顾要适度。调查研究表明，临近中高考，绝大多数孩子希望家长不多说什么，多做什么，孩子不欢迎家长的过度的关心。家长尽量不要在孩子学习时轻手轻脚走进他们的房间，一会儿送牛奶，一会儿送水果，借关心之名，行监督之实。

对孩子精神上的关心和物质上的关照都要适度，无关原则的约束少一点，多余的关心少一点。望子成龙的心情迫切，可以理解，但无论家长心里多么迫切，必须要装出一副无关紧要、若无其事的样子来。最好是不即不离、若即若离。不要主动去过问，当孩子自己谈到相关话题时要认真地"察言观色"，巧妙应对。

营造宽松、自然和愉快的家庭氛围。家庭环境或氛围的改变不要过多，反差不要太大，要营造宽松、自然、愉快的家庭氛围。衣食住行都保持原样就行，可以让孩子在星期天适当地看看电视、听听音乐或逛逛街。有些家长不明白，让孩子所有的活动都集中到学习上其实没有好处。学习不仅仅是看书，休息也不仅仅就是睡觉。让孩子在学习之余做一些力所能及的活动，如扫地、洗碗、洗衣服，不仅可以让孩子的大脑得到适当的缓解放松，而且对孩子的成长发育有好处。

把焦虑的心情转化成有效的行动。帮助孩子切实地提高成绩，要和孩子保持一定的距离，若即若离。需要时你很快就能出现在他身边，不需要时，几乎感觉不到你的存在。这就是"投其所好"，就是"顺水推舟"。这是一种学问和技巧，需要大家在实践中逐渐去摸索。

（三）不要进行过度的家教、补习

正确看待分数。不惜血本地请名师做家教、开小灶，这样不仅挤占了孩子自由消化复习的时间，而且有揠苗助长之嫌；不仅浪费了时间、金钱，还容易让孩子形成不好的学习习惯——上课不认真听讲，反正也有人给补习，极容易形成恶性循环。

学会分析、对症下药。孩子考试成绩不好，家长会着急上火，要做的不是急着补习，而是要和孩子一起查找原因，是情绪过于紧张，是考试题目过难，还是复习计划有偏差？是基础知识不到位，是考试技巧没掌握，还是学习没有努力？如果你不心平气和地和孩子分析考不好的原因，并从中发现不足，制订下一阶段的学习计划，反而不是有病乱投医，就是大惊小怪，失望伤心，生气责骂，这些无疑都是火上浇油、雪上加霜。

（四）不要期望值过高

要了解孩子的实际水平。有些家长对孩子的期望值过高，不顾考生的现实的成绩和智力的差别，总想着让孩子成为状元、进名牌高校，为家长长脸，为家族争光。

目标过高，会给孩子造成心理压力。目标过高，超过了孩子的实际水平，使孩子觉得考不上名校就是无能，无形中给孩子造成了极大的心理压力，挫伤了孩子的自信心。

（五）不要盲目攀比

少做横向比较。有些家长总是认为孩子的成绩不够优秀，可能考不上理想的大学，就经常把亲友同事家的名列前茅的孩子拿来刺激自己的孩子，以为这样会有好效果。岂不知，这样效果更糟。所以不要总对孩子说别人家的孩子学习如何好、如何勤奋、如何有出息的话，这样会有意无意地给孩子造成压力，增加孩子的逆反心理，使孩子从内心对学习、对高考产生恐惧、厌恶，更加不利于复习和考试。

多做纵向比较。要多进行纵向的孩子自己跟自己的比较，努力发现孩子每时每刻的进步，同时帮助孩子分析自身的长处和缺陷，以达到扬长避短、鼓舞士气的效果。

（六）不要唠叨不休

无休止唠叨危害大。有些家长整天把中高考挂在嘴边，无休止地唠叨，整天用"要为父母争口气"之类的话刺激孩子。这种做法，只能影响孩子的心情，让他们不能好好学习，甚至还会造成双方的矛盾。

嘱咐一件事最好不要重复两遍以上。对孩子表达关心也要看准时机，不要没完没了地唠叨，也不要老在孩子身边晃来晃去，要适时适度，可以选择在他们休息、放松、心情比较好的时候再表达。嘱咐一件事最好不要重复两遍以上，否则既没有实际效果，又会给孩子以不被信任的感觉，只会对孩子的生理和心理造成不良影响。平时也要有意识地杜绝唠叨，不要过多地干涉孩子的行为，要给他们一个比较宽松的心理及生活的环境。

（七）不要缺少沟通和交流

要充分认识谈心的重要性。有调查结果显示，目前只有38%的家长能够经常和自己的孩子在一起，并且具有比较多的语言交流。此项调查结果还显示，能够经常和父母谈心和沟通的孩子，心理大都比较健康，孩子的学习成绩也比较理想。相反，缺少和父母交流的孩子，学习成绩就比较差，也比较容易出现心理上的疾病。

多待在家里，创造更多和孩子接触、交谈、沟通的机会。绝不是在家里陪读，更不是监督。应讲究家庭民主，尽量用孩子的眼光看问题，尽量尊重孩子的选择和意见。有不同看法，在孩子冷静下来之后，再沟通解决。多和孩子共进晚餐，谈论愉快的话题。

家长在学习上不能代替孩子，就在生活上、精神上多关心帮助孩子。节假日、星期天、孩子放学以后，家长最好都能够待在家里，家里客人要少些，应酬也要适当减少。把和亲朋好友打牌、聊天等暂时放一放，甚至连自己最喜欢的电视节目也得放一放，给孩子创造一个最好的学习空间和环境，与孩子同甘共苦。用你的心，时时陪着孩子，让孩子感觉到艰苦的学习之路有父母在陪伴，让孩子觉得他在父母的心中是第一位的，使孩子心情愉快地面对每一天的学习。

（八）要有积极的鼓励和正面的评价

鼓励孩子。对于成绩优秀的孩子来说，家长基本上不需要太多为孩子操心。但是对于成绩并不理想的孩子，家长就必须要适当地去关心和鼓励孩子，让孩子从容面对考前的紧张复习生活。鼓励的话语很关键，比如可以告诉孩子：中高考没什么，放松一些，不要紧张；乐观面对，其实这只是人生的一次选择，并不是唯一选择；现在除了保持良好的生活节奏外，还要调整你的学习时间，不要搞疲劳战；不要考虑爸爸和妈妈对你的期望，不管考什么样，我们都会平静面对；考前其实也是在比谁的心态好，相信你是最乐观的一个！等等。

正确评价孩子。有部分家长常会根据孩子以往的成绩来评价孩子的学习能力，这是欠妥的。要知道，中高考是一次综合性的考试，不仅考学科知识，还有考查孩子的应变能力，更有临场发挥。如果家长能从这几方面去关注孩子，就会清楚自己如何面对孩子了。比如有些孩子各科基础不错，此时就要从合理安排复习时间上下功夫；有些孩子有偏科现象，此时应该对所偏的科从基础抓起，切不可盲目搞题海战术，否则会浪费有效复习时间；有些孩子抗压能力不足，家长就必须要给孩子减压，让孩子不要过度紧张而在复习上降低效率等。总之，家长要充分考虑到孩子的现实情况，有针对性地去辅助孩子采取应对之策，从而保障孩子安心复习。

对孩子不能过分表扬，也不能过分批评；不能过分民主，也不能过分自由；不能对孩子总发脾气，也不能从来不责罚孩子。不能总是按照一成不变的方式来管教孩子，方法也要与时俱进。

三、初三、高三家长需要为孩子做些什么

（一）细心观察、倾听，耐心疏导

观察调整。初三，尤其是高三的学习是一次炼狱，是孩子完美人格的定型。这一过程中，成绩再好的孩子都会遇到逆境。所以，要细致入微地观察孩子的状态变化以调整帮助措施。如胃口、睡眠状况、在家学习的专心程度、作业的完成情况，特别是与同学电话联系、周末交友状况，上学放学的时间，等等。

倾听引导。家长要善于和乐于倾听孩子的心声，定期和孩子交流和沟通，创造机会允许和鼓励孩子把心里话说出来。在倾听的基础上再加以分析和判断，然后给出合理的引导和建议。这种交流应该是平等、民主和自然的。相反，随意的批评和责备是极不负责任和无效的。

在初三、高三这一年中，孩子不仅要发展智商，更要经历情商的考验。因此，引导孩子正确看待学习上的困难以及考试带来的挫折是家长的一份重要责任。

（二）做孩子学习上的助手

帮助分析经验教训。成功了，要帮助孩子总结经验；失败了，无论是某一薄弱学科还是一次偶然失误的模拟训练，都不要斥责孩子，而应要求孩子寻求师生的帮助，总结错题的成因，特别是寻找不该丢掉的、经过努力可以拿到的分数，制定查漏补缺的行动方案，使其对升学始终充满信心。家长还可根据试卷错题，剪贴制作错题本，供孩子复习时使用。

寻求最佳解决方式。要让孩子明白一个道理，是几门功课打天下，每门长5分，三门就是15分，五门就是25分，中高考一分之差，就会甩掉许多人，鼓励孩子往前冲。

家长可以鼓励孩子找到各科的学习方法，也可以上网整理成功的初三高三学习和复习方法，打印整理出来供孩子参考。家长还要引导孩子总结、调整、检验、改进方法，同时也要明确"最好的方法就是刻苦"，只讲方法不可能取得好成绩。

（三）营造良好的家庭环境

家庭应该成为孩子学习的第二课堂。家长要尽量为小孩提供适当的学习条件和开发学习资源。例如为小孩提供一个安静独立的空间进行自主学习和阅读，为孩子订上一两份报纸或期刊等。

一切要顺应自然。孩子房间里安静一些，家长少在家里来回走动。饭菜可口就行，没必要让孩子感觉是特意为他们准备的。可以带孩子去某小区看看新房，即使是不买；到工地上去看看建筑工的辛劳；利用清明节去祭奠先人等等，或许比精心准备的思想教育效果更好，因为这源于自然。

（四）做孩子和老师联系的纽带

老师的谈话效果一般会好于家长。所有的学生都希望老师、班主任能关注到他们，与他们交流。但是，一来老师精力有限，二来观察不一定准确，就会使得中高考复习后期老师与孩子交流过程中出现"时差"或者"死角"。家长如果观察到了，应及时与老师特别是班主任联系，让班主任、任课老师与孩子及时沟通。

家长和孩子的沟通要有第一手资料。家长与孩子的沟通，空谈大道理是孩子们比较反感的事情。家长要经常保持和学校的正常沟通，在班主任和科任老师那里得到"家校联教"家长需要配合什么的第一手材料后，和孩子的沟通才有基础和针对性。

（五）当好时间和中高考前后危机管理的家长

帮助孩子管理好时间。时间管理的成功，意味着高效率和高收益。初三、高三学习总体上要劳逸结合，文理交替，背写轮换，强弱科相间。家长尤其要关注初三、高三的寒假、周六日和放学后的时间。如果孩子状态实在不好，不如让他们索性痛痛快快地玩半天或睡一觉，或者出去游玩放松心情。

帮助孩子拟定中高考前后危机的防范预案。一是考前应急预案，比如上考场心理紧张怎么办，进考场迟到怎么办，被监考老师批评怎么办，考试用具没带怎么办；二是考试期间生活应急预案，比如考试时发烧、拉肚子、感冒、失眠等该怎么处理，家长要提前演练；三是考试应急预案，比如第一题不会做怎么办，连着好几道题不会做怎么办，做完的题不放心总想再查一遍怎办，试题做不完怎么办，第一科没考好怎么办等。实际上，有了应急预案，出问题的可能性反而会变小。

（六）调整好孩子的饮食

做饮食上的营养师。整个初三、高三，家长都应注意孩子的营养均衡搭配。营养供应要讲长期性和稳定性，切忌平时不在意，中高考期间突然大鱼大肉。

做孩子们的大厨。初三、高三阶段要给孩子们增加营养，如何做出营养均衡的膳食，家长还是要琢磨一下的。营养均衡不是大补，很多家长自以为孩子的营养不够，擅自给孩子增加一些药膳食补，结果适得其反，孩子身体受不了，加重肠胃负担更容易生病。

四、初三、高三家长应力戒的毛病

（一）应力戒的话

唠叨的话。"再不好好学，能考上哪儿啊，赶紧学吧。""抓住了机会，你就会成为人上人，如果错过了，也就不会再有转机。""考不上好高中，就考不上好大学，考不上好大学就没有好工作，没有好工作怎么养家糊口？""再背一会儿，才12点就困了？"

强迫的话。"你必须考上重点大学！""吃完了赶快学，学了快点睡觉！""你要是这么学，哪儿也考不上！""别磨蹭，抓紧时间！"

比较的话。"看人家的某某，晚上学到12点多。""看别人孩子都考了那么多分，我们花这么多心思在你身上，你考不上，对得起我们吗？"

赌注的话。"学得怎么样这次就能验证了。""成功还是失败就看这一次了。""你要考不上这辈子就完了！"

放弃的话。"别再学了，都学成这样了！""最好什么都别跟我说。"

讽刺的话。"现在后悔也晚了，谁让你当初不努力。""一分值好几万元啊。"

诱惑的话。"考上重点大学，给你买最新款苹果手机。""考上重点大学，出国游学去哪随你。""放心考吧，你想去哪个学校，拿多少钱，也一定让你上！""高考后想咋玩就咋玩！"

紧张的话。"好好考，别紧张，别紧张。""你复习得怎么样了？能不能考上啊？""高考要我们送你去吧，在哪儿等你啊？"

放任的话。"哎！考哪都行啊，能考哪就考哪吧！"

（二）应力戒做的事

（1）什么事都与中高考联系。

（2）初三早恋，不闻不问；高三棒打鸳鸯。

（3）大考小考追问名次。

（4）不让孩子睡懒觉和娱乐。

（5）到处听讲座，用听到的各种信息轰炸孩子。

（6）强迫孩子执行任课老师的计划。

（7）饭桌上、路途中都追问的是中高考话题。

（8）孩子情绪一有些反常就穷追不舍问原因。

（9）说话、走路一派肃穆，家庭气氛异常。

（10）对关于中高考的相同观点反复啰唆。

（11）到处搜罗卷子给他们做。

第二节 中高考期间的家庭教育

一、中高考前，家长需注意的问题

（一）要帮孩子做好的事

要使孩子情绪稳定。中高考前，特别是孩子在家备考期间，家长要摆脱各种外界的干扰，保持比较平和的心态，这对孩子能以稳定的情绪、平和的心态去对待考试是很有意义的。中高考前，家长也会对中高考的各种动态有所反应，但是，要冷静对待，要有分析地对待，更不能把一些小道消息随便传给孩子。

要保持孩子心情愉快。 中高考前，家长心情好，家里气氛好，就会有一个温馨的家庭环境，这对孩子的备考是很有好处的。

有些家长在中高考前担心孩子考不好，整天愁眉苦脸很少说话，其实，孩子一看就知道父母紧张、害怕了，而这种情绪或多或少会传染给孩子。因此，中高考前家长一定要保持愉快的情绪、平和的心态，感情的力量是巨大的，温馨的气氛将融化孩子心中的抑郁、苦闷、焦虑，有助于孩子调整心态，对孩子中高考复习是有帮助的。为了使中高考前家庭保持一个温馨的气氛，父母之间有什么不同的意见不要发生口角，确实有什么问题要解决也要等到中高考后再说。父母少一分争论就会给孩子多一分温馨。

孩子只要尽力就行了。 "只要尽力就行"，父母说了这句话孩子就会感觉有定心丸，肯定会尽力，这样减少了不少心理压力，就会从容地应对中高考。但也有些家长高考前唠叨，反复嘱咐孩子：考试要认真，不要马虎，一分之差，千人之后，你一定要改变马虎的习惯，现在可不能丢分了，你可要注意呀。其实，这样的话家长可能平时已经讲了很多遍，在中高考前再讲、反复地讲会增加孩子的心理压力。中高考前，孩子和父母发生口角对情绪的稳定会起很大的破坏作用，这对考试的影响是不能低估的。

创造安静的复习环境。 安静的复习环境有助于孩子平心静气、情绪稳定地进行复习。吵闹的复习环境将使孩子心情烦躁，注意力不能集中，影响复习效果。在这里我特别提示家长，在孩子中高考备考阶段尽量少会客，最好不会客，如果实在不得不会客则最好在家外进行，不要在家里进行。另外，家长接打电话时注意不要打扰到孩子。

督促孩子娱乐与运动。中高考前夕孩子在家复习大都是非常用功的，一做题就是一个上午或是一个下午或是一个晚上，有时搞得精疲力竭，头昏脑涨，不仅影响心情，也影响复习效率。在这种时候，家长就要适当地提醒孩子做必要的轻度运动，例如做俯卧撑、跳跳绳、打打羽毛球等，有助于孩子消除疲劳，焕发精神。也可以提醒孩子听听轻音乐，看看轻松的电视节目，也有助于孩子调整心态，消除疲劳。在中高考前夕提示孩子不要看那些电视连续剧，以免分散精力。

确保孩子健康。有些家长误认为中高考前应该给孩子加强营养，给孩子吃大鱼大肉。我觉得，其实那没有必要，孩子平时吃什么现在就吃什么，孩子爱吃什么就吃什么，只要孩子食欲好，在一般情况下孩子的营养都会得到满足，关键是要做到营养平衡、合理。不在于说给孩子增加什么蛋白质就能提高记忆能力，这种增加蛋白质和提高记忆力的关系我们暂且不说，就算真的吃了富含蛋白质的东西短期内也不可能有效果。

帮助孩子调整心态。建议在中高考前家长经常跟孩子聊聊天，谈谈心，利用吃饭后的时间散散步，相互沟通，让孩子把心里的压力、心里的话、心里的苦恼说出来。沟通要讲究时间、地点和条件。不能是孩子正在复习功课时进去就聊上几句，要在孩子休息的时候，他比较放松的时候去做，要见机行事。不过聊天的内容不要过多涉及中高考，找些比较轻松的话题去谈，这样，有助于放松孩子的心情。

防止对孩子过分关注。中高考前，有些家长过分关注孩子，孩子在那复习功课时一会儿过去给孩子冲杯热牛奶，再一会儿过去给孩子送块西瓜，有的家长甚至在孩子旁边陪读。这种过度关怀孩子的做法会使孩子产生压力，心想，一旦考不好，怎么对得起父母的关心。

准备一个小药箱。中高考前，孩子在家备考期间有可能身体上出现一些小毛病，比如感冒、胃肠不适等。孩子复习很忙，这些小毛病他顾不得上医院去看。其实，只要家里准备一个小药箱，孩子一旦出现什么身体上的不适，服点药就可以解决了，没有必要往医院里跑。

督促孩子做好考前物质准备。中高考前几天家长要督促孩子做好考前的物质准备，把橡皮、小刀、格尺等准备好，把准考证等准备好，最好都放在一个口袋里。而且要督促孩子看看考场，讨论一下一旦在去考场的路上发生交通堵塞采取什么样的解决方案。

（二）考前十句忌语

"加油！爸爸妈妈等你成功归来！"家里有个孩子考试，全家出动是很常见的事情了。很多考生家长一直把孩子送到考场外，还要不停地嘱咐。其实，孩子都想考出好成绩，可中高考是一种能力考试，如果家长不切实际地乱嘱咐，反倒让孩子心里更没有底气。

"祝你成功！"尤其是对那些不要家长送的考生，家长不知道如何表达自己对孩子的关心，喜欢叮咛这样一句，其实没有必要。与其祝愿成功还不如换成"注意安全""一路小心"等关心考生安全的话语，因为这样一句话传达的信息是"爸爸妈妈关心我，而不只关心我的成绩"。

"记住你的目标，成败在此一举！"有些家长喜欢给孩子定目标。而且往往把中高考看得过于重要，过分强调中高考在人生中的作用，认为孩子如果考不上，或者考不到一个好的学校，会直接影响到今后的前途。

"我家孩子模考成绩回回棒，老师都说这成绩考清华北大没问题！"中高考是能力考试，模考成绩好可以从一个侧面反映孩子学得不错，但模考毕竟不是真枪实弹的考场。模考成绩好，但由于适应不了真实中高考考场的氛围，影响考试发挥的考生不在少数。提醒家长，千万不要给孩子不切实际的高期望，这样无形中给孩子增加了压力，到时候很有可能直接影响到孩子的正常发挥。

"把题看仔细，认真答题，千万不要有任何大的疏漏，争取多拿分。"

中高考前老师已经反复叮咛了，希望考生掌握一些考试技巧，能多拿一分就多拿一分，这时家长就不要再多说什么了。因为，任何一个考生都不愿意在自己已经掌握了的知识点上丢分。

"现在检验你复习好坏的时刻来了，你要好好把握。"如今的孩子都知道中高考的重要性，大部分考生都能认真复习、备考，他们也希望通过自己的努力，能把握住机会，开始人生的下一个旅程。家长说这样的话，多半会让孩子那本来就容易波动的情绪更加难以平静。

"再坚持一下，好好把试考完，你和爸妈就都解放了。"孩子听到这话，就会感觉到自己是家长的负担，好像爸爸妈妈这么辛苦都是自己造成的。如果碰到那些倔强、任性的孩子，可能会顶撞，以至于伤害双方感情，直接影响到孩子考试情绪的稳定。严重的，甚至可能会导致孩子憎恨考试。

"同样是人，我就不相信我家孩子比人家的差。"现实生活中，往往有一些家长喜欢拿孩子来相互攀比。一个正确的心态是，不管人家的孩子如何，只要自己的孩子身心健康，懂得做人的基本道理，父母就应该有所满足。

"爸爸妈妈这么辛苦都是为了你，你一定要争气，要有出息。"现在的家长为孩子付出很多，他们也希望能得到孩子的回报。很多家长都认为，在孩子没有成人之前，孩子学习优秀、自觉、求上进就是对父母悉心栽培最好的回报。而很多家长也一厢情愿地把孩子能否考上大学、能否考上好大学与孩子未来的命运挂钩。

"考不上爸爸妈妈也不会怪你，明年我们再重新复习。"高考时，很多家长希望用这样的话来给孩子减压，帮他们宽心。其实，大部分考生对这句话非常反感，他们觉得还没有高考就说这话，就是家长对他们能力的一种否定。

二、中高考倒计时，家长需注意的问题

（一）中高考仅剩 70 天，家长应该做什么

明确三个问题。首先，孩子的压力在很大程度上不是来自中高考本身，而是来自家长的期望。家长对自己的定位应是后勤部长，而不是前线的督军，对孩子应该是更多的鼓励与精神上的支持，而不是指责和严厉的督促。如果孩子本来就是勤奋的，那实在不必再画蛇添足；如果孩子存在惰性和比较散漫的问题，那选择跟他们谈心比命令他们去做什么要好得多。

其次，中高考不光是孩子的问题，而是整个家庭的问题。家长该知道中高考其实就是打仗，上前线的是孩子，但供应粮草的却是各位家长。因此，应该让孩子在紧张备考的同时，做他们该做的事，当然也是力所能及的事，如做做简单的家务什么的，这看似多余，其实是一种观念上的改变，这会让孩子明白一点，中高考并非意味着可以"目空一切"，可以饭来张口，衣来伸手。中高考动员的不光是上前线的个人，而是整个家庭！有很多家长会为了让孩子获得尽可能好的学习环境而包办一切，这种做法其实是在无形中对孩子施加了庞大的压力，孩子这时会想，自己如果考不好的话，不光是对不起自己，而且更是对不起含辛茹苦养我的父母。这种压力会一直持续到中高考结束之后。因此，让孩子做他们该做的，力所能及的，这是为了让孩子更好地迎接中高考的来临。

最后，中高考并非与世隔绝！很多家长认为，为了给孩子创造一个良好的学习气氛，应尽可能地把孩子隔离在现实社会之外，即尽可能地让孩子远离一些负面的、不好的东西或事情，好让他们能专心学习，心无旁骛。其实人所处的环境不是真空的，孩子难免会接触到家长认为应该有所避忌的东西。因此，我们预防的方式不是一味消极地回避环境带来的不确定因素，而是给他们打"疫苗"，进行免疫。最好的方式莫过于适当、温和地向他们介绍中

高考可能出现的负面信息，让孩子们知道，社会并不会因为中高考来临而变得特别美好，社会还是那个复杂的社会，什么事情都有可能发生，进行事先的"免疫"。这样，中高考时真有事情发生，孩子不至于因为突如其来的变故而不知所措，从而影响发挥。

帮助孩子分析薄弱环节，提出改善建议。初三、高三考生现在大多疲于应战，很多学生没有分析自我，当局者迷，旁观者清，家长应该帮助考生寻找薄弱环节，迅速改进。

首先，分析孩子分数，孩子分数是一目了然的，可以直观反映孩子的学习情况，根据孩子水平、能力、实际努力程度看与成绩是否匹配，并初步判断孩子提升的空间。

其次，分析试卷是每次考试后老师必做的事情，老师会对每次考试的卷子逐题进行分析并要求学生把错题全都改正过来。既然老师都做了的事，家长还有什么可做的呢？其实，这里是家长大有可为的地方。老师面对的可能是全班50个孩子，讲的是共性的东西，你要做的恰恰是对自己孩子的个性问题进行分析。比如，整张卷子丢了多少分，丢在哪儿了？有多少是应该掌握而没能掌握的？有多少是经过努力就能很快提高的？丢分属于哪些知识点？这样针对性强，孩子对自己各科的优势、劣势也更清楚了，更容易找到方向。如果家长按照孩子各科的成绩分析记录在案并做出成绩的曲线图，用于分析成绩的上下波动，对症处理，更能帮孩子找到兴趣学科、优势学科，在日后填报志愿时会起到关键性的作用！

最后，家长需要自己熟悉教材、考点，在业余时间搜索资料学习，可以进入一些有意义的家长群学习，找准问题所在，帮助孩子快速提高。

（二）中高考仅剩10天，家长应积极应对的问题

考前孩子最担心的是什么？考生考试前最担心的是"考试发挥失常"。许多孩子在过去的考试中都偶尔出现过一两次考试发挥失常，自然害怕在关

键一考中又出现失误。实际上考试发挥失常，产生的主要原因往往与出题过偏、怪、难有关。因此家长可以向孩子解释，高级别的正规考试，出题是比较严谨认真的，反而不会出现有时在学校考试中出现的怪题、偏题，不会让你看到题摸不着头脑。

为什么越临近考试，孩子反而越不想学？ 当孩子出现这种状况时，请家长首先理解，这是大脑给出的一个信号：孩子需要适当休息调整。人的大脑与其他器官一样，需要劳逸结合，如长时间超负荷工作，大脑便会启动"保护性抑制"，大脑运转效率显著下降。这时家长可想想孩子平时都喜欢什么活动，提醒他休息休息。

如何面对"自暴自弃"的孩子？ 一些基础差的孩子考前容易自暴自弃，"反正我不行，复习也没用"。实际上，最后的冲刺对高考考生可能改变不大，但对中考考生，由于初中的知识点相对简单，我们的确看到有一些同学就是靠最后冲刺大幅提高中考成绩的。"临阵磨枪，不快也光。"做家长的可以给孩子打气。

最后阶段家长能为孩子做什么？ 决定学习成绩的有三个方面的条件：学习方法，学习习惯，学习心态。方法和习惯，已经不是考前能立竿见影改变的。所以这个时期，看到孩子许多毛病，不要急于去纠正他。能为孩子做的，是使他们在这个时期保持一个稳定的学习心态。具体说，一是照顾好他们的饮食、生活起居，二就是闭上批评的嘴巴。也许他们吃饭的时间有点长，也许他们在厕所磨叽了半天，也许一晚上他们去厨房翻了几次冰箱……不管怎样，这段时期不要吭声，这是对孩子的体谅。

（三）中高考进行时，家长需注意的问题

如果孩子不同意送考最好不要送。 不让送你去送，伤孩子的自尊心；让送却不送，影响孩子的信心。所以，送与不送，一切必须因人而异，以满足孩子需要为准。

考试期间的吃、穿要与平时一致。考试期间最好让孩子吃熟悉的食物、穿舒服的旧衣服。有的家长可能想在这几天帮孩子加强营养，虽说营养的保证很重要，但那应该是半年前、一年前就注意的，而不是靠这几天。考试期间的饮食最好跟平时的饮食一致，熟悉的食物使人放松。同样，熟悉的衣服也会使孩子更放松。

不要担心考试期间孩子失眠。家长都希望孩子在考试期间能睡好。但万一孩子失眠，千万要告诉他，没关系，不影响做题！人是有应激功能的，24小时不睡觉，大脑还能正常工作！如果孩子在考试前也相信这个道理，反而临考前能够释然，睡个好觉。

沉着应对考试期间孩子生病。一般说来，只要孩子不是那种病得不能坐下来拿笔写字，生病对考试的影响其实只是心理上的，并不会妨碍大脑思考。大脑工作在生理上实际只需要两个条件，葡萄糖和氧气。有这两个条件，就能做题、思考。身体的不舒服可能会分散孩子的注意力，心理上造成家长的不安，实际的影响没有那么可怕。因此，万一孩子在考试期间生病了，家长也要给孩子这样的信念，影响不大！甚至可以跟他说：你都生病了，如果没考好也是能理解的。这样孩子反而能放下包袱，轻松应考。

教会孩子及时处理不利的考场环境。一般来说，中高考各考场对监考老师的要求相对严格。早点告诉孩子，考场上无论是什么影响到自己答题，都要及早举手向监考老师提出。

考试当天中午，要帮孩子放松心情。许多同学上午考试回来，兴奋得没法午休。家长们看在眼里，急在心上，又不知怎样劝孩子平静下来。这时可以这么说："躺一会儿，不必非得睡着，让身体放松休息一下，等会我叫你。"睡眠是不能带着压力的，这样轻描淡写地说，孩子更容易入睡。注意睡眠的时间并不是越长越好，一般入睡后不要超过半小时，在他进入深睡眠以前一定要叫醒他。

帮助孩子走出头场考砸了的心理阴影。哪怕是学习最优秀的学生，第一场考试考砸了，都不可避免地会影响他们的心情。一旦出现这种情况，首先要做到不责怪孩子。家长此时特别需要去倾听他们的不安、委屈和自责。只有有人理解他们，才能让他们舒缓一些沮丧的心理情绪。绝大部分孩子是理性的，当情绪平稳以后，就能够振作起来。

不要在考试期间打听孩子的考试情况。考试期间常打听孩子的考试情况，易引起孩子情绪波动。某科考试失利，也许因为题目难度较大；某科考得不错，也许因为试题难度较小。其实考得好坏，从孩子的各方面表现往往可以判断，但不管考得如何，都应以鼓励为主，切忌露出不悦与沮丧。

三、如何帮孩子填报志愿

（一）选择学校

关注新信息。政策是高考报考的基础，3月是每个省份出台政策的高峰期，家长要关注相应省份的高招官方网站的最新信息，志愿填报要以此为基础。家长需要了解历年分数信息、学校、地域、专业信息。

名牌大学并不代表学科专业好。每所大学都以一定领域的专业见长，都有自身的优势学科和特色专业。对于成绩优秀的考生来说，选专业关键在于选特色。作为高校的特色专业，往往具有师资力量雄厚、科研水平领先的优势，而且不少是国家级或省部级重点学科。因此，志愿填报前，考生和家长要注意找出拟报高校最强的专业和最有特色的专业。有些院校，虽然规模不大，名声不是如雷贯耳，但特色鲜明，某些专业实力雄厚，人才培养质量高，就业形势丝毫不逊色于名牌重点高校。对于成绩不是拔尖的考生，在填报志愿时，如果高考成绩介于一本和二本批次之间，考生不妨在一些特色二本院校中多留点心，力争在二本院校里寻找专业方面的单项冠军。

尊重孩子的意见。不要让孩子填报家长的志愿，从目前考生情况看，孩子独立确定志愿的很少。有一些是在父母的指导下完成，更多的是父母让报什么学校就报什么学校，或父母打草稿，孩子往正式表格上填。当然还有一些是父母和孩子共同讨论的，可是一旦意见相左，多半是孩子服从家长的安排。念书毕竟是孩子自己的事情，家长无法代替，所以应该在这个问题上和孩子充分讨论、充分尊重孩子的意见。

（二）选择专业

选择好专业往往比选择好学校更重要。首先，上完大学后要就业，选择一个毕业后能用得上，更容易就业或者就业质量高的专业当然比学校重要，否则即使是名牌大学毕业，如果专业冷僻，社会需求小，找不着工作，那就既浪费了时间又浪费了金钱。即使是要把读书进行到底的人也要就业，博士生毕业后就业也会因专业不同而有很大的差别。

其次是所学专业非考生志趣理想，也容易挫伤其积极性和进取心。现在虽然有的大学按学科大类招生，这种按学科大类招生必定还是很明确地反映了专业取向，并没有说你进了这类大学想学什么就可以学什么，专业界限是存在的。

再次是一流的大学里，同样会有二流的专业，而有些大学可能"名气"不大，但某个学科专业可能是国内顶尖的。有的大学在同批次录取的大学中首先开设某个学科专业，可以简单地认为该校在该学科专业方面有较大的优势。

要与自己性格特点相吻合。进入大学时，每个人的人格特征已经基本上稳定了下来，不会再有很大的改变。如果孩子天生好静，而非要选一门艺术表演或者其他类似与人际交往密切相关的专业，就不切实际。

兴趣是最好的老师，一个人学一个自己不感兴趣的专业或从事一份自己不喜欢的工作时，即使这个专业再热门，即使这个职业再能赚钱，他也不会感到快乐，更不会在这个专业或职业发展上有更大的发展空间，因为他不感兴趣。

　　一个人要想工作得开心与快乐，要想在工作中取得很大的成就，要想做一名真正的成功者，在选择自己的专业或职业时，一定要把自己的潜能优势、职业兴趣、人格特点三方面结合起来考虑。而这三方面不是彼此独立的，而是有内在联系的，只有这三方面是最佳组合时，才能找到自己最佳的专业或职业领域，也才能最大限度发挥自己的潜能优势，做自己最擅长的事情。

　　掌握成功职业生涯的特点。符合自己兴趣，把职业当作一种享受，适合自己职业能力倾向，潜能最大限度地发挥，合理满足自身需要，尽力服务他人与社会。自由，轻松，快乐，成长，条条大路通罗马，专业重要但不绝对。

　　填报志愿只是职业规划的其中一步。而大学教育不是职业教育。专业少，职业多，专业跟职业不是一一对应的。一个专业可能对应很多不同的职业，有直接对应，以该专业为工具和知识直接利用；有间接对应，以该专业为基础背景促进职业发展。比如法律专业的可以做律师，还可以应用于谈判、公关等等。一个专业还对应很多不同的行业，因为每个行业都需要不同专业的人才发挥各自的优势。当然有一些职业对专业对口有较高的要求，比如临床医学、土木工程等。如果选择这种特别专的专业，就要特别谨慎。但更多的情况是，不管将来从事什么职业，大学里得到的知识积累、思维训练和素质提升都不会浪费；不管大学选择什么专业，只要填充真实的内容到兴趣里，梦想的职业道路完全可以走得通。

　　条条大路通罗马，这是一个人生道理。但要付出最少，得到最多，还是要选择捷径。因为如果专业选择出现偏差，就要花很长时间寻找路径转换到自己更适合的、匹配度更高的职业。错过捷径意味着黄金时间的浪费，可能错过职业发展和事业成就的机会，甚至影响自信心和生活的乐趣。

第五编

成功，榜样的力量

第一章 国内成功人士的家庭教育

第一节 古代成功人士的家庭教育

一、孟轲

孟子是战国时期伟大的思想家、教育家，儒家学派的代表人物。与孔子并称"孔孟"。孟轲之所以能有这样的成就，是因为他的母亲仉氏家庭教育得法。在刘向的《列女传》中记载了"孟母三迁"和"断织教子"的家教故事。在中国封建社会，孟子的母亲仉氏以教子有方而被推崇为贤母的典范。"孟母三迁"记述的是孟母教子的故事。孟轲3岁丧父，贤德通达的孟母一方面承担着家庭生活的重担，帮人浆洗纺织，同时严格教子，她要求孟轲用功读书，将来成为有学问、有作为的栋梁之材。为了教子成材，孟母审慎选择居住环境，前后三迁其居。孟轲家原住在墓地附近，幼年的孟轲经常看见送葬扫墓的情景，就与小朋友模仿起"墓间之事"，整天做挖坑、下葬、哭丧的游戏。孟母深感此地不利于孩子的健康成长，立即搬了家。新家靠近市场，邻居是一个屠户，孟轲耳濡目染的是杀猪卖肉、讨价还价的事情，于是，整天迷恋于模仿杀猪卖肉的游戏。孟母感到此地也不宜久居，再次搬迁，这次把家搬到了学校附近。自此，孟轲每天接触的是读书人，听到的是读书声，在浓厚的读书风气影响下，开始诵诗习礼。看到这种情景，孟母喜不待言，并在此久住下来。

"断机教子"讲述的也是孟母教子的故事。孟轲小时读书不用功，有一天他放学回到家里，母亲问他学习进展如何，他回答还是老样子，并流露出漫不经心、不以为然的神情。孟母深感忧虑，遂将孟轲叫到跟前，断然操刀割断织机上纺了一半的布匹。母亲的举动使孟轲迷惑不解，他"惧而问其故"，母亲回答："子之废学，若吾断斯织也。夫君子学以立名，问则广知……今而废之，是不免于厮役，而不以离于祸患也。"母亲的一席话使孟轲深受触动，自此，他"旦夕勤学不息，师事子思，遂成天下之名儒"，成为战国时期杰出的思想家、政治家和教育家，与孔子齐名，历史上素有"孔孟之道"的说法。

如果说孔子是儒家学派及其思想的创始人，那么孟子则是继承和发展这一思想体系的举足轻重的大师。他极力推行"仁政"的主张，多次游学稷下学宫，成为"后车数十乘，从者数百人"的名噪一时的私学大师，极受齐王的尊崇。孟轲一生的成就，与他母亲的良好教育是分不开的。可以说是一位非凡的母亲培养出了一位伟大的历史名人。

二、皇甫谧

皇甫谧，字士安，西晋著名的学者、史学家和医学家。公元 215 年出生于陇西皇甫世家大族，曾祖父是东汉灵帝时的太尉皇甫嵩，虽说汉亡晋兴，但皇甫家族作为世家的显赫家世仍为时人瞩目。然而，谁也不曾想到，世代高官辈出的皇甫家族，到了皇甫谧这里，却让世人看他的笑话：一个天资低下的十足的"蠢材"！

皇甫谧从小被过继给叔父，跟随叔父母生活在河南郡新安县。叔父母将他视作亲骨肉，疼爱万分，满指望他能读书进学，日后能求得一官半职，光耀门庭。谁知这侄儿偏偏不爱读书，整日里游荡无度，常常彻夜不归家门，冥顽不听教诲。眼看他的小伙伴们都已经成家立业，有的早到衙门任职为官了，而他 20 多岁仍未脱稚气，与一些八九岁的小男孩编荆为盾，执杖为戈，分阵相刺，傻乎乎地玩着军事游戏，痴喊乱叫，气得叔父母两眼直冒金星。

一天，在外玩得满头大汗的皇甫谧，跟跟跄跄地抱着一些不知何处弄来的瓜果，兴冲冲地把它们送到叔母跟前，口称孝敬母亲，以为叔母一定会高兴。

叔母对皇甫谧的管教已用尽了心血，不知暗地里流过多少泪，但这匹脱缰的野马就从来没有听过一次教训。如今见到此状，她强忍着心酸和不满，没有接儿子的瓜，却亲切地叫他到跟前，语重心长地劝诫说："儿啊，你已经 20 多岁的人了，世事不懂，目不存教，心不入道，说话办事粗鲁糊涂，一味地放任着野性子贪玩，什么时候能让娘看你成器呢？你这模样儿，即使拿牛羊猪肉给我吃，也丝毫不能安慰我啊！"说罢，连声叹息不止。

皇甫谧仍然直愣愣地站立着，兴头一下子没有了。正不知叔母为什么如此，叔母又长叹一声，说："过去孟母三迁，终于使孟子改邪归正，成为一个学者，难道是我这个为娘的没有选择好邻居，让他们把你带坏了？唉，怎么怪人家呢，邻居的子弟哪个像你这样顽皮愚钝！看来还是我对你教育不够，或是教育不得法吧。儿啊，娘也管教不了你。勤学修身，全靠你自己努力，最终也是你自己受益，与我有什么关系！"叔母不禁声泪俱下，接着大哭不止。

皇甫谧从前总是听到叔父母大声地呵斥训骂，所以总是听不进去。这时，叔母苦口婆心的开导，泪流满面的痛楚，深刻痛心的自责，使他突然受到一种醍醐灌顶般的内心触动，双手丢下瓜果，扑通一声跪在地下，当即向叔母表示从今以后要痛改前非，弃旧从新，浪子回头做一个有出息的人，像古人孟子一样，发愤学习，成为名垂千古的学者。

第二天，天刚放亮，皇甫谧起床穿衣，悄悄地溜出家门。叔母听到门声，以为儿子又像往日一样出门放荡去了，习惯地哀叹了一声，万般无奈地在床上辗转反侧。然而，叔母怎么也没有想到，皇甫谧这次却是出门拜村里一个名叫席坦的老先生为师。从此，皇甫谧简直变成了另外一个人，不再在外游荡，而是如饥似渴地沉醉于书本之中，"耽玩典籍，忘寝与食"，"勤力不息"，也不再好吃懒做，却"躬自稼穑，带经而农"。待叔父家境逐渐好转时，他更是踏实地做起学问来。由于他废寝忘食地发愤求学，时人也劝他不要用功过度，批评他成了"书淫"。皇甫谧自觉过去浪费宝贵时光太多，立志要把损失补回来，遂不分昼夜，博综典籍百家之言，终于成为一个很有学问的人。

经过不懈的努力，皇甫谧的学问与名气越来越大，一些好心人劝他："你已经满腹经纶，又颇有名气，应当结交一些权贵，也好为自己博个一官半职，何必老死书房。"皇甫谧说："叔母要我学孟子，我安贫乐道，何必要以学问求荣利呢？"叔母听了十分高兴。后来，皇甫谧的名气传遍天下，晋武帝一次又一次地下诏敦促他出来做官，他都婉言谢绝，矢志潜心学术研究，直到去世为止，始终手不释卷，笔不辍述。

皇甫谧从 20 多岁开始拜师向学，尔后潜心著述，一生写了大量著作，成了著名的学者、史学家和医学家。他的著作有《帝王世纪》《年历》《高士传》《逸士传》《列女传》等。《帝王世纪》记叙了上自三皇五帝，下至三国曹魏时期上下 3000 年的历史，是一部史学巨著，受到时人及后人推重。此外，他还撰写了大量的医学著作，如《黄帝三部针灸甲乙经》《皇甫士安依诸方撰》《论寒食散方》等。这些医学著作不仅至今仍在中国流传，而且《黄帝三部针灸甲乙经》作为我国古代最早的一部系统的针灸专著，还被译成外文介绍到国外，成为世界上颇有影响的针灸学专著。皇甫谧叔母的教子泪没有白流，它开了花，也结了果。

三、司马光

司马光，北宋政治家、史学家、文学家，官至宰相。幼时因急中生智破缸救人，千百年来被人们视为慧光早现的"神童"。其实，司马光的成长与他父母对他得当的家教是分不开的。

司马光的父亲司马池是一位胸怀大志的知识分子，他没有沉湎于万贯家财之中，而是专心读书，锐意进取。在成家立业之后，以做学问的认真态度和质朴做法，来待人处事，培养子女。司马光的母亲聂氏，也是一位知书达理、才德俱佳的女子。宋天禧三年（公元 1019 年），司马光就诞生在这个书香门第和贵胄之家，在严父慈母的直接影响和教育下，度过了自己的少年时代。

司马光六岁开始读书。起初，他对所学的东西不能理解，背书也记不住，往往同窗们都背会了，他还没背出来。父亲知道了，就告诉他：读书不能只是机械地背诵，还要勤于思考，弄懂意思，诵读与理解并重。于是，别人做游戏时，他不去，一个人找个清静的地方苦苦攻读，直到把书背得滚瓜烂熟为止。很快，他的学业进步了，对学习的兴趣也越来越浓厚。第二年，他开始学习《左氏春秋》，书不离手，句不离口，刚听完老师的课，他就能够明白书的大意，便讲给家里的人听。渐渐地，他像着了迷一样，常常因学习忘了吃饭睡觉。父亲不仅关心他的学业，而且在做人上严格要求，以培养他的优秀品格。司马光五六岁时，一天，他想吃青核桃，姐姐替他剥皮，却怎么也剥不开。姐姐走开后，一个女仆把青核桃放在开水里烫了一下，皮就很容易剥了下来。姐姐回来一看，便问是谁剥下来的，他说是自己剥的。这个过程恰巧被父亲知道了，见他撒谎，就严厉地训斥他："怎么能这样撒谎！"这件事虽然很小，但却给他留下很深刻的印象。从此，无论是为人处世，还是学习，他总是十分诚实，不敢有半点虚假。

在父母的教诲下，司马光到了 15 岁，便"于书无所不通，文辞醇深，有西汉风"。而且，学到的知识都很扎实，以至"终身不忘"。后来，他经过 19 年的呕心沥血，终于完成了篇幅浩瀚、纪事广博的编年史巨著《资治通鉴》。

四、康熙大帝

清王朝满族统治者，认真吸取明代灭亡的教训，十分注重皇家的家庭教育，广泛搜罗学识渊博的汉族学者入宫为师，并着重加强皇太子的汉文化修养。玄烨登基时方八岁。他的教育，一直由其祖母负责。后来他回忆道："忆自弱龄，早失怙恃，趋承祖母膝下三十年，鞠养教诲，以致有成。"（《清圣祖御制文集》）玄烨即清圣祖康熙皇帝，五岁时开始读书识字，终生好学不倦，素以读书为乐，对经史子集以及西方自然科学如天文、历算、物理等皆有比较全面而深入的了解。他的文治武功，在中国封建社会里，可以与汉武、唐宗、宋祖等相媲美，堪称一代有为的帝王。

康熙皇帝的学习场所主要在南书房。书房本来是官宦人家读书学习的地方，清入关前却称之为儒臣在宫内值班之所。康熙沿用旧称，并在紫禁城建设了南书房和上书房。上书房为皇子从师傅读书学习之所，而南书房则是供入值内廷的翰林们以诗词书画等侍奉皇帝的地方。康熙十六年（公元1677年）前，他一直以南书房作为自己的书斋，十六年六月，儒臣开始入值。南书房对于康熙皇帝习文写字、读史论经，吸取前朝统治经验教训，接受汉族悠久文化传统和学习西方自然科学知识，起过相当重要的作用。

康熙的学习经历了启蒙、正式就学和独立建树三个阶段。启蒙教育像传统的保傅教育一样，是在太监们的看护和辅导下进行的，主要学习识字。清代贵族的学习兼汉满两种文字，康熙的学习也不例外。他在五岁时就开始识字，用的是汉满两种文字。正规学习是从康熙九年开设经筵日讲开始的，但经筵日讲只限于讲课。由于他好学，这种形式化的教学不能满足他求知的渴望，于是他要求翰林入值南书房，讲究文义，并指导他练习书法。在南书房供职的文臣甚多，皆翰林院中才学出众的学士，其中翰林院侍讲学士张英、在京流落的浙江穷书生高士奇对他的学习辅导最得力。其次有陈廷敬、王士祯、李光地、王鸿绪、朱彝尊、方苞、沈荃、熊赐履等当时享有盛名的饱学之士，都曾入值南书房，做过康熙皇帝的老师。他不仅在南书房刻苦研习经史，而且在南巡、北狩乃至行军打仗间隙也从不间断学习。一次南巡，船泊燕子矶下，他挑灯夜读至深夜三鼓。随行的侍讲学士高士奇怕他累坏身体，请他"宜少节养"，他不仅不休息，反而说他自五岁以来以读书为乐已成为天性。

康熙皇帝的学习内容广泛，最初学习的课程只是一般流行的启蒙读物。至17岁时才正式学习四书五经。凡他学习过的四书五经，都由武英殿修书处编纂刊刻，如《尚书讲义》《日讲易经解义》《日讲诗经解义》《日讲春秋解义》《四书解义》《经筵讲章》等。此外还刻有他亲自撰写的诗文集176卷。至于西方自然科学，天文、地理、数学、医学等无不涉及，有的还颇有见地。给他传授自然科学的有中国学者熊赐履、叶方蔼、李光地等，外国传教士有南怀仁、白晋、张诚、汤若望等。

由于他在位61年间不间断地学习，因而取得了中国封建社会帝王中空前绝后的学术成就。主要反映在如下几个方面：一是重新确立了程朱理学在社会意识形态中的统治地位，组织编纂了《渊鉴斋御纂朱子全书》《御纂性理精义》，并且把程朱理学的思想原则用于政治实践，对稳定清王朝的封建统治起了重大作用；二是组织编辑了大规模的天文、数学、乐理丛书《律历渊源》，他数十年积累的算稿和心得笔记曾作为编纂这套丛书数学部分的资料；三是组织翻译了部分西方自然科学著作，如欧几里德的《几何原本》、巴蒂斯的《实用和理论几何学》，还编辑有《比例规解》《测量高远仪器用法》《八线表根》《借根方算法节要》等十几种满汉数学书籍，使元朝中断的数学教学得以恢复；四是组织了史无前例的全国地图勘测，并组织绘制了《康熙皇舆全览图》，这是世界地理学史上的一件大事；五是组织编纂了颇有影响的字书《康熙字典》、辞书《佩文韵府》、类书《渊鉴类函》《古今图书集成》、诗集《全唐诗》、植物学大全《广群芳谱》、史书《明史》等。据有关资料统计，在康熙的组织和支持下，他在位年间编纂的书籍门类数量都很多，共有实录、圣训类六种，御制诗文一种，典则三种，方略四种，经学九种，史学四种，字学二种，舆地四种，天文律算十种，类书七种，总集九种，类纂四种。

康熙皇帝在数十年的学习生涯中，积累了丰富的学习和修身经验，也积累了不少有关教育皇子皇孙的经验，为了将这些经验遗留给皇家后代，他亲自撰写了《庭训格言》，后来成为爱新觉罗皇家及王公贵族的家教教材。

第二节　现代成功人士的家庭教育

一、梁思成及其兄弟姐妹

梁思成是近代著名政治家、启蒙思想家和学者梁启超的长子。梁启超学术研究广涉哲学、文学、史学、经学、法学、伦理学、宗教学等领域，学贯中西，囊括古今，一生著述甚丰。耐人寻味的是，全面开花之外，他荫及后世，同时也是教子高手。《梁启超集》中精选各个时期产生巨大社会影响的精彩散文四十五篇，内中有汪洋恣肆的《少年中国说》，有沉郁悲怆的《六君子传》，也有温情款款的《致孩子们书》，其中教子的方法很值得后世借鉴。

梁启超有九个子女，个个了得。长子梁思成、次子梁思永、五子梁思礼三人均为中国科学院院士，三子梁思忠是毕业于西点军校的国民党军官，四子梁思达是毕业于南开大学的经济研究者，长女梁思顺为诗词研究专家，次女梁思庄为著名图书馆学家，三女梁思懿为社会活动家，四女梁思宁是新四军早期革命者。

通过梁启超给下一代的书信，我们能看出他对儿女的教育何以如此成效卓著。梁启超把子女看做是平等亲爱的朋友。因其行踪无常，他常和孩子们写信交流，所谈话题甚广，文学、历史、家常、人生无所不谈，总是亲切自然，不装不端。这位"纵笔所至不检束"的文学豪杰在给孩子们写信时，却是罕见的温柔、啰唆、流水账，称呼也全是"大宝贝思顺""小宝贝庄庄""老baby""达达""忠忠"等，发自内心的亲昵。他给子女很多建议，却并不要求他们一定照办，如思庄选专业，他一开始希望她选学生物，写信劝勉，后来了解到她没兴趣，便又写信说"凡学问最好是因自己性之所近，往往事半功倍。……我所推荐的学科未必合你的意，你应该自己体察做主，不必泥定爹爹的话"。

旧式的父母，总免不了架子和面子，在孩子面前，以长辈和权威自居，而不会平等交流。梁启超对子女总取乐观鼓舞的态度。思庄未能进大学，他说"求学问不是求文凭，总要把墙基越筑得厚越好"。他勉励孩子们"一个人什么病都可医，唯有'悲观病'最不可医，悲观是腐蚀人心的最大毒菌"。"失望沮丧，是我们生命上最可怖之敌，我们须终身不许它侵入。"思成担心欧洲学习数年专做呆板工夫，恐怕变成画匠，他便劝慰思成宽心，"将来成就如何，现在想他则甚？着急他则甚？一面不可骄盈自慢，一面又不可怯弱自馁，尽自己能力做去，做到哪里是哪里，如此则可以无入而不自得，而于社会亦总有多少贡献"。

梁启超常给子女细致体贴的帮助。他教导思庄做学问别要孩子气，做人却要带几分孩子气；为思永联系考古专家；为思忠约请西点军校推荐人；牵挂最多的似乎还是思成，指导他《中国宫室史》《中国美术史》的写作，为他谋清华的教职，尤为操心的还是他和林徽因的婚事，推荐婚礼的地点、约请嘉宾、准备聘礼、筹备新房，还细心嘱咐结婚后第二天要到领事馆向两家祖宗及父母双双遥拜。《大家小集：梁启超集》系列收录的这些家信都写于20世纪20年代，从中窥见的是一副父慈子爱的动人图景，梁启超心疼儿女，儿女也敬爱他，个个"拿爹爹当宝贝"，并以出色的成绩告慰父母。鲁迅在《新青年》上发表了《我们现在怎样做父亲》，在其中提出了为人父母的三个核心：一是理解，孩子的世界与成人截然不同；二是指导，长者须是指导者、协商者，却不该是命令者；三是解放，使子女成一个独立的人。对应于此，梁启超真是一个难得的好父亲的典范。

二、李云迪

"肖邦国际钢琴比赛"堪称音乐界的奥运会。过去两届第一名都空缺。20 世纪 50 年代傅聪曾获该赛第三名。2000 年，18 岁的李云迪一举摘取了 15 年来无人问津的金奖桂冠，也是华人首次获得该大赛金奖，更是比赛开办 70 多年来夺冠的最年轻的钢琴家。

李云迪的母亲张小鲁年轻时很喜欢舞蹈和音乐。在怀孕的时候，她经常听一些古典乐曲，《梁祝》是她放得最多的一首。李云迪降生后，似乎也继承了母亲对音乐的爱好。1 岁多时的李云迪就能把一首《回娘家》唱得绘声绘色。此外，他对各种乐器也很喜爱。有一次，小云迪在商场里看到了一个儿童手风琴，说什么也不走，非要爸爸妈妈给他买。在他 4 岁生日那天，终于如愿以偿，他得到了人生的第一件乐器，一个最简单的儿童手风琴。后来，他还兴致勃勃地参加了重庆市少年宫的钢琴培训班。为了鼓励孩子坚持学下去，不懂乐理的张小鲁每天都陪读，回来再辅导儿子。经过几个月的启蒙，云迪的音乐天赋很快显露出来，而且进步神速。1987 年 3 月，5 岁的李云迪从重庆到成都参加四川省少儿手风琴比赛，夺得了第一名，他体验到了人生的第一次掌声和成功。

伴随着在音乐上的飞速长进，云迪的儿童手风琴也换成了 120 贝司的大手风琴。琴的重量对一个不到 7 岁的孩子来讲自不用说。更让云迪苦恼的是，重庆闷热的天气，常常使他几首曲子弹下来，稚嫩的前胸便热起了一片片通红的痱子。李云迪哀求妈妈："能不能让我弹一个不重也不热的琴。"父亲嘴上不说什么，可心疼得要命，几经商量后决定：改学钢琴。当时，李云迪的父母每月收入加起来只有 200 多元，买一架二手钢琴也要 4000 多元。李云迪的母亲说："云迪他爸那年刚好从部队转业，有笔转业费，就全投到这里来了。"云迪此时艺术天赋的展露似乎也是有意要来安慰父母的。他在重庆市少年宫刚刚学了 3 个月的钢琴，老师就对他的父母说："这孩子领悟能力太强了，我都没法再教他了。"于是再换老师，可得到的回答仍然如此。后来经朋友介绍，李云迪于 1991 年投到了四川音乐学院附中著名钢琴教育家但昭义的名下。但教授家在成都，李云迪和妈妈每天要往返于成都和重庆之间，学琴要紧，但功课更不能耽误，这是云迪母亲对他的要求。于是，坐在火车上写作业，手心上温习学过的汉字成了李云迪经常的功课。俗话说，名师出高徒，但教授的出现，使李云迪逐渐从一个有天赋的琴童向钢琴王子迈进。1993 年，李云迪获得了重庆市首届少儿钢琴比赛第一名。1994 年，他获得了全国青少年钢琴比赛第一名，同年，他还以第一名的成绩考进四川音乐学院附中。

　　1995 年，但教授应邀到深圳艺术学校任教，李云迪是跟是留，已经关系到整个家庭的变动。父母毅然决定，但教授到哪，云迪就跟到哪。也就是从这时起，李云迪的母亲张小鲁辞去了工作，专门来深圳陪读，从此就没再找过工作。她说："我把陪儿子练琴当成了自己的事业，自己的追求。"对于许多学钢琴的孩子来说，往往家长的毅力就是孩子的毅力。张小鲁说："我每次陪儿子练琴，都是非常非常用心地听。每天陪上五六个小时，我并不觉得累。我们既然选择了这条路，既然付出了精力，就应该对得起自己付出的一切。"也许正是张小鲁执着的性格，使得李云迪很佩服她，也很听她的话。有一次周末，李云迪家里要来亲戚，他一听便高兴了。"今天可不可以不练琴？"他央求妈妈。"定下的事情一定要做，不能轻易改变。"张小鲁严肃地对儿子说。于是，他们把活动时间往后推，云迪比平时提前一个小时开始练琴，提前完成了作业后，才高高兴兴地和家人出去玩。张小鲁觉得，和所有的小孩子一样，云迪需要大人的随时提醒。有些原则性的事情是不能妥协的，否则一旦孩子形成了习惯，有些毛病就不容易改了。

李云迪也很理解妈妈："其实我妈管得对，只要我完成了每天的正常学习任务，看电视、打乒乓球这些我喜欢的事情，我妈从来不干涉我。"张小鲁的执着还表现在她对钢琴的领悟，也许正是这一点，使她和儿子达成了一种默契和理解。一次，在一旁陪练的张小鲁发现云迪练习的曲子没有一点感情的投入，很不满意地转身便走。李云迪的印象中，母亲对音乐始终是同样的挚爱，此时感受到母亲的失望，李云迪很在乎，重新一遍遍地用心练，直到看到母亲的笑容。李云迪经常对同学说："我妈的耳朵特好使，谁也别想骗过她！"在李云迪对钢琴全身心投入的背后，他的父亲也在默默做着一切。这位在重庆某公司驻广州办事处工作的中年男子，说起儿子李云迪显得异常朴实和平淡："其实，云迪的性格可能有点像我，不太会讲话，但他内心很丰富。我现在只能在周末回家看看，儿子大多数时间是在练琴，我也不好打搅他。不过我还是经常给他们娘俩做点好吃的。"

三、易建联

易建联的父母都是运动员，父亲易景流早年是广东省手球队主力前锋，母亲曾入选国家手球队。

一次，易景流到体校看儿子训练，发现易建联的球鞋裂开了。他提醒儿子换双好鞋训练，以免脚和膝盖受伤。阿联不好意思地说："我的脚又大又宽，加上训练场又是水泥地，一双鞋一个多月就破了。"易景流马上跑出去买鞋，可深圳所有商场、鞋店，都没有48码的大鞋！

第二天易爸爸去了香港，终于找到48码的运动鞋，一双得900港币。为保证儿子训练时不再穿容易伤脚的烂鞋，一口气买了六双。易建联见爸爸提来这么多鞋，感动得不知说什么好。易景流适时鞭策儿子："我就是要'逼'你跑起来，找不到懈怠和停下来的借口。你唯有争气打上主力，爸爸才不用从香港给你背鞋回来！"

易建联没有辜负父亲厚望，他的球技和身高齐头并进，13 岁的易建联就被广东宏远俱乐部选中。父亲送给他一块用檀香木刻的小匾，上面写着：逼你成功！

一次，易景流到易建联所在的宿舍找他，可敲了半天门才打开。易景流发现屋里有四名少年队员，满屋子烟味。易建联见父亲来了，有些惊慌地站起来。易景流却像没事儿一样，并没有当场质问他。第二天，他赶来送汤时，对儿子说："老爸要送你一个礼物，但你得答应一个条件！"易建联惊喜地发现礼物是自己盼望已久的一部手机，他还暗自猜测父亲的条件肯定是"好好训练"。谁知易景流拿出一个塑料小扣饰，外形是一根燃了一半被灭掉的香烟！易建联马上明白了父亲的良苦用心，他是想时刻提醒儿子对香烟的诱惑一定要"浅尝辄止"。时至今日，易建联坚守着承诺，不论换了多少部手机，一直把半支烟的饰物挂在手机上。他决不碰香烟，他知道，那小小的手机扣饰，是父亲对他一生的叮咛。

2003 年底第七届世界青年锦标赛中，包括易建联在内的国青队员面对欧美球队凶狠的包夹防守和快节奏的全场紧逼，技术和心态都走了样，连吃败仗，成绩跌至历史最差的第 14 名。易建联首发出场，可传接球失误频频，篮板的争抢也慢半拍，在国际赛场初试身手就遭当头一棒。

在现场目睹儿子如此低迷的状态，易景流焦急万分，他知道："阿联的个性太温和内向，在球场上根本没有霸气，这样下去永远当不了'王者'。得想办法'逼'他豁出去！"十多天后，他到俱乐部找到儿子，拿出解聘书并激励儿子说："阿联，我和你妈都辞掉了工作！……以后全家的生活就靠你打球了，我们没有退路！"

"激将法"果然奏效。一次,广东队客场迎战一支劲旅,易建联在场上争抢篮板球时鼻梁被碰骨折,血流满面,他下场对伤口作简单处理后,就向教练请缨重新上场。场上,易建联像只小老虎,勇猛灵活地争抢篮板球。最终,广东队客场获胜!当晚易景流给儿子打电话时关切地说:"你还是应该下场休息的!"易建联却笑道:"我这才叫'热血青年'嘛!再说,我不能输给对手,他们可能是抢走我们一家生活费的人哪,说什么也要赢!"

儿子的球风开始硬朗起来,这让易景流很欣慰,因为阿联明白了打球不再是他一个人的事了,还关系到父母晚年的幸福。2004年2月,易建联拿出自己的奖金给父亲买了一辆丰田汽车。取车时,易建联自信地对父亲说:"爸爸,我有责任,也有信心,让你和妈妈生活得更好!"

四、俞敏洪

我们家有三个孩子,一个姐姐和一个哥哥。我哥哥在四岁时得了肺炎。我外婆迷信,说是被鬼"相"了,不让送医院,结果哥哥在生命的最后一刻才被送到医院。医生说,哥哥的肺部都烧黑了,埋怨我父母送得太晚。我父母就这样眼睁睁地看着自己的儿子离开了人世,母亲撕心裂肺地哭了很长时间。后来,也许是为了弥补对哥哥的爱,她把全部的爱都倾注到了我的身上。

小时候,我印象最深的一件事情是打针。那时,我的身体一直不太好,几乎天天都要打针。每次打针时,我都像被宰杀的猪一样嚎叫。哥哥的离去给母亲带来了阴影,只要我的身体有一点毛病,她就送我去打针。有一次,我得了肝炎和哮喘病。父母吓坏了,第一时间送我去医院接受全面治疗,还为此提心吊胆了很多年,幸运的是,我终于活了过来。为了给我增加营养,从1962年我出生那年开始,到1980年我考入北京大学,母亲一共养了136头猪,这在当时可不是一个小数目。母亲还养鸡,每次我身体有点问题,母亲就杀一只鸡给我补身子,邻居说我从小是在鸡汤和鸡蛋里泡大的。

　　母亲把她全部的爱都给我了，为了我能健康、快乐地成长，她可以做出一切牺牲。我姐比我大五岁，她长大后，母亲让她去学医，因为她当医生后，可以方便给我打针。这似乎对我有点"偏爱"，但是母亲的爱，伴随着我成长，一直到今天。

　　我的父亲是个木匠，在家乡一带小有名气。父亲最拿手的手艺活是架大梁。方圆十里之内，只要有人家盖房子，一般都会请他去架大梁。在我们家乡有个风俗，架大梁、盖新房的人家当天都要请喝酒，我父亲很慷慨，经常喝得一高兴就不要工钱了。有时候，母亲也会因为父亲没拿到工钱而跟他吵架。我父亲长得又高又壮，而我母亲长得很瘦小。可是，每次我母亲打我父亲的时候，父亲从来都不还手。不管别人说什么，父亲都是一副无所谓的样子，任何时候都不会伤害家人。所以在我的心里，一直觉得我父亲特别宽厚，特别有男子汉气概。

　　在没有人家盖房子时，空闲在家的父亲也会做一些家具拿到市场去卖，比如八仙桌、椅子、凳子等。但是父亲的性格很粗放，做不了细致的活儿，所以他做的家具不太美观，也卖不出好价钱。经常是别人买去的家具，过几天又送回我家来修理。在我的记忆中，父亲用在修家具上的时间比用在做家具上的时间还要多，但他依然乐在其中。每次父亲做家具时，我都在旁边"帮忙"——其实是捣乱，但父亲从不管我，我想做什么就做什么。在不知不觉中，我学会了使用刨子、凿子、锯子等工具。我在八九岁的时候就开始自己做小凳子了，尽管我做出来的小凳子坐上去就散架，但我依然充满了成就感。现在，我的动手能力比较强，这和小时候玩这些木匠工具应该有很大关系。

　　从父亲那里，我学到了宽厚，学到了退一步海阔天空的处世态度。坦然地面对生活中的悲和喜，不管别人怎么说，做自己想做、愿意做的事，并且乐在其中，又何尝不是一种美好呢？父亲活得很潇洒，他友善地对待周围的每一个人。因为不计较，所以不悲伤；因为不在意，所以不落寞。"吃亏是福"，这句话在父亲那里得到了验证。父亲慷慨地对待家乡的父老乡亲，因此得到了众乡亲的爱戴；父亲宽厚地对待母亲的责怪和不满，也得到了母亲因感动而回馈给他的更深的爱。父亲的人格魅力影响着我，让我懂得要真诚、宽厚地对待身边的每一个人，坦然面对失败和痛苦。生活，正是在这种坦然、与世无争的态度中，变得更加美好。

我母亲和一般的农民不一样，她没有深厚的土地情结，而是一心想要跳出农村的土地，翱翔在更广阔的天空中。她没能实现这个梦想，就把这个梦想寄托在了我的身上。在我很小的时候，大脑里就好像被植入了一个操作系统，这个操作系统是徐霞客。因为徐霞客也是江阴人，所以，在江阴流传着很多关于徐霞客的故事。最开始是听我母亲讲徐霞客，母亲让我以徐霞客为榜样，好好学习，长本事，将来走出农村，光宗耀祖。慢慢地，这个想法就扎根在我的脑子里了。人是被大脑里的操作系统指挥着往前走的，就这样，我逐渐养成了一种心态。这种心态后来被我称为"穿越地平线，走向远方的渴望"。这是一种心灵对未来的渴望，渴望自己的生命不断地向前延伸，这种渴望落实到行动上，就是看书学习，这是我能走出去的唯一一条路。

每天晚上，我都和姐姐坐在煤油灯下看书、写作业，母亲在一旁纺纱。因为有动力，所以我在学习上一直比较自觉。我的记忆能力很强，所以从小到大，语文成绩一直都很好。数学成绩却很一般，在班级里也没有得过太好的名次，但是因为我一直在努力学，母亲也不骂我，而且，她基本上不认识字，所以也不知道我的成绩到底是好还是不好。

我小时候非常爱护书，每本书都用报纸包起来，包得特别漂亮。期末考试结束后，我的书还跟新的一样。小学三年级的时候，我特别喜欢看书和连环画。当时，我有很多小人书，有的是自己买的，有的是跟小朋友交换的。我向母亲要钱买小人书，即使家里没钱，母亲也从来没有拦着不让我买，她非常支持我读书。再大一点后，我开始去公社和大学图书馆借书看，那时我开始看长篇小说，看了很多。记得有一次，我姐姐不知道从哪里借了一本《林海雪原》，我就偷偷看完了，结果被我姐骂了一顿。当时姐姐读高二，我读初二，她认为《林海雪原》里面有恋爱的故事，不是小孩子该看的书。

我读高中的时候，很多书就已经开放了，可以随便借阅，那时我读完了《三国演义》《水浒传》和《红楼梦》。我特别喜欢看小说，不管什么小说，拿过来就能读进去。我读书还有一个习惯，就是拿起来就放不下，有时边吃饭边看。我母亲一直非常支持我看书和学习，但是有时看见我边吃饭边看书，急了就会把书扔到地上。因为这样吃饭速度太慢，这在农村父母的眼里是一种特别懒散的坏习惯。

母亲对我最重要的帮助有两次。一次是我初中毕业以后，帮我争取到读高中的机会。我读初中时成绩还可以，老师也很喜欢我。当时，初中的学制只有两年，初中毕业时，我属于班级里学习成绩比较好的学生，本来是能读高中的，但当时有项政策，贫下中农的子女，一家只能有一个人上高中。我姐读了高中，我就不能再读了。当时我在家里也不是完全闲着，没事我就画画，画得还挺好的。待了差不多一年的时间，母亲看我特别郁闷，也觉得很难过，她本来是希望我能读完高中，然后当一个民办老师的。她几次跑去跟公社的领导求情，希望能给我一个上学的机会，但都没有成功。

1976 年，"四人帮"被粉碎了。第二年 5 月份，我们隔壁村的一个女孩不愿意上高中，就退学回家了。听说这件事后，母亲觉得这是一个机会，就马上去公社找领导，然后又去高中校长家里争取。母亲对校长说："我儿子学习挺不错的，你们能不能让他来上高中？"校长说："学校不能增加名额。"我母亲马上说："不是有个女孩子走了吗？求你让我儿子代替那个女孩吧。"我母亲花了很大力气，后来学校终于答应了。

由于在家耽误了将近一年时间，在我进入高中的时候，高一马上就结束了，而当时高中一共就两年，所以，我实际上只读了一年高中。进入高中以后，我的成绩一直落在班里其他同学的后面。读了一年后，老师要求大家全部参加高考，因为我本身很喜欢学习，所以尽管只读了一年高中也很想试试身手，就和大家一起报名参加高考。

当时，即便要参加高考，我每天要干的农活还是一样都不能少，比如我放学回家后，要去外面割草。当时农村的家庭一般都会养两头猪，个别人家还会养一两只羊。猪和羊吃的东西是长在田埂上的，而且猪有猪喜欢吃的草，羊有羊喜欢吃的草。每天晚上我放学回家，都要割两篮子草，一篮子给猪吃，一篮子给羊吃。到了夏天，还要割更多的草，回到家里把草晒干，然后一捆一捆扎起来，等冬天没有新鲜草的时候，再给猪和羊吃。

第一次高考我没考上，但我还是非常感谢母亲对我的帮助，是母亲让我重新回到了学校，如果仅靠我自己，不可能再有机会读高中，更不用说考大学了。第一年高考没考上，我当了一名英语代课老师。

那一年我 16 岁，高考英语才 33 分，虽然我的英语水平不高，但是学生很喜欢我。从学生那里，我获得了信心，决定第二年继续参加高考，结果我又落榜了。

母亲对我的第二次重要的帮助是高考。我连续两年没考上大学，却越战越勇，到了第三年的时候，我还想考。母亲对我说："你可以考，但是自学肯定是有难度的，成绩很难提高，你应该走一条新路。"没过几天，我们县里刚好办了一个高考补习班，要招 40 名学生，但我的测试总分排在 40 名之外，没有资格进去。母亲知道这个结果后，二话没说就进城了。因为听说补习班有一位曹老师，前一年他培养的一个学生考上了北京大学，也不知道母亲通过什么办法，竟然专程找到了他。

当时曹老师有个儿子，刚刚一岁，但夫妻二人工作都忙，曹老师的妻子身体又弱，没有足够的奶水给孩子吃。我母亲见孩子长得又瘦又黄，就自告奋勇地提出要帮助曹老师带孩子。她说，农村的米、菜和鸡蛋都新鲜，不愁孩子吃了长不胖。母亲让曹老师放心，她一定能把这个孩子带好。曹老师很感动，于是收下了我。当天，母亲兴冲冲地从城里回家时，刚好赶上大暴雨，一路上，母亲好几次摔进路旁的水沟里。我在家里焦急地等着母亲，当看到母亲像个泥人一样站在我面前时，我立刻明白，我只有一条路了……拼命学习一年以后，我终于考入了北京大学。

收到北大的录取通知书之后，母亲很高兴，把家里的两头猪都杀了，请了三个厨师，宴请全村的亲戚、朋友和老师。宴席分中午和晚上两拨进行，这一请，让全村人足足吃了两天。

母亲一心想要报答曹老师对我的培养，帮曹老师带了三年的孩子。三年后把孩子送回去时，孩子又白又胖，曹老师和他爱人都非常感谢我母亲。现在曹老师跟我的关系还特别好，跟我母亲的关系也特别好。

自从新东方在美国上市以来，我被问到最多的一个问题是："对你影响最大的人是谁？"我说："是我的母亲。"因为，没有母亲就没有我，也没有我的今天。我做事的风格和对待困难的态度都是从母亲那里学来的，我非常尊敬我的母亲。

早在20世纪80年代，我母亲就已经是我们公社远近闻名的"万元户"了。当时，很多农村人赚到大钱之后就忙着盖房子、买车，改善生活条件。但我母亲却不这么想，有了钱之后，她就想着给乡里修路、修桥、办学校，让更多的孩子上学。她说，自己因为没读过书，吃了很大的亏，不管怎样，都要让后代读书，当个文化人。

创办新东方以后，我在经济上变得宽裕了，就把母亲接到了北京。而母亲却闲不住，经常到新东方来转转。当时，新东方的办学条件很差，夏天时，教室里没有空调，学生们听课时都汗流浃背的。母亲看到这个情景，没跟任何人打招呼，就去了冷冻厂，用卡车拉回很多大冰块，放到教室里给学生们降温。后来，她发现学生们中午吃饭有困难，就在学校旁边办起了餐馆和日用品小卖部。这下，母亲的特长又得到了发挥。不久，学校住宿班的食堂、学校教材印刷、教师录音磁带采购等业务都被母亲接管了，而且她把每件事都安排得井井有条。

王强成为新东方的 CEO 以后，为了支持他的工作，我很豪爽地对他说："你当 CEO，想炒谁就炒谁！"没想到，王强的第一反应竟然是："包括你妈吗？"我当时还嘴硬，说："当然包括！"可我刚回到办公室就觉得不对劲，又立刻跑到王强的办公室，对他说："王强，你炒谁都行，只是希望你对我妈手下留情。"我清楚地记得，王强当时看我的眼神，既有无奈，又有不满……

其实，我也很矛盾。我知道，从管理的角度，我不应该说这样的话，可人性就是这样的，人首先是一个有情感的人，其次才是理性的人。我爱我的母亲，是出于一种本能的情感，我希望我的母亲快乐，即使为了母亲的快乐去低头求人，我也在所不惜！尽管那时我已经懂得现代企业的管理方法，但我怕母亲"下岗"后会难过，她忙碌了一辈子，停下来就会不舒服。虽然可以哄她说，不让她工作是为了让她享清福，可谁都知道，这背后的意思是在宣告她真的老了，要彻底回归家庭了，这种失落感对母亲来说，打击是巨大的。作为儿子，我希望尽量延长母亲的成就感，让她尽量多地体会自己的存在价值。所以，我宁可让大家指责我不理性、留恋家族小作坊式的企业，也不想对母亲有半点伤害。

中国是礼仪之邦，几千年来，一直强调"孝敬"二字，可我认为孝敬应该以敬为先，没有敬，孝就会打折扣。正因为我对母亲有着深深的敬，所以，我对母亲的孝才如此深厚、强烈，以至于连企业管理规则都被我放在了第二位。

第二章 国外成功人士的家庭教育

第一节 国外政界成功人士的家庭教育

一、罗斯福

美国第 32 任总统富兰克林·德拉诺·罗斯福是美国历史上唯一连任四届的总统。他出身于富豪家庭，父亲学过法律，又经过商，很有钱。罗斯福的父亲和母亲相差 26 岁，当罗斯福出生时，父亲年龄已经很大了。罗斯福有一个同父异母的哥哥，可是很早就离家在外，罗斯福的降生给这个本来就十分幸福的家庭又带来了无比的欢乐。幼小的罗斯福成为父母关注的中心。然而，罗斯福的父母并不娇惯他，而是严格地管束他。

罗斯福的早期教育主要是从父亲那里获得的。从父亲那里，他得到了关于动物、土地和森林的知识，学会了一些体育运动；更为重要的是形成了勇敢、坚毅、不怕艰苦的良好品德。

母亲为小罗斯福安排了很严格的作息时间表：7 点起床，8 点吃饭，跟家庭教师学习两三小时，休息，下午 1 点吃饭，午饭后又学到 4 点，休息（自由活动）。小罗斯福游戏时总习惯于自己是赢家，为了教育他，有一次母子玩一种棋类游戏，母亲故意不让他，接连赢了儿子。小罗斯福生气了，母亲故意不去理会，并坚持让儿子道歉。结果，小罗斯福认输了。

严格教育对生活在优裕环境中的儿童尤为重要。人生要经过许多磨难，特别是要成就大事业。如果只会享福，不能受苦，这样的人将不能立足于社会，更不能为社会献身，为他人造福了。因为这样的人只能满足于自己的成功和幸福，心理永远不会成熟。

罗斯福的家庭是民主的。小罗斯福不满意母亲制定的严格作息制度，一次他提出了抗议，要求母亲给他"自由"。母亲认真地考虑了儿子的要求，允许他"自由"一天。到了晚上，6岁的儿子满身灰尘，一脸疲惫地回来了。这一天儿子去干什么了呢？母亲没有过问。

罗斯福的母亲知道尊重孩子，满足他的合理要求。严管不等于束缚，给孩子自由活动的时间，使孩子在无拘无束中松弛一下，尽情地享受童年的欢乐，这对儿童个性的发展和良好品格的形成是有好处的。

奥利弗·温德尔·霍姆斯认为，著名的美国总统罗斯福"智力水平中等，但是性格却是上等的"。一个孩子，只要他具有正常的一般孩子所具有的智力，就能培养成才，关键是良好个性的培养。这里的个性指的是一个人整体的精神面貌，包括情感、性格、气质、理想、信念、人际关系、价值观念、兴趣爱好等诸多因素，可以理解为是一个人的思想道德风貌与智力因素、非智力因素的总汇，也就是我们所说的人格，智商和情商都包括在内。这就启示我们，要从孩子小时候就高度重视良好个性品质的培养，智力因素与非智力因素协同开发，突出做人的教育。

二、撒切尔夫人

在1979年5月，撒切尔夫人作为英国女首相搬进举世瞩目的唐宁街10号时说："我的一切成就都归功于我父亲罗伯茨先生对我的教育和培养。"

罗伯茨是英国格兰瑟姆小城的一个杂货店主。当撒切尔夫人才5岁时，他就教导女儿：凡事要有自己的主见，用自己的大脑来判断事物的对错，千万不要人云亦云。在日常生活中，罗伯茨着重培养女儿"严谨、准确、注重细节，对正确与错误严格区分"的独立人格。

当撒切尔夫人 7 岁时，罗伯茨带女儿到图书馆去，只允许她看三类书：人物传记、历史和政治书籍。他有意引导女儿日后从事惊天动地的政治生涯。撒切尔夫人早年生活清淡艰苦，家里没有洗澡间、自来热水和室内厕所，她没有值钱的东西，难得看一次电影或戏剧。这并不是罗伯茨没有钱，而是他执意为女儿创造一种节俭朴素、拼搏向上、赤手空拳打天下的氛围。他每个星期天都带女儿到芳金大街的教堂去，让她听牧师滔滔不绝地布道。在家里，罗伯茨有意与女儿就各种问题进行辩论，以造就她机智沉着、语言丰富、充满感染力和穿透力的雄辩艺术。11 岁时，撒切尔夫人进入凯斯蒂女子学校。在凯斯蒂辩论俱乐部的辩论会上，她以思维敏捷、观点独到、讲话准确、气势磅礴而使同学们甘拜下风。

正是罗伯茨对女儿独立人格的培养，才使撒切尔夫人从一个普通的女孩，最终成为一位连任三届英国首相、执政十二年，在世界政治舞台上叱咤风云独霸一方的政治家与"撒切尔主义"的创始人。

三、赵小兰

美国总统布什提名赵小兰担任新政府劳工部长，并获得参议院通过，赵小兰成为美国历史上第一位担任内阁部长的美籍华人。赵小兰的经历，被认为是最成功的美国故事之一。而赵氏家族将中国优秀传统与西方社会的管理方法结合的家庭教育方式，更被侨界推崇备至。"没有那样成功的家庭教育，很难有赵小兰今天的成就。"一些苛刻的媒体谈及赵小兰的成功时也无不赞扬道，"赵小兰那种不亢不卑、带有适度的矜持与华裔尊荣的气质，来自她那特殊的家庭教育。"老布什在任时曾对太太芭芭拉强调，应该向赵家学学怎样教育孩子！赵小兰的父亲赵锡成，早年毕业于上海交通大学，曾任交大美洲校友会董事长及美国福茂航运公司董事长兼总经理，成为航运财经界的名人。

1961 年，赵小兰随父母移居美国。赵小兰回忆说，许多年以前，她年轻的父母充满希望与梦想，离开了故土。三年之后，她才得以与父亲重逢。当时，她与母亲和妹妹一起，乘货轮目睹自由女神像，进入纽约港，来到了美国，他们打三份工，母亲经常为生计担忧，一家人都思念遥远故乡的亲人。"我开始上三年级，一个英文单词也不会，每天我就把黑板上的所有内容抄下来。"赵小兰说，每天晚上，辛苦工作一天的父亲要把所有内容译成中文，让她明白课程的内容。每天早上闹钟一响孩子便自觉起床，由姐姐带头赶校车上学。

孩子们在外的花费，不论大小，都要拿收据回家报账。赵小兰念大学时还向政府贷款，靠暑假打工还钱。但对孩子的学习，父母从不含糊："你们要学东西，绝对不省。只是既然说要学，就有责任学好！"赵小兰多才多艺，能打高尔夫球、骑马、溜冰、弹得一手好琴，这都得益于特殊的家庭教育。赵家虽然有管家，但父母仍然要求孩子自己洗衣服、打扫房间。闲暇时，还要六个孩子分担家里的琐事。每天早晨上学之前，她们要检查自家游泳池的设备，捞掉脏东西。周末，则要把两英亩大小的院子里的杂草和蒲公英拔掉。很难相信，赵小兰家门前长达 120 英尺车道的柏油路，是几个姐妹自己铺成的。

晚餐之后，赵家极少开电视，母亲跟着孩子一起读书，父亲处理公务。他们每年安排两次全家的旅游，从选择地点、订旅馆房间，乃至吃饭的餐馆，完全由孩子负责。每个星期天，午餐后的点心时间，则举行每周一次的家庭会议，每个孩子说自己新的想法、收获，提出计划。当人们惊讶赵家姐妹的纪律与服从的时候，要知道那是经由亲子间充分沟通所获得的共识，如同她母亲所讲："家园！家园！这个园地是一家人的，每个人都有责任！"赵小兰的母亲赵朱木兰女士，在 50 多岁时以两年全勤的纪录，获得了硕士学位。

四、奥巴马

究竟是什么样的"魔力"把奥巴马这位名不见经传的黑人推向了总统宝座呢？有人说，网络营销；也有人说，个人魅力；还有人说，麦凯恩的误算；更有人说，美国梦。

其实，我们不得不承认奥巴马的成功跟他的母亲息息相关。虽然奥巴马只写了《源自父亲的梦想：种族与继成的故事》，但相对父亲老奥巴马，母亲安·邓纳姆对他的影响更大。奥巴马遗传了母亲的笑容、乐观、口才，他跟母亲一样是位梦想家。作为一位由单亲妈妈和外祖父母抚养大的孩子，奥巴马的成功离不开母亲的激励。

英国《独立报》将奥巴马的母亲与英国前首相丘吉尔的母亲相提并论，这并不为过。这两位母亲都非常重视孩子的教育，并且从小给他们灌输了"领导国家"的理念。丘吉尔的母亲曾写信给丘吉尔，教育他必须努力工作，否则将一事无成。她在信中写道："对一个人来说，人生成功的关键就在于努力工作。"邓纳姆也对奥巴马有过类似教育，她经常对奥巴马说："你不能像那些只顾享乐的人一样，总是坐等着机会送上门来。"正因为懂得抓住机会，才使得奥巴马总是能在机会面前抢先一步。

由此可见，母亲对下一代的成长至关重要。一个像奥巴马一样在单亲家庭长大的孩子，他同样可以取得巨大成功，只因为他有一位好母亲。他可能有一位对爱情、婚姻不负责任的父亲，但他母亲没有自甘堕落：我们很少看到一位自甘堕落的女性能抚育出伟大的下一代。

第二节　国外科学及商界等成功人士的家庭教育

一、居里夫人的两个女儿

居里夫人，作为一位杰出的女科学家，曾在 8 年的时间内分别摘取了两次不同学科的最高科学桂冠——诺贝尔物理学奖与诺贝尔化学奖，并且一生中获得了难以计数的其他科学殊荣，可谓是智慧超群、硕果累累。她的长女伊雷娜，核物理学家，与丈夫约里奥因发现人工放射性物质共同获得诺贝尔化学奖；次女艾芙，音乐家、传记作家，其丈夫曾以联合国儿童基金组织总干事的身份接受瑞典国王于 1965 年授予该组织的诺贝尔和平奖。作为普通的母亲，居里夫人又是怎样培养和教育自己的子女的呢？

居里夫人很善于对子女进行早期教育，并善于把握孩子智力发展的年龄优势。譬如，居里夫人在女儿不足 1 岁时，就让她们开始所谓的"幼儿智力体操"训练：让她们广泛接触生人，到动物园看动物；让她们与猫玩；让她们到公园去看绿草、蓝天、白云，看色彩绚丽的各种植物和人群；让她们到水中拍水，使她们感受大自然的美景。孩子大点后，居里夫人又开始了一种带艺术色彩的"智力体操"，教孩子唱儿歌和讲童话。再大些，就开始智力训练和手工制作，如数的训练，字画的识别，弹琴、作画、做泥塑，让她们自己在庭园种植植物，并抽出时间与她们散步。在散步时给她们讲许多关于植物和动物的趣事，如种子是怎样在花里长成的，小老鼠和鼹鼠是怎样打洞的，哪里能找到兔子窝等等。她的教育都力求从实物开始，且每天更新，以提高孩子兴趣。她还教孩子骑车、烹调等。全方位的幼儿早期"智力体操"训练，不仅使孩子增长了智力，同时也培养了孩子的各种能力，增强了孩子的自信心，锤炼了性格。

居里夫人从整个科学生涯和人生道路上体会出一个道理：人之智力的成就，在很大程度上依赖于品格之高尚。因此，她把自己一生追求事业和高尚品德的精神，影响和延伸到自己的子女和学生身上，利用各种机会培养孩子形成良好的道德品格。她让女儿从小养成勤俭朴素、不贪图荣华富贵的思想。居里夫人毅然将镭献给了实验室，把它用于研究工作。后来她带着两个女儿赴美国接受总统赠送给她的一克镭时，也同样告诫女儿："镭必须属于科学，不属于个人。"

在第一次世界大战期间，居里夫人再次做出一项重大的决定：将诺贝尔奖奖金献给法国政府，用于战时动员。居里夫人还亲自带着 X 光机上前线服务，并带着伊雷娜随同前往帮助检查伤病员。战争结束时，法国政府向伊雷娜颁发了一枚勋章，这对年轻的姑娘来说真是极大的荣誉。这使居里夫人得以宽慰，孩子们成长起来了，尤其是伊雷娜在战时的经历使她变得更为成熟。

二、李嘉诚的两个儿子

李嘉诚对两个儿子的培养教育抓得很早。他要求儿子生活上克勤克俭，不求奢华；事业上注重名誉，信守诺言。他特别教导儿子要考虑对方的利益，不要占任何人的便宜，要努力工作。当李泽钜和李泽楷到八九岁时，李嘉诚召开董事会，就让儿子坐在专门设置的小椅子上列席会议。开始兄弟俩觉得新奇好玩，瞪大眼睛，认真听父亲和各位董事讨论工作，有时大家争得面红耳赤，吹胡子瞪眼睛，兄弟俩吓得哇哇直哭，李嘉诚说："孩子别怕，我们争吵是为了工作，正常现象，木不钻不透，理不辩不明嘛！"

有一次李嘉诚主持董事会讨论公司应拿多少股份的问题，他说："我们公司拿 10% 的股份是公正的，拿 11% 也可以，但是我主张只拿 9% 的股份。"董事们有的赞成，有的反对，争论不休。这时李泽钜站在椅子上说："爸爸，我反对您的意见，我认为应拿 11% 的股份，能多赚钱啊。"弟弟李泽楷也急忙说："对，只有傻瓜才拿 9% 的股份呢！""哈哈！"父亲和同事们忍俊不禁。他说："孩子，这经商之道学问深着呢，不是 1+1 那么简单，你想拿 11% 发大财反而发不了，你只拿 9%，财源才能滚滚而来。"实践证明李嘉诚的决策是英明的。公司虽然只拿了 9% 的股份，但生意兴隆，财源茂盛。

后来李泽钜和李泽楷在美国斯坦福大学以优异的成绩毕业，想在父亲的公司施展才华，干一番事业。李嘉诚沉思了片刻说："我的公司不需要你们！"兄弟俩都愣住了，说："爸爸，别开玩笑了，您那么多公司不能安排我们工作？"李嘉诚说："别说我只有两个儿子，就是有 20 个儿子也能安排工作。但是，我想还是你们自己去打江山，让实践证明你们到我公司来任职是否合格。"兄弟俩这才恍然大悟，原来父亲是把他们推向社会，去经风雨，见世面，锻炼成材。

兄弟俩到了加拿大，李泽钜开设了地产开发公司，李泽楷成了多伦多投资银行最年轻的合伙人。李嘉诚在香港常常打电话问兄弟俩有什么困难他可以帮助解决。兄弟俩总是说："谢谢爸爸的关心。困难是有的，我们自己可以解决。"其实李嘉诚不过是随便问问，并不真的想帮助他们解决什么困难。当然兄弟俩对父亲的为人最清楚了，你真的求他帮助解决困难，他也不肯帮助。父亲"冷酷"得似乎不近人情，但兄弟俩理解他的良苦用心……兄弟俩在加拿大克服了许多难以想象的困难，把公司和银行办得有声有色，成了加拿大商界出类拔萃的人物……两年后，李嘉诚把兄弟俩召回香港，满面春风地说："你们干得很好，可以到我公司任职了。"并面授他们一些经验说："注重自己的名声，努力工作，与人为善，遵守诺言，这会有助于你们的事业。"

李嘉诚欣慰地看到两个儿子的迅速成长和出色业绩，终于可以心安理得地宣布退休了。每当人们称赞兄弟俩时，李泽钜说："感谢父亲从小对我们的培养教育，他是最好的商业教师，尤其在教授'不赚钱'这点上。我从父亲身上学到了最主要的是怎样做一个正直的商人。"

三、比尔·盖茨

比尔·盖茨，1955 年 10 月 28 日出生于美国西北角的西雅图市。他先后就读于西雅图的里奇景小学、湖滨中学。中学毕业后，未满 18 岁的比尔·盖茨来到了向往的哈佛大学。但一年后他毅然离开哈佛，去开创令他痴迷的计算机事业。

1975 年比尔·盖茨正式创办微软公司，二十多年后，成为世界顶尖富豪，个人资产近 200 亿美元。

比尔·盖茨是当之无愧的电脑金童，他创造了人类创业史上的神话。比尔的成功之路是绚丽而神秘的，他的成功在于他有似乎永远都在思考的聪明脑袋，他有自主独立、充满竞争意识的个性，他有能够高度集中的注意力和极其充沛的精力，尤其不能忽视的是：他有一个能够保护他的这些天赋的家。

盖茨家族不属于那种墨守成规的类型。比尔的祖父和父亲在年轻时就显示出盖茨家族企业家的天赋，而比尔则把此天赋发挥得淋漓尽致。

比尔从小就精力过人，早在婴儿时期就能自己让摇篮晃动起来；从小就极爱思考，一迷上某事就能全身心投入。在比尔很小的时候，家人就隐约感觉到了他的天赋，他们总有意无意地为比尔创造环境与机会。从外祖母循循善诱的启蒙式教育到父母不辞辛苦地为比尔寻找适合他天分发展的社团与学校，无不为比尔天赋的发展提供了肥沃的土壤、清新的空气，使它能够滋润地生根、开花乃至结果。

（一）激活天赋促使他快乐地思考

外祖母对比尔产生过重要影响。她用独特而丰富的教育方式引导比尔天赋的发展。这促使比尔的思维能力向纵深发展，锻炼了他非凡的记忆能力。

比尔的外祖母在中学时曾是女子篮球队的主力前锋和班上的毕业生代

表。她博学多才，思维敏捷，酷爱益智游戏。对她而言，游戏不是无意义的消遣而是技能和智力的测验。

外祖母特喜欢和聪明的小比尔一起做游戏，尤其是涉及一些智力的游戏。她教少年比尔下跳棋、玩筹码，还有打桥牌等她所喜欢玩的东西。玩游戏时，外祖母总爱对小比尔说："使劲想！使劲想！"她也常常为比尔下一步好棋、打一张好牌而拍手叫好。这些极大激发了比尔爱思考的潜能。

比尔似乎总在不停地思考。家人外出时，别人都准备好了需要的一切，而比尔则从未做好准备。当家人喊他叫他，问他在干什么的时候，比尔总是说："我正在思考，我正在考虑。"有时他还常责问家人："难道你们从不思考吗？"

外祖母还常常给比尔读书、讲故事，比尔从中受益匪浅。他在外祖母的帮助与指导下，成了兴趣广泛、废寝忘食的读书者——读书成了他打发精力的好方式。在这过程中，比尔对数学和科学书籍及与优秀青年有关的小说十分痴迷，他的思考又多了用武之地。

比尔十分喜欢参加他家附近的一个图书馆举行的夏季阅读比赛，他总得男孩中的第一，偶尔也会勇夺冠军。正是这样的游戏和阅读，锻炼了比尔非凡的记忆能力，培养了他敏捷而有深度的思维能力。9岁时，比尔已经读完了《百科全书》全卷；11岁时，就因背诵《马太福音》中冗长而晦涩的《登山宝训》的全部段落而获奖。在比赛中，比尔技压群英、一语惊人。他以独到而透彻的理解使年长的牧师惊讶不已。而这对比尔来说，只是很普通的一件小事而已。

外祖母早已意识到比尔在思维与记忆上的潜力。她总是不失时机地激活比尔这方面的潜能，有时祖孙俩一起在公园散步，外祖母常会与比尔交流下棋的技术或看某篇佳作，让比尔寻找更新想法或表达更独到精辟的见解。正是在这种磨炼中，比尔一步步成长起来。

（二）天分要在好环境中发展

比尔·盖茨的父母十分关注儿子的成长。他们总是不断地努力寻找适合比尔天赋发展的外在环境，总在不断创造条件使比尔的才智有用武之地。

比尔的父亲是律师，母亲是教师，都是受人尊敬的知识分子，他们在社交和政治集会上引人注目，闻名于西雅图市。他们虽有南部上层社会那种文雅风度，但少有太平洋西北地区冷淡的客套，他们在显赫的声望中谦逊地生活着。

比尔的父母在质朴的处世中，更多地关心孩子的成长与教育，他们在工作之余总是尽可能地与孩子们待在一起。一家人不断进行各种游戏，从棋类到拼图比赛，几乎玩所有的益智游戏。父母希望在家庭中形成和谐向上的氛围，以有利于小比尔的天赋的培养与发展。

比尔父母意识到随着儿子年龄的增长，家庭中的环境已经无法满足比尔天赋的进一步发挥。小比尔有时会责备母亲智力不足呢！于是，父母把目光投向社会，积极为比尔寻找属于他的空间。六年级的比尔在父母的帮助下参加了西雅图的当代俱乐部。在这个俱乐部里，许多聪明的孩子聚集在一起讨论时事、书籍和其他主题，这里已具有一定的大学气氛了。在参加活动中，比尔常以积极而独到的见解博得大家的阵阵掌声。家里也尽力支持比尔参加各项活动。

在一次活动中，比尔给班上准备一份报告，叫《为盖茨股份有限公司投资》。这篇报告几乎成了全家人的事，他的外祖母帮着弄封皮，连父亲也插手帮忙，气氛很活跃。从这份报告上，父亲明显感到比尔对企业事务的敏感。于是，在此后的社会交际中，父亲总不失时机地把比尔引见给他的商界朋友。这一点对比尔以后从事计算机事业多少有潜移默化的影响。

小学毕业后，比尔的父母在到底送比尔上私立中学还是公立中学问题上十分慎重。比尔的姐姐从小学到中学上的都是公立学校，他母亲也是一所有名公立学校的老师。当时，西雅图有所环境优美、师资力量雄厚、纪律严明的私立中学——湖滨中学。由于比尔·盖茨在小学就是一名不太安分的学生，父母希望比尔在新环境中能养成良好的学习习惯，生活有纪律约束，这将更有利于比尔的发展。于是，父母在征求比尔意见后，送他进了湖滨中学。在湖滨中学，比尔虽未改掉那些所谓的"坏毛病"，但他的数学天分得到了进一步发挥，也正是在那儿，比尔开始痴迷上令他今后倾注毕生精力的计算机。

（三）极端自由的抉择

在是否就读私立的湖滨中学的问题上，比尔认为那些严明的校纪纯属多此一举，不大愿意受那些约束。为此父母同自由惯了的比尔进行了一次较为融洽的谈话，把湖滨中学的优势特点及父母的一些想法都告诉了比尔。比尔被该校的优越条件所吸引，认为自己能在这里找到竞争对手。比尔为了这些决定忍受那些"不必要"的纪律的约束。比尔在湖滨中学读书时，常按自己的兴趣爱好来安排学习；在喜欢的课程上狠下功夫，在课堂上睡觉也是常有的事，但学得也不错——大概因为他很聪明。

每次父母看到比尔拿回来的成绩单，尽管他们知道比尔在一些课程上会学得更好，但他们并没有拉下脸来责备比尔。

父母知道儿子的潜力，只是他不愿在不喜欢的东西上浪费时间罢了。所以比尔在学习上一直很轻松，他把自己的天赋与精力都用在了刀刃上——他喜欢的数学与计算机。中学毕业后，比尔很想到哈佛大学去读书，这也正是父母最大的心愿。

父母相信，只有在哈佛比尔才能受到最好、最全面的教育，他的天赋才能进一步巩固和发展。

作为律师的父亲在律师界声望非常高。他曾做过多年州律师协会主席和几年全美律师协会的主席，他十分希望比尔能子承父业。而当时，准备上大学的比尔尽管把法律预科列为自己的主修内容，但是一想到自己将来像父亲一样一辈子与法律打交道，比尔就怎么也打不起精神来。比尔感兴趣的是数学和计算机，在这些领域他才找得到自己的乐趣与价值所在。

幸好，比尔的父母并没有像其他父母那样把孩子看做是自己的私产，必须让孩子们来完成父母喜欢的事。于是，当他们发现儿子对当律师毫无兴趣时，意识到若强迫他，那么儿子的天赋是无法从律师业中体现出来的，这对自己儿子的发展极其不利。经过冷静思考后，父母放弃了这一想法，让比尔在大学领域里自由发展。这一点帮了比尔的大忙。但一年后，更大的难题摆在了比尔的父母面前：比尔要离开哈佛，放弃锦绣学业，与别人一起创办计算机公司！

受过正规教育的父母一开始极力反对，认为在哈佛大学求学对人来讲十分难得且重要，中途放弃对今后成长不利。父母甚至托一位他们的好朋友——十分有名望的企业家劝说自己的儿子。

但比尔对哈佛已失望了，他在这里没有找到比他更聪明的人，他很孤独，自己的奋斗目标是把握契机发展计算机事业。比尔与父母多次交谈，平静地表达了自己的想法。了解儿子秉性和志向的父母又能说什么呢？或许儿子的天赋与计算机事业有最佳的切合点吧！比尔便毅然离开了令亿万学子向往的哈佛大学，开始在软件领域大展宏图。

（四）比尔的专注

在家庭的呵护下，比尔能全力专注于某一事物的天赋十分明显。他只重视那些他感兴趣的重要东西，对其他事物一概不管。1968 年秋天，在湖滨中学上学的比尔第一次接触计算机。这个神奇的家伙便深深地进入比尔的视野与神经。比尔开始疯狂痴迷上了计算机。很快，八年级学生比尔便挤进了高年级学生的圈子。他们的老师所知道的所有计算机知识，比尔一星期的时间就超过了。

在那个计算机刚起步的年代，上机编程太昂贵了，尽管它那么奇妙、那么吸引人。但聪明好学的比尔总在不断寻找甚至创造机会去上机编程。那个时候，比尔常与伙伴们一起乘车到湖滨中学附近一家新办的计算机中心公司编写程序。他一直忙到累得无法继续才回家。他们常常是一边吃着从附近食品店买来的面包，一边忙着编程序工作。比尔在伙伴中表现得最顽强。在家里，他常常为了一个问题的困扰，费尽心机地苦苦思索。他的房间里到处都是电传纸和计算机纸，成卷成沓的。

晚饭后，兴趣高涨的比尔常假装上床睡觉，然后偷溜出家门，坐十来分钟汽车去计算机中心公司继续他的编程工作。偶尔他回来得太晚了，汽车已经停运了，他只好走路回家。但他似乎乐此不疲。

在哈佛大学里，学习计算机的条件优越得多了，比尔简直如鱼得水，以极大的精力投入到计算机中。为了赶一个程序，比尔一干就是36个小时以上。有时困了，他就趴在桌面上睡着了，醒来后继续工作。忙完工作后，比尔一回宿舍拉过毯子倒头便睡。有时太投入了，以至他在熟睡时，还梦着计算机的事。在一个凌晨的3点，比尔开始说梦话，他一遍遍地说："一个句号，一个句号，一个句号，一个句号……"

比尔对没兴趣的事极少在意。无论是课程、衣着还是睡觉、社会交际等。尽管那时家里富有，他总是穿得比别人破。在生活中，他有坚强的意志力，不为欲望左右。比尔在哈佛求学时，几乎没有追求过任何女子，未与任何人有过约会，尽管他有过许多这样的机会。因为，比尔留意的，绝不是这些方面。

很显然，比尔的成功是个人天赋与家庭教育共同作用的结果。比尔的家庭由于注重对他的天赋的保护与培养，因而使比尔在成长的道路上一帆风顺，使他的天赋不断被激活，直至转化为现实。

四、雨果

作为一个作家，维克多·雨果在法国受到了前所未有的尊敬，我们从有关文献的记载可以看到，雨果 1885 年辞世的时候，巴黎约有二百万公众参加他的葬礼仪式。送葬的队伍长达 40 多公里。法国总统曾下令全国放假一天，以此来哀悼雨果。这在整个法国历史上是史无前例的事情。

雨果活了 83 岁，在当时也算是高寿了，雨果的健康与成功都归功于他的父母亲悉心的照料和精心的培养。

维克多·雨果于 1802 年 2 月 26 日生于法国贝桑松，他生下来的时候，身体屏弱到极点，好像不预备在尘世久留的样子，以至于接生的人认为这孩子是不可能养活的。雨果母亲在回忆录中记载雨果诞生时的情形，说雨果生下来不及一把餐刀长，侍候的人把他包裹好，放在一张安乐椅里，像这样的小东西，椅子里足可容得下六七个，孩子气若游丝，人们担心他随时会死去。

母亲在生雨果之前已经有了两个男孩了，所以她知道如何照料这个可怜的小家伙，虽然他远不如自己的两个哥哥那么结实。母亲下决心要把这个孩子留在人间，她果断地采用自己的抚养方法。

雨果生下来后总是不停地啼哭，一点都安静不下来。通过各种方式使孩子终于能够安静下来了，疲惫过后母亲看着小婴儿还是很担心。"一定要让这孩子健康地活下来！"雨果夫人表现得无比坚定。她长久地注视着小婴儿，孩子的一举一动都牵着母亲的心，很快她又发现孩子有些不安分，似乎是有些紧张。母亲似乎很明白这个弱小的孩子的心理，每当看到女佣人抱孩子喂奶后，把孩子放在另一地方，母亲就会叫道："噢，别把孩子放在那里，抱回到原来的地方去。那样会使孩子不安的。""好的，夫人。"女佣人虽然不明白，但还是照雨果夫人的话去做了。

母亲稍微恢复了体力后就开始亲自看护孩子，小婴儿似乎有了些生机。

一天女佣人在小婴儿的摇篮上挂了许多的小铃铛，然后轻轻摇晃那些铃铛发出清脆的声音，吸引婴儿的注意。雨果夫人听到了声音对女佣人说："把它们去掉吧。孩子现在不需要这些铃铛。""为什么呢？"女佣人实在忍不住了说，"过去我帮别人照看过好几个婴儿了，他们都是这样做的。""噢，对不起，我有自己的抚养方法，可能会更好些。再说这个孩子实在是太弱了，如果照顾不好，他就很难活下去的。铃铛虽然可以吸引孩子，但是孩子需要的是一个和在母体中时一样安静的环境，声音太多了，会让他不安宁的。"

在母亲精心的照料下，小雨果渐渐地活泼起来，一切都很正常，这才让母亲安下心来。雨果后来回忆母亲的照料时写道："纯洁的乳汁，勤劳的抚养，祈望和慈爱，使他二次做了母亲的孩子。"

雨果的父亲莱奥波德·雨果是一名军官，常年在外征战，有时候也不得不带着一家人四处奔波。这种迁徙生活，于孩子们很不相宜，尤其是小雨果更不适应。他虽然活了下来，但是体质仍很弱，因此时常形容愁苦，这在像他这样年龄的儿童中是少见的。人们常见他坐在一个角落里，无缘无故地流着眼泪。莱奥波德觉得这样下去不行，他就经常在百忙中抽出时间来教育小雨果。"孩子，你的体质太弱了，我想明天带你去爬山。"父亲看着多病的雨果说。"好呀！"没精打采的雨果高兴起来。"你可要做好吃苦的准备，不许中途放弃。""我不会的。"小雨答应得很快。

第二天，父亲就带雨果去郊外爬山，山并不高，但是路不太好走，坑坑洼洼，杂草丛生。小雨果刚开始对一切很好奇，蹦蹦跳跳，一会儿追蝴蝶，一会儿去采野花，但是很快他就气喘吁吁，上气不接下气地坐在地上了。"爸爸我们休息一会吧。我好累。""孩子，不能再休息了，这山并不高，你已经休息了好几次。""我实在是走不动了，从来没走过这么远。""起来，继续爬，你忘了昨天对我作出的承诺了？"

在父亲的坚持下，小雨果咬着牙站起来，继续高一脚低一脚地往上爬。

快要到山顶了，他不小心绊倒在地上，膝盖都擦破了。小雨果疼得哭了起来。父亲跑过来，帮他处理了一下伤口，安慰他说："孩子，别哭，要像个男子汉一样坚强。""爸爸我们回去吧，我不想爬山了。""孩子，我们再走几步就到山顶了，你的伤并不要紧，一定不要半途而废。""爸爸，我……""站起来，继续往上爬。"

小雨果终于到了山顶，他坐在石头上看着远处的景色，心中说不出的舒畅，一身的疲惫一扫而空，伤口似乎也不疼了。父亲看着小雨果轻松的样子，高兴地说："孩子，如果刚才你中途放弃了，现在就不会看到这么美丽的景色了。做任何事情都一样，如果认准了，就一定不要半途而废。""我懂了，爸爸。"

莱奥波德经常抽空带小雨果去爬山、游泳、骑马打猎，使雨果的身体一天天强壮起来。但是父亲更注重的是孩子意志力的培养。一次他带着雨果去阿尔卑斯山野外旅游，以锻炼雨果坚韧的个性。天就要黑了，周围找不到人家，也没饭店和旅社。"爸爸，我们今天吃什么呢？我又渴又饿。"父亲拿出仅有的一个面包说："这就是我们今天的晚餐了。"小雨果看着面包，说："我们喝什么呢？""那边有一处山泉，我来的时候已经看到了，我们可以喝山泉水。""那水干净吗，能喝吗？"小雨果似乎不大高兴。"孩子，我们现在到了一个没有人家的地方。今晚我们就在这里扎帐篷过夜。你必须得学会适应任何环境。以后当你遇到困境的时候就不会手足无措了。"小雨果很懂事地点了点头。

在父母亲独特的教育下，雨果不仅身体强壮，而且形成了非凡的毅力。雨果4岁多就开始夹着书包跟随着哥哥上学了。他学过拉丁语和希腊语的课程，8岁时就能流利地阅读和翻译贺拉斯的文章。他和欧仁还在马德里的学校读过书。12岁时，他进了巴黎的戈蒂埃和德高特寄宿学校学习哲学和数学。他非常喜爱学习，嗜好读书，经常捧起一本书好几个小时舍不得放下。他对文学尤其感兴趣：十二三岁时，他就尝试着写下了成千上万行诗，还写了一部喜剧歌剧、一部散文剧、一部史诗和一部五幕诗体悲剧的剧情梗概。他勤奋好学，经常到了废寝忘食的地步。雨果后来经历了很多的人生磨难，但是他都能迎刃而解，不断进取，终于成为一代文学大师，创作出了很多优秀的作品。

第六编

万幸，不幸的榜样

第一章　多动症子女的家庭教育

多动的孩子，富有爱心、创造力，动力十足，解决问题能力强，蕴藏着集中注意力的潜能，具有喜剧天分，能屈能伸。美国飞鱼菲尔普斯、好莱坞影星汤姆·克鲁斯、音乐大师莫扎特等，小时候也曾是多动症患儿。因此，只要治疗、教育得当，孩子的各项行为就能统合在一起，潜能也会被开发出来。

——题记

第一节　多动症的成因和表现

一、多动症的成因

（一）多动症的概念

注意缺陷多动障碍（ADHD），在我国称为多动症，是儿童期常见的一类心理障碍。表现为与年龄和发育水平不相称的注意力不集中和注意时间短暂、活动过度和冲动，常伴有学习困难、品行障碍和适应不良。

国内外调查发现患病率 3% ~ 7%，男女比为 4:1~9:1。部分患儿成年后仍有症状，明显影响学业、身心健康以及成年后的家庭生活和社交能力。

（二）多动症的成因

家长教育方式简单粗暴。家长受教育程度较低或者对于孩子的教育方式简单粗暴，不讲究方式方法，就可能会引发孩子的多动症，如非打即骂的教育，不能以身作则，给孩子树立良好的榜样；过于溺爱或放纵孩子；过于约束孩子，给孩子施加过大的压力；家庭关系不和谐等。

遗传因素。遗传因素在多动症患儿中所占的比例较大。多动症儿童的同胞、父母或直系亲属中患有多动症、抑郁症所占的比例明显高于正常儿童。

生长发育缓慢。年幼的儿童行为多带有任性冲动、注意力不集中，活动过多、自控能力差的特点。随着年龄的增长、身体的发育，在家长的训练和引导教育下，他们会逐渐地学会控制自己的行为。但是，仍然会有一部分儿童生长发育比较缓慢，家长如果不了解儿童的心理发育特点及个别差异，对孩子的要求过高或者强迫教育超过了儿童所能承受的范围，就可能诱发或导致多动症。

二、多动症的表现

（一）注意缺陷

核心症状。与年龄不相称的明显注意集中困难和注意持续时间短暂。

易分心。多动症孩子常常在听课、做作业或其他活动时注意难以持久，容易因外界刺激而分心。

不注意细节。在学习或活动中不能注意细节，经常因粗心发生错误。

回避或不愿意从事需长时间集中精力的任务。注意力维持困难，经常有意回避或不愿意从事需要较长时间持续集中精力的任务，如课堂作业或家庭作业。

做事拖拉。不能按时完成作业或指定的任务。

易丢三落四。经常遗失玩具、学习用具，忘记日常的活动安排，甚至忘记老师布置的家庭作业。

（二）活动过多

表现为经常显得不安宁，手足小动作多，不能安静坐着，在座位上扭来扭去。在教室或其他要求安静的场合擅自离开座位，到处乱跑或攀爬。难以从事安静的活动或游戏，一天忙个不停。

（三）行为冲动

在信息不充分的情况下快速地做出行为反应。表现冲动，做事不顾及后果、凭一时兴趣行事，为此常与同伴发生打斗或纠纷，造成不良后果。在别人讲话时插嘴或打断别人的谈话，在老师的问题尚未说完时便迫不及待地抢先回答，不能耐心地排队等候，等等。

（四）学习困难

注意障碍和多动，影响了孩子在课堂上的听课效果、完成作业的速度和质量，致使其学业成绩差，常低于其智力所应该达到的学业成绩。

（五）神经系统发育异常

多动症孩子的精细动作、协调运动、空间位置感等发育较差。如翻手、对指运动、系鞋带和扣纽扣都不灵便，左右分辨困难。少数孩子伴有语言发育迟延、表达能力差、智力偏低等问题。

（六）品行障碍

注意缺陷多动障碍和品行障碍的共病率高达30％～58％。往往不听从父母及老师的管教，好挑斗、打架、说谎、虐待他人和小动物、干扰集体活动。部分还表现有攻击行为，如打人伤人、破坏物品、逃学、出走、偷盗等行为。

多动症的症状多种多样，并常因年龄、所处环境和周围人对待态度的不同而有所差异。

（七）顽皮好动不一定是多动症

孩子顽皮好动不一定就是多动症，而多动症的孩子又不一定都表现为多动。儿童多动症是一种以注意力不集中、多动和冲动为主要特征的行为障碍，可伴有学习困难等表现。临床上分为注意缺陷多动组合型、注意缺陷为主型、多动冲动型三种类型。其中注意缺陷为主型多动表现并不明显。

作为家长，当发现自己的孩子与同龄同性别的孩子相比多动时，一方面不要主观地认为孩子故意与家长、老师作对，从而进行批评责备，甚至体罚；另一方面要到专科门诊就诊，明确原因，采取针对性的治疗，以免影响孩子的健康成长。

第二节　多动症子女的治疗和家庭教育

一、治疗

（一）心理治疗

父母要懂得孩子的生长发育及不同的年龄阶段心理发展的特点，辅导帮助要及时，有耐心和信心，不能苛刻要求孩子。

行为治疗。是利用操作性条件反射的原理，及时对孩子的行为予以正性或负性强化，使孩子学会适当的社交技能，用新的有效的行为来替代不适当的行为。

认知行为治疗。主要解决孩子的冲动性问题，让其学习如何去解决问题，识别自己的行为是否恰当，选择恰当的行为方式。

（二）药物治疗

中枢兴奋剂。中枢兴奋剂仅限于 6 岁以上孩子使用。因有中枢兴奋作用，晚上不宜使用，药物副作用有食欲下降、失眠、头痛、烦躁和易怒等，尚不能确定是否影响生长发育。中枢兴奋剂可能诱发或加重患者抽动症状，共病抽动障碍患者不建议使用。长期使用中枢兴奋剂时还必须考虑到物质滥用的问题。

去甲肾上腺素再摄取抑制剂。需要注意的是，用药期间尽量别让患儿感冒。一般儿童在感冒、发烧、精神紧张等情况下其多动症状会加重，儿童在感冒期间用药起不到应有的作用，因此可以暂时停药，等孩子感冒病好了再继续用药。

（三）饮食治疗

酸碱平衡。食物分酸性和碱性两类。鱼肉禽蛋米面为酸性。蔬菜、水果、豆类及制品为碱性。人体内存在自动调节酸碱平衡的系统，只要饮食多样化，吃五谷杂粮，就能保持酸碱平衡。

饭前喝汤好。饭前喝少量的汤，好比运动前做活动，使消化器官活动起来，使消化腺分泌足量的消化液，能使孩子很好地进食，饭后也会感到舒服。

吃好早餐。一日之计在于晨，早餐的好坏关系到小儿生长发育。如不注意，小儿在上学时就会出现迟钝、精力不足等保护性抑制，发生低血糖。全日总量摄入中早餐占30%，午餐占40%，晚餐占30%。

不宜喝过多饮料。可乐里的咖啡因对中枢神经系统有较强的兴奋作用，也是多动症的病因之一，汽水降低小儿胃液的消化力、杀菌力，影响正常食欲。

午餐前不要饮纯果汁。果汁易于吸收营养丰富。但午餐前40分钟不要让孩子尤其是小儿饮果汁。因这样小儿在午餐时会少吃一些主食，而一日之内摄入量并无增加，失去的却是在正常午餐中所获取的营养。

少吃如下食物。含铝食物，含铝过多致智力减退，记忆力下降，食欲不振，消化不良；油条，因为制作油条需要加入明矾，而明矾化学成分为十二水合硫酸铝钾，吃油条对小儿智力发育不利；含酪氨酸的食物，如挂面、糕点等；含甲基水杨酸的食物，如西红柿、苹果、橘子等；含铅食物，如皮蛋、贝类等，因为铅可使孩子视觉运动、记忆、感觉、形象、思维、行动等发生改变。

多动症的孩子饮食中不要加辛辣的调味品，如胡椒类，也不宜食用含柠檬黄色素等添加剂的食物。

（四）整合平衡疗法

治疗多动症，不要盲目给孩子用药，因为不管是西药还是中药都有毒副作用。目前，国际上公认的可靠、有效的治疗方法是"整合平衡疗法"，这是以调节人体大脑单胺类神经递质失衡的"爱儿专注贴"为核心，辅以"感统训练、注意力训练、心理疏导、推拿按摩、营养治疗"等多种形式的综合治疗方法。

二、教育

有专家研究表明，多动的孩子富有爱心，他们具有高超的与人共情的能力；富有创造力，多动症患儿中，不乏未来的艺术家、电影制作人和剧作家等，他们的大脑一旦开发得好，就更有创造力；动力十足，一旦分配给多动症孩子做喜欢的事情，他们就会像开足马力一样向前冲；解决问题能力强，对于自己感兴趣的问题，他们会像猜谜一样找到答案；蕴藏着集中注意力的潜能，如果对他们引导得好，他们反而会具有超强注意力；具有喜剧天分，大多数多动症的孩子喜欢笑，也愿意变着花样逗别人笑；面对挑战，他们更能表现出能屈能伸的特征；直觉敏锐，多动症患儿不喜欢被细枝末节困扰，所以常会产生新奇的点子；从新鲜角度看世界，虽然你可能不理解他们的思维方式，但不得不承认，多动症患儿常能从另一个角度看待问题。美国飞鱼菲尔普斯、好莱坞影星汤姆·克鲁斯、音乐大师莫扎特等，小时候也曾是多动症患儿。因此，只要治疗、教育得当，孩子的各项行为就能统合在一起，潜能也会被开发出来。

（一）矫正不良行为习惯

改掉不良的行为习惯，是多动症孩子教育的一个关键问题，家长要切实重视起来，根据自己孩子的特点，采用科学的方法来矫正自己孩子身上的坏毛病。需要注意的是，方法必须切合实际，在孩子能够达到的范围。否则孩子多次面临失败之后，可能对自己丧失信心，不再配合家长的教育。

给孩子制定时间表。定个时间计划表，从早晨起床到晚上上床，每一小时都列入计划，包括家庭作业、户外活动，每天的作息和活动大致相同。

对这类儿童，家长应从小培养其有规律的生活习惯。要按时饮食起居，有充足的睡眠时间。

让孩子管好自己的东西。每日整理好自己的东西，每件东西物归其所，包括学习用品、衣物等任何东西，不要随意乱放。家长每天检查督促。

控制孩子看电视和上网时间。多动症孩子一般在学习时无法长时间集中注意力，但在看电视上却不是。研究表明，儿童在学龄前电视看得越多，他们在 7 岁的时候就越明显地出现注意力缺失。因此，父母每天应限制多动症孩子看电视、上网的时间，一般每天控制在半个小时左右，最长时间不要超过一节课。

鼓励奖赏。当多动症孩子出现符合规定要求的良好行为时，立即给予鼓励和奖赏，使孩子感到愉快和满足，这种良好的行为就可以增加并保持下去，乃至养成良好的习惯。鼓励一般以精神、语言刺激为主，随时可以进行。

新行为塑造。新行为的塑造需要有一个过程，其一要选定需要塑造的新行为；其二是将新行为分成若干步骤，每一步骤的实施，确信孩子能完成；其三是选择对孩子具有吸引力的奖赏；其四是精心安排塑造程序，促成新行为的形成有很大的可能性，训练时间要适当，避免疲劳；其五是当前一步骤已经完成后，方可做下一步的训练。如要求多动症孩子每天保持 5 分钟专心练字，可以从短时间的 5 分钟开始，逐渐延长，先由家长陪练，以后由孩子独立完成。先要求写一定量的字，以后再要求把字写好。

以身作则。孩子的新行为都是通过学习而获得的，从日常生活中的谈话、活动、学习中不知不觉地学习到许多行为和习惯。父母是孩子的第一任老师，父母对孩子的教育有着不可推卸的责任。父母对孩子必须随时进行教育，使他们懂得应该做什么，不应该做什么，逐渐养成良好的行为习惯。在养成教育中父母的榜样作用是十分重要的。父母的一言一行，极易被多动症孩子模仿，特别是不良行为学习得更快。

（二）注意力训练

注意力是受年龄、性别、环境等因素影响的，通常小学生注意力能集中 10 分钟左右，初中生能集中 20 分钟左右。家长在帮助孩子养成良好注意习惯时不要心急，不要勉强孩子一次坚持太久，要给孩子提供一个良好安静的环境，培养孩子的兴趣点，帮助孩子集中注意力。

明确学习目标和任务。提出每一节课、每一次作业的具体内容和要求，以此来引起孩子的注意。对要求完成的学习任务应有专用本记录下来，防止孩子遗忘，也便于家长督促检查完成作业情况。

培养孩子持久的学习兴趣。兴趣是产生和保持注意力的源泉。孩子对感兴趣的事就去注意，不感兴趣的事就不去注意。刚上小学的孩子主要以直接兴趣为主，他们对学习的过程、对学习的外部活动比较感兴趣，如听课、阅读、写字，而不注意学习的内容和结果。提高孩子兴趣的方法，可以用自己的行为、语言、形象、实验、图表及模型等多种形式和方法，吸引孩子对学习的直接兴趣，更应把学习的意义和将来的用处联系起来，培养孩子的间接兴趣，使其能保持长久的学习兴趣，自觉地集中注意进行学习。

培养组织纪律性。要想注意力集中，专心听课，孩子需要有严格的组织性和纪律性。一个组织性、纪律性差的孩子常常会把注意力分散到学习以外的地方去，影响对所学内容的理解和吸收。主要应做到上课不迟到，听课不讲话，发言要举手，坐姿要端正，不做小动作，按时完成作业，遵守公共秩序，与同学相互帮助等。

让过盛的精力释放出来。对于活动力过多的儿童，家长要进行正面引导，使他们过多的精力能发挥出来。家长可与孩子一起进行娱乐活动和体育锻炼，在娱乐活动中放松心情，增进亲子关系；在体育锻炼中增加耐力；经常进行一些有规则的游戏活动，在快乐中学习遵守规则、控制冲动。也可适当安排家务和义务活动，培养孩子的责任和能力。

静坐法。多动症的孩子，常常出现"人来疯"或无法自拔的过度兴奋。家长对这类孩子可以逐步培养其静坐集中注意力的习惯；可以从看图书、听故事做起，逐渐延长其集中注意力的时间；也可把他们安排在教室的第一排座位上，以便在上课时能随时得到老师的监督和指导。

为了避免产生过度兴奋的现象，父母不要为孩子提供兴奋度较高的游戏，如打电子游戏机，看武打电视片等。应多为孩子安排一些较文静的活动，如下棋、画图、制作航模、看书等。除此以外，家长还可安排时间，每天与孩子一起静坐 2 ~ 3 次。静坐的时间可从 5 分钟到 15 分钟，根据年龄及具体情况不同而作不同安排，还可根据情况在原有基础上增加时间。静坐的方法是父母与孩子面对面而坐，不言不语，不思不想，不东看西看，双手放在膝上，相对而坐，坚持得好，及时予以表扬奖励。这对多动行为的矫正很有帮助。

第二章 自闭症子女的家庭教育

部分患儿在智力低下的同时可出现"孤独症才能"，如在音乐、计算、推算日期、机械记忆和背诵等方面有超常表现，被称为"白痴学者"。英国的丹尼尔·塔米特能将圆周率背诵到小数点后面第22514位，精通数十种语言；美国的约翰·纳什，获得了1994年的诺贝尔经济学奖；我国不识乐谱的指挥——舟舟，能指挥世界顶级乐团——美国费城交响乐团。他们都是自闭症患者。因此，只要注意发现、培养和教育，他们身上的潜能就会被开发利用。

——题记

第一节 自闭症的成因和表现

一、自闭症的成因

（一）自闭症的概念

自闭症又称孤独症或孤独性障碍等，是广泛性发育障碍（PDD）的代表性疾病。《精神疾病的诊断和统计手册》（*DSM–IV–TR*）将 PDD 分为 5 种：孤独性障碍、Retts 综合征、童年瓦解性障碍、Asperger 综合征和未特定的 PDD。其中，孤独性障碍与 Asperger 综合征较为常见。孤独症的患病率为儿童人口的 2/ 万人 ～ 5/ 万人，男女比例为 1:3 ～ 1:4，女孩症状一般较男孩严重。

（二）自闭症的成因

遗传因素。双生子研究显示，孤独症在单卵双生子中的共患病率高达 61%~90%，而异卵双生子则未见明显的共患病情况。在兄弟姊妹之间的再患病率，估计在 4.5% 左右。这些现象提示孤独症存在遗传倾向性。

研究显示，某些染色体异常可能会导致孤独症的发生。孤独症可能是在一定的遗传倾向性下，由环境致病因子诱发的疾病。

感染与免疫因素。早在 20 世纪 70 年代末就有研究发现，孕妇患病毒感染后，其子代患孤独症的概率增大。后来数个研究数据均显示，孕期感染与孤独症发生可能有一定的关系。病原体产生的抗体，由胎盘进入胎儿体内，与胎儿正在发育的神经系统发生交叉免疫反应，干扰了神经系统的正常发育，从而导致了孤独症的发生。

孕期理化因子刺激。受孕早期孕妇若有反应停和丙戊酸盐类抗癫痫类药物的用药史以及酗酒等情形，可导致孤独症的概率增加。

二、自闭症的表现

（一）社会交往障碍

婴儿期。患儿回避目光接触，对人的声音缺乏兴趣和反应，没有期待被抱起的姿势，或抱起时身体僵硬、不愿与人贴近。

幼儿期。患儿仍回避目光接触，呼之常无反应，对父母不产生依恋，缺乏与同龄儿童交往或玩耍的兴趣，不会以适当的方式与同龄儿童交往，不能与同龄儿童建立伙伴关系，不会与他人分享快乐，遇到不愉快或受到伤害时也不会向他人寻求安慰。

学龄期后。随着年龄增长及病情改善，患儿对父母、同胞可能变得友好而有感情，但仍明显缺乏主动与人交往的兴趣和行为。虽然部分患儿愿意与人交往，但交往方式仍存在问题，他们对社交常情缺乏理解，对他人情绪缺乏反应，不能根据社交场合调整自己的行为。

成年后。仍缺乏交往的兴趣和社交的技能，不能建立恋爱关系和结婚。

（二）交流障碍

非言语交流障碍。该症患儿常以哭或尖叫表示他们的不舒适或需要。稍大的患儿可能会拉着大人手走向他想要的东西但缺乏相应的面部表情，表情也常显得漠然，很少用点头、摇头、摆手等动作来表达自己的意愿。

言语交流障碍。该症患儿言语交流方面存在明显障碍，包括：语言理解力不同程度受损；言语发育迟缓或不发育，也有部分患儿3岁前曾有表达性言语，但以后逐渐减少，甚至完全消失。言语形式及内容异常：患儿常常存在模仿言语、刻板重复言语，语法结构、人称代词常用错，语调、语速、节律、重音等也存在异常。言语运用能力受损：部分患儿虽然会背儿歌、背广告词，但却很少用言语进行交流，且不会提出话题、维持话题或仅靠刻板重复的短语进行交谈，纠缠于同一话题。

（三）兴趣狭窄及行为方式刻板重复

兴趣狭窄。该症患儿对一般儿童所喜爱的玩具和游戏缺乏兴趣，而对一些通常不作为玩具的物品却特别感兴趣，如车轮、瓶盖等圆的可旋转的东西。有些患儿还对塑料瓶、木棍等非生命物体产生依恋行为。

行为方式刻板重复。患儿行为方式常常很刻板，如：常用同一种方式做事或玩玩具，要求物品放在固定位置，出门非要走同一条路线，长时间内只吃少数几种食物等。常会出现刻板重复的动作和奇特怪异的行为，如：重复蹦跳，将手放在眼前凝视，扑动或用脚尖走路等。

（四）其他症状

精神发育迟滞。约四分之三的患儿存在精神发育迟滞。

合并癫痫。约三分之一或四分之一的患儿合并癫痫。

白痴学者。部分患儿在智力低下的同时可出现"孤独症才能"，如在音乐、计算、推算日期、机械记忆和背诵等方面有超常表现，被称为"白痴学者"。英国的丹尼尔·塔米特拥有惊人的"记忆数字"能力，能将圆周率背诵到小数点后面第 22514 位，精通数十种语言，创立了一家记忆技巧公司，专门教人如何更快更有效地学习数学和语言；美国的约翰·纳什，获得了 1994 年的诺贝尔经济学奖；我国不识乐谱的指挥——舟舟，能指挥世界顶级乐团——美国费城交响乐团。他们都是自闭症患者。

第二节　自闭症子女的治疗和家庭教育

一、治疗

（一）治疗原则

早发现，早治疗。治疗年龄越早，改善程度越明显。

多方合作。父母要成为治疗的合作者或参与者。患儿本人、儿童保健医生、患儿父母及老师、心理医生和社会应共同参与治疗过程，形成综合治疗团队。

综合治疗。坚持以非药物治疗为主，药物治疗为辅，两者相互促进的综合化治疗培训方案。

治疗方案个体化、结构化和系统化。根据患儿病情因人而异地进行治疗，并依据治疗反应随时调整治疗方案。

预防其他疾病。治疗、训练时要注意患儿的躯体健康，预防其他疾病。

持之以恒。要坚持治疗，持之以恒。

（二）治疗方法

TEACCH。TEACCH 是由美国北卡罗来纳大学肖弗建立的一套主要针对孤独症儿童的综合教育方法，是现时在欧美国家获得较高评价的孤独症训练课程。该方法主要针对孤独症儿童在语言、交流以及感知觉、运动等方面所存在的缺陷进行教育，核心是增进孤独症儿童对环境、教育和训练内容的理解和服从。该课程根据孤独症儿童能力和行为的特点设计个体化的训练内容。训练内容包含儿童模仿、粗细运动、知觉能力、认知、手眼协调、语言理解和表达、生活自理、社交以及情绪情感等各个方面。强调训练场地或家庭家具的特别布置、玩具及其有关物品的特别摆放；注重训练程序的安排和视觉提示；在教学方法上充分运用语言、身体姿势、提示、标签、图表、文字等各种方法增进儿童对训练内容的理解和掌握；同时运用行为强化原理和其他行为矫正技术帮助儿童克服异常行为，增加良好行为。课程可以在有关机构开展，也可在家庭中进行。

ABA。ABA 采用行为塑造原理，以正性强化为主促进孤独症儿童各项能力发展。传统上，ABA 的核心部分是任务分解技术，典型任务分解技术有 4 个步骤：训练者发出指令，儿童的反应，对儿童反应的应答，停顿。具体包括任务分析与分解；分解任务强化训练，在一定的时间内只进行某分解任务的训练；奖励（正性强化）任务的完成，每完成一个分解任务都必须给予强化（reinforce），强化物主要是食品、玩具和口头或身体姿势表扬，强化随着进步逐渐隐退；提示（prompt）和提示渐隐（fade），根据儿童的发展情况给予不同程度的提示或帮助，随着所学内容的熟练又逐渐减少提示和帮助；间歇（intertrial interval），在两个分解任务训练之间需要短暂的休息。训练要求个体化、系统化、严格性、一致性、科学性。要保证治疗具有一定的强度，每周 20～40 小时，每天 1～3 次，每次 3 小时。现代 ABA 技术逐渐融合其他技术强调情感人际发展。

RDI 和地板时光。古特施泰因建立了"提高患儿对他人心理理解能力"的 RDI（人际关系干预疗法），他认为正常儿童人际关系发展的规律和次序是：目光注视—社会参照，互动—协调—情感经验分享—享受友情。他依此为孤独症儿童设计了一套有数百个活动组成的训练项目，活动由父母或训练者主导，内容包括各种互动游戏，例如目光对视、表情辨别、捉迷藏、"两人三腿"、抛接球等，训练中要求训练师或父母表情丰富夸张但不失真实，语调抑扬顿挫。

由格林斯潘建立的地板时光训练体系也是以人际关系以及社会交往作为训练的主体。但是与 RDI 不同的是，在地板时光训练中，教师或家长是根据患儿的活动和兴趣决定训练的内容。在训练中，父母或老师一方面配合孩子的活动，同时在训练中不断制造变化、惊喜、困难，引导孩子在自由愉快的时光中建立解决问题的能力，并进而发展社会交往能力。训练活动不限于固定的课室，而是在日常生活的各个时段。这样的训练对家长或教师的要求其实更高。目前这一方法在美国也获得较高评价。

感觉统合训练。感觉统合训练疗法是由美国艾尔斯创立，起初主要应用于儿童多动症和儿童学习障碍的治疗。孤独症儿童普遍存在感知觉方面的异常，因此该方法也广泛运用于孤独症儿童的治疗。该疗法主要运用滑板、秋千、平衡木等游戏设施对儿童进行训练，有报道称其对于减少孤独症儿童的多动行为、增加语言等有一定疗效。此外类似于感觉统合训练的疗法还包括听觉统合训练、音乐治疗、捏脊治疗、挤压疗法、拥抱治疗、触摸治疗。

药物治疗。目前无特效药可以治愈孤独症，但以下药物可能改善该症的部分症状，并有利于教育训练。具体包括抗精神病药、抗抑郁药、中枢兴奋药或可乐定、改善和促进脑细胞功能药、维生素 B6 和镁剂等。

二、教育

（一）家长要提高素质，学会科学教育

努力学习，改变观念。家长可以通过互联网、相关的书籍以及和学校的专业老师沟通等方式学习一些关于自闭症心理学、训练方法等专业知识。同时要做一个有心人，通过记录日常和孩子相处的点点滴滴，总结发现、掌握孩子的身心特点，做到和孩子的沟通能从心开始，寻找出破解孩子发脾气等不良行为的密码。此外，还可以参加由自闭症孩子家长协会组织的活动，大家在一起互相打打气，交流教育孩子的心得，取长补短。

相信科学，及时进行早期干预。对自闭症孩子进行早期干预，是一项抢救性的工作。家长应克服伤痛，面对现实，尽早带孩子到正规的训练机构进行训练，和孩子一起学习。在家里，努力做到学以致用，达到巩固训练效果的作用。

注重孩子良好行为习惯的培养。自闭症孩子一旦养成了某种习惯，就像输入了电脑程序一样不能改、不能乱，否则就会引起孩子情绪上的不安，从而导致哭闹、自伤等行为的出现。自闭症孩子的行为非常刻板，在家庭教育中，要时刻注意孩子好习惯的养成，好习惯会让自闭症孩子受益终身。

（二）教育的目的和重点

目的。使患儿适应环境；促进患儿正常行为的发育（特别是社会适应能力）；促进患儿语言交流的能力；纠正刻板动作等异常行为；消除脾气怪异、固执、不合群、多动等症状。

重点。发掘患儿的潜能，使其缺陷得以康复。例如患儿在语言方面存在缺陷，可通过对话、文字、符号等手段来加强其语言能力。自闭症患儿并不是每一项技能都差或说一无是处，其实他们有些能力是健全的，个别能力甚

至是超群的，所以应该根据患儿的实际情况，充分发挥长处，弥补不足。从自闭症的整体表现来看，教育的重点应是社交能力和言语功能。但是，如果存在对自身安全有威胁的症状时，如自伤、不避危险等，这些症状就要优先重点纠正。

（三）教育的基本要领

建立适合的学习环境与气氛。自闭症儿童在学习新事物时，容易产生不适应的行为，要建立一个适合孩子的学习环境与气氛。

一般的家庭在得知孩子患自闭症时，会有不同程度的心理压力，此时要面对事实，减少家庭对孩子的压力；另外还要创造条件，诱发学习动机，应该针对孩子的需要，创造适合的学习环境，主动制造机会，诱发他们的学习动力。

实用与生活结合。自闭症儿童抽象理解能力差，要尽量通过实物的操作来帮助他们理解与学习。此外，自闭症的儿童在沟通和人与人之间互相关系的学习上有困难，因此在教育时，应将要教的事物应用到与人的相互关系上，从生活的实用例子中，加强其语言、人际关系及相关技能的学习。

奖罚分明。当孩子表现好时，父母要进行奖励。如他们不执行父母的吩咐，或有不当行为时，就应用简单、明确的词语进行适当的批评教育，或以取消去买他喜爱的食品、玩具或去公园玩等承诺作为处罚。

循序渐进。教育目标确定后，要有步骤地进行，不要急于求成。如果只注意与同龄人之间的差距，要求患儿像正常孩子那样是不可能的，反而可能造成患儿不配合。对于超出自己的能力范围的要求，患者会出现焦虑、烦躁等负性情绪；教育应该有计划地逐步进行。

减少对孩子的帮助，促其独立做事。父母要根据孩子的具体情况，培养他们的独立性，尽量让孩子自己穿、脱衣服，自己吃饭。在父母的监护下，让孩子到户外玩，带他们去乘公共汽车，教他们主动买票或去商店购物等。

衣食住行是最基本的生活自理的能力，在这些基本的自理能力的培养过程中，常会因自闭症儿童自身的障碍，而造成由家人帮助代劳的现象。这不仅使孩子失去了学习的机会，也容易养成依赖性，因此培养孩子生活自理能力是家教的重要内容。

学习项目要难易适中，增加趣味性；家庭成员对孩子的要求要一致、明确；要反复进行有效强化。

鼓励引导孩子帮助别人，增加社会互动机会。由于儿童的语言能力差异很大，所以应注意发展孩子的语言能力。依照儿童的能力设计教学场景，活动设置一定要简明并具有一定的游戏或趣味性，家长对被孩子帮助的人要提前给予教学指导。

增加孩子休闲娱乐技能，减少问题行为出现。应注意扩大孩子的活动范围，学习各种基本技能；每一项技能都要从最简单的做起，而且要符合儿童的心理年龄，不可拔高；家长要保持良好的心态，使儿童在学习过程中心情愉快；对儿童已经掌握的学习技能要创造环境让其不断练习和展示，增加儿童得到表扬和强化的机会，使孩子不断提高自信心和对学习项目的兴趣。

参与同龄儿童的游戏，学习社交技能。选择游戏要适合孩子能力；游戏过程中的认知不能作为主要学习内容，以免引起孩子反感；家长也可根据孩子能力自己创造一些游戏，这样可能更适合自己的孩子，但要注意不断引入同龄的孩子一起参加；在游戏中，家长要组织教学；对于进入幼儿园的儿童，家长应保持与幼儿园老师的密切联系，了解孩子在幼儿园参加游戏和活动的详细情况。

教育儿童学习交流，建立沟通渠道。孤独症儿童最大的障碍之一是与人交流。家长根据自己孩子的优势和兴趣，选择一种切实适合孩子的交流方法，建立与他人之间的基本沟通渠道；在确定教授儿童一种交流方法后，首先要找到孩子最喜欢的一种物品、食品或活动；在完成以上教学训练的基础上，可以更大地扩展交流范围；学习用已掌握的交流方法回答问题，学习简单对话。

发现开发儿童潜能，设计远期教学目标。 从开始教育到出现良好的疗效需要一个相当长的过程，所以必须有长期持续的思想准备，同时要经常观察患儿的表现，制订新的教育计划，反复耐心细致地教育。

根据儿童能力的不同，设置与之相适应的训练目标；对于高功能的儿童，应该拓展儿童的活动范围和空间，最大限度提供条件，让孩子接触并学习各方面的基本技能；根据孩子的实际能力，调整教学计划，使家长设定的目标基本符合孩子的能力和兴趣。

日常行为规范教育，促进适应社会能力。 家长要时刻检点自己的言行，要按文明的日常行为规范要求自己，尤其是孩子在场的时候；要求儿童学习日常礼貌，从小养成良好的行为规范；提高儿童的自我控制能力；有目的地带领儿童去餐厅、超市等公众场合，让儿童学习在公众场合所应该遵守的规矩；让孩子学习规避风险，这对于儿童的安全非常重要。

（四）教育方法

情景训练法。 情景训练法是根据预定的训练目标设计相关的情景，让孩子通过在情景中体验而达到训练目的。这是一种学校教育无法比拟的训练方法。学校情景训练中的情景是模拟的，但家庭教育中的情景训练全都是真实的，并且最贴近学生的生活，这对训练学生的社会适应能力非常有帮助。例如妈妈要训练孩子去楼下的小卖部买盐，可事先与小卖部的老板沟通好，一定要让孩子说"阿姨，我买盐"才卖给他，妈妈可以在家里的阳台上观察孩子的表现。经过多次的训练，孩子就可顺利完成任务。通过真实的情景，孩子学习到了与人沟通的技能，增强了孩子融入社会生活的能力。

目标分析训练法。 所谓目标分析训练法是指把学习任务分成一个一个的简单步骤，然后按照一定的顺序进行训练的方法。此法类似于程序教学，从自闭症孩子的认知特点出发，能有效地使孩子的训练过程化繁为简，提高训练效果。例如要训练孩子自己穿球鞋，可以把"会穿球鞋"这个总任务分解为：分清球鞋的左右、脚会套进去、拉好鞋舌、粘好魔术贴这几个训练步骤，这样可以降低训练的难度。孩子每完成一个训练步骤，家长要及时进行强化，这样就能激发孩子的训练兴趣，让孩子感受到成功的喜悦。

合作行为训练法。有一项关于自闭症孩子各种自伤性行为的研究表明：造成自闭症孩子各种自伤行为最大的原因，是他们不愿意和大人或者训练者合作。合作行为训练从执行最简单的指令开始，同时要把与孩子合作和他所得到的奖励之间的因果关系，表达得简单明了。例如妈妈可以拿一块孩子最喜欢吃的巧克力对他说："你过来，我给你巧克力。"孩子听从指令过来了，就把巧克力奖励给孩子。有时候如果孩子不合作或不听从指令，可以先让孩子做几件他最有可能做的动作并应承给予奖励，接着再要求孩子做一件他应该做的事情。例如妈妈让孩子把玩具放到柜子上面，可孩子不合作，妈妈可以拿孩子喜欢喝的饮料，要求孩子"把饮料喝了"，并在孩子听从指令时及时给予表扬和奖励，然后再要求孩子执行刚才的指令"把玩具放到柜子上面"。这样，就可以达到合作训练的目的。通过长期的训练，可以让孩子明白执行指令能得到一定的"好处"，孩子就会乐意去执行每一个指令。

专注力训练法。父母经常托着孩子的脸，亲热和蔼地叫他的名字，并对他说"望着我""望着妈妈（爸爸）"，同时把一些小孩喜爱的食品或玩具放在他的面前，然后用手指着说"×××，你看，这是什么？"父母应经常和孩子对坐，坐的时间最少五分钟，若孩子想离座，可以用手按着他肩膀说"×××，坐，望着妈妈，妈妈爱你呢！"也可以让小孩坐在母亲大腿上，给小孩讲故事、唱歌，总之坐的时间越长越好。又可在儿童的手臂上画手表或喜爱的手镯，要他常常看；多带孩子看活动的物体，如公共汽车、的士、火车、飞机等；教孩子用手指来捡小物体，如豆子、花生、珠子等；用彩色蜡笔画些简单的图；玩投掷游戏，例如将小皮球投进篮球网、放小动物在笼中、用乒乓球投掷，投中者获奖（微笑，拍掌，小食物……）。

3～4岁小孩可教他执笔，在方格簿上写数字。刚开始时可能会乱画，超出方格外，逐渐教他写在格内，但凡有些小进步，都必须及时表扬奖励，既能教他学习数字，又能训练专注力。开始时可以手把手地教写字，以后逐渐让他独立进行。

在日常生活中，也可以给孩子一些牛奶、可乐或汤水等，让他自己倒进碗、杯内喝，训练他的专注力和手眼协调能力。

语言能力训练法。语言训练的原则是在生活中学习，在生活中运用；示范与模仿相结合；先发展理解性语言，再发展表达性语言；循序渐进；精选语言范例；多重复、少纠正。

语言表达能力的训练为一个复杂且长期的过程，一般的训练阶段是模仿动作（训练视觉注意力）、听口令做动作（视觉与听觉的配合）、叫名字反应（训练听觉注意力）、强化发音、仿说单音、仿说单字、仿说单词、仿说句子、主动说话、练习简答、使用人称代词、简单对答、叙述等。

语言障碍是自闭症儿童突出的特征之一，也是父母要急于解决的问题，因此语言训练是十分重要的康复内容。早期语言训练的重点是促进患儿的自发性语言，同时最大限度地扩大交往范围和能力，帮助患儿应用训练的成果。在训练过程中，要利用一切机会应用能听懂的语言和他们交流。唱儿歌、讲简单而有趣的故事均有助于提高语言能力。

自闭症儿童在五岁前有无语言的能力，对其日后的发展有重要的影响。一般说来，对语言能力的培养可分为两个部分：语言理解能力和语言表达能力。

理解为表达的基础，为了增进自闭症儿童的语言能力，要将孩子在日常活动中的实际动作与语言结合起来。例如在给孩子喝水时，将杯子和喝水的动作配合起来，"这是宝宝的杯子""宝宝用这个杯子喝水"，使用具体的动作帮助自闭症儿童了解语言的实质意义。

衣食生活训练法。在饮食上，不同种类食物能提供给口腔不同的质感与不同的口味，可实际体会较为抽象的感觉，更可让孩子认识不同食物的名称；家人和孩子一起进行餐前的准备和膳后的收拾，可培养他独立生活的能力；教导孩子自己使用餐具，让他认识餐具功能；教导孩子用餐时应遵守的基本规矩等。

在衣着上，透过孩子在日常生活中操作穿、脱衣裤鞋袜的过程，不但可练习手眼协调的能力，认识衣物的名称，并可借由自然情景的发生让孩子体会天冷时要穿长袖长裤、天热时要穿短而单薄的衣服的生活常识，将此灵活运用在自我照顾方面。

在盥洗上，让孩子自己进行盥洗，不仅能从中学到操作的能力，父母更可在盥洗用品上安排不同香味的肥皂、洗发精、沐浴乳与软硬质的毛巾、刷子等，在清洗的过程中刺激其感官，增加或减低其触觉和嗅觉的敏感度。

在环境上，家庭的空间设计应依不同的使用功能规划清楚，以结构性的方式让孩子很容易从不同的空间安置去领会不同的功能，这有助于孩子在不同的空间学习遵守不同的规矩。

第三章　残疾子女的家庭教育

第一节　关于《中华人民共和国残疾人保障法》

一、《中华人民共和国残疾人保障法》概述

（一）基本结构

1990年的《残疾人保障法》共9章54条。2008年4月24日修订通过，2008年7月1日起施行的《残疾人保障法》共9章68条，基本结构如下。

第一章　"总则"共14条。主要规定了立法依据、残疾人定义、残疾人的基本权利和保障措施、残疾人的义务等内容。

第二章　"康复"共6条。主要规定了残疾人享有康复服务的权利与保障措施。

第三章　"教育"共9条。主要规定了残疾人享有平等接受教育的权利和保障措施。

第四章　"劳动就业"共11条。主要规定了残疾人劳动的权利和保障措施。

第五章　"文化生活"共5条。主要规定了残疾人享有平等参与文化生活的权利和保障措施。

第六章　"社会保障"共6条。主要规定了残疾人享有各项社会保障的

权利和保障措施。

第七章 "无障碍环境"共 7 条。主要规定了国家和社会为残疾人平等参与社会创造无障碍环境的责任和相应措施。

第八章 "法律责任"共 9 条。主要规定了残疾人权益受侵害后的救济途径和侵犯残疾人权益的法律责任。

第九章 "附则"共 1 条。主要规定了法律的生效时间。

（二）几点说明

保障残疾人权利的法律不止这一部。《残疾人保障法》作为保障残疾人权利的基本法，其中规定了保障残疾人权利的诸多条款，但是保障残疾人权利的法律远不止一部《残疾人保障法》，刑事、民事、行政、诉讼等 60 多部法律法规中都有保障残疾人权利的内容。

相关配套行政法规。《残疾人保障法》作为保障残疾人权利的专门性法律，其中规定的许多条款比较原则、笼统，需要立法机关制定相应的配套行政法规、地方性法规确保其实施。目前已经制定的行政法规包括国务院制定通过的《残疾人教育条例》《残疾人就业条例》《无障碍环境建设条例》；地方性法规包括省、自治区、直辖市和有立法权的地级市人大常委会制定通过的《残疾人保障法》实施办法和残疾人保障条例。

二、部分条款解读

（一）第二条

内容：关于残疾定义、分类和残疾人标准的规定。

残疾人的界定。如何对残疾进行界定是个十分困难的事情，不同国家对残疾采用不同的认定标准，至今国际上也没有形成统一无疑的残疾认定标准。

第二条规定残疾的构成需要满足两个条件：一是"在心理、生理、人体结构上，某种组织、功能丧失或者不正常"，二是"全部或者部分丧失以正常方式从事某种活动能力"。但是究竟何种情况下属于"组织、功能丧失或者不正常"，何种情况下属于"全部或者部分丧失以正常方式从事某种活动能力"，则由国务院制定具体的标准。目前执行的标准是 2011 年国家质量监督检验检疫总局和国家标准化管理委员会制定实施的《残疾人残疾分类和分级》（GB/T26341-2010），该标准将残疾人分为视力残疾、听力残疾、言语残疾、肢体残疾、智力残疾、精神残疾和多重残疾七类，各类残疾按残疾程度分为四个等级。残疾一级和残疾二级一般被称为重度残疾。

凡是符合《残疾人残疾分类和分级》规定的人，就被认为是有某种残疾的人，即我国法律认定的残疾人。根据《残疾人保障法》第二条第二款规定，残疾人至少有八类，即视力残疾人、听力残疾人、言语残疾人、肢体残疾人、智力残疾人、精神残疾人、多重残疾人和其他残疾人。但是目前《残疾人残疾分类和分级》中没有对"其他残疾"进行界定，因此"其他残疾人"在实践中尚未得到明确确认。

我国对残疾和残疾人认定采取比较严格的标准，目前我国有各类残疾人 8500 万，占人口总数的 6.34%。在采取比较宽松认定标准的国家，残疾人占人口总数的比例已经达到 18%，糖尿病人、酒精依赖者等都有可能被认定为残疾人。

（二）第六条

内容：第六条是关于残疾人参加国家事务和社会事务管理的规定。

本条下属各款内容。本条第一款规定授权残疾人可以通过不同的形式和途径参加国家事务和社会事务管理，一般说来，这些形式和途径包括：第一，通过人民代表大会制度来参与政治生活，残疾人既可以通过选举代表其利益的各级人大代表，实现对国家和社会事务的间接管理，也可以被选举为各级人大代表，直接参与国家事务和社会事务的管理。第二，通过人民政治协商会议制度来参政议政，行使自己的政治权利。第三，通过参加考试或者选拔，成为国家公务员，直接成为国家事务和社会事务的管理者。第四，通过行使结社权，成立残疾人组织并通过残疾人组织对国家事务和社会事务进行监督和管理。第五，其他途径，如通过言论、出版等途径发表对国家事务和社会事务的意见和建议。

本条第二款和第三款是落实第一款规定的具体举措。第二款是对国家机关的职责性规定，国家立法机关和政策制定机关，在涉及残疾人权益和残疾人事业的重大立法和政策制定时，应当主动听取残疾人和残疾人组织的意见。其主要目的是确保残疾人成为与己相关的立法和政策制定的参与者，而不是旁观者，以便更好地保护残疾人的利益。第三款则是对残疾人和残疾人组织的授权性规定。任何残疾人可以对任何国家机关提出残疾人权益保障、残疾人事业发展等方面的意见和建议；无论是提出建设性的建议，还是提出批评性的意见，都是残疾人的自主性权利，国家机关应当认真倾听，合理采纳。

（三）第八条

内容：第八条是关于残联职能的规定。

残联性质。残疾人联合会（简称"残联"）是各类残疾人的统一组织，其性质是人民团体，不是政府机关。

残联职责。目前残疾人联合会包括中国残联、省级残联、市级残联、县级残联、乡级残联共五级。各级残联的职责主要包括四项：一是代表残疾人的共同利益，二是维护残疾人的合法权益，三是团结教育残疾人，四是为残疾人服务，一般简称为"代表、服务和管理"。

（四）第二十一条

内容：第二十一条是关于残疾人平等接受教育权利的规定。为了保障《残疾人保障法》教育权规定的落实,国务院于1994年颁布了《残疾人教育条例》。

本条规定的把握。残疾人享有与其他人平等接受教育的权利,国家有责任保障残疾人教育权利的实现,国家应当为残疾人接受教育提供特殊保护。

(五)第三十三条

内容:第三十三条是关于按比例就业制度的规定。为了保障《残疾人保障法》劳动就业权规定的落实,国务院于2007年颁布了《残疾人就业条例》。

就业形式。我国《残疾人保障法》《就业促进法》和《残疾人就业条例》中规定残疾人就业有三种形式:第一种是残疾人在福利企业、盲人按摩机构和其他福利性单位集中就业,一般称为"残疾人集中就业";第二种是国家机关、社会团体、企业事业单位、民办非企业单位按照规定的比例安排残疾人就业,一般称为"残疾人按比例就业";第三种是残疾人自主择业、自主创业,一般称为"残疾人个体就业"。

(六)第四十七条

内容:第四十七条是关于残疾人参加社会保险的规定。

规定有三层含义:一是对于残疾人职工、残疾人及其所在单位应当按照国家的法律政策规定,积极参加相应的社会保险,以保障自己的基本生活。二是由于城镇居民社会保险和农村居民社会保险目前采取自愿参加的性质,所以城镇居民委员会、农村村民委员会等城乡基层群众性自治组织和残疾人家庭,应当鼓励残疾人参加城镇居民社会保险和农村居民社会保险;同时,居民委员会、村民委员会、残疾人家庭都应当采取相应的帮扶措施,帮助残疾人参加社会保险。三是对于残疾人生活确实有困难的,国家应当建立相应的社会保险补贴制度,帮助残疾人参加社会保险。

优惠措施:一是2009年国务院《关于开展新型农村社会养老保险试点

的指导意见》中规定，"对农村重度残疾人等缴费困难群体，地方政府为其代缴部分或全部最低标准的养老保险费"。2011年国务院《关于开展城镇居民社会养老保险试点的指导意见》中规定"对城镇重度残疾人等缴费困难群体，地方人民政府为其代缴部分或全部最低标准的养老保险费"。

二是2007年国务院《关于开展城镇居民基本医疗保险试点的指导意见》规定，对丧失劳动能力的重度残疾人等困难居民参保所需家庭缴费部分，由政府给予补助。卫生部、民政部、财政部《关于做好2011年新型农村合作医疗有关工作的通知》中规定，"将农村重度残疾人的个人参合费用纳入农村医疗救助资助范围"。

三是《社会保险法》第二十五条规定丧失劳动能力的残疾人参加城镇居民基本医疗保险的所需个人缴费部分，由政府给予补贴。

（七）第五十条

内容：第五十条是关于对残疾人实行特别扶助的规定。近年来关于残疾人免费乘车引起的社会争论比较大，本条重点讲一下残疾人免费乘车的相关规定。

免费乘车要点：（1）优惠的对象是盲人，因为残疾标准中将视力残疾分为了盲和低视力，所以一些人认为此条中的盲人就是指残疾标准所规定的"盲"残疾人。从立法本意来看，此条中的盲人实际上是一种通俗称呼，应当是指所有视力残疾人，包括盲残疾人和低视力残疾人。（2）优惠的方式是免费，即盲人无须支付任何费用。（3）享受优惠的条件是必须持有效证件，即能够证明盲人身份的正式凭证，最典型的就是残疾人证。（4）优惠的交通工具范围限定在市内公共交通工具，包括市内公共汽车、电车、地铁、渡船等。

（八）第五十九条和第六十条

内容：这两条是关于残疾人合法权益受到侵害后救济途径的规定。

三种救济途径：要求有关部门依法处理、依法向仲裁机构申请仲裁、依法向人民法院提起诉讼，三种途径都强调要依法。

残疾人在此过程中可以获得三种帮助：分别是向残疾人组织投诉获得残疾人组织的支持，向法律援助机构申请法律援助，向人民法院申请司法救助。

第二节　残疾子女的家庭教育

一、残疾子女家庭教育的误区

残疾儿童生理上或心理上的缺陷对绝大多数家长而言无疑是个很大的压力，这种压力会对家长造成精神上、物质上的巨大负担。大量的金钱支出、长期的精神疲倦和体力透支，让家长无所适从，对残疾儿童的教育缺乏科学的观念、计划和方法。

（一）观念上的误区

很多残疾儿童家长把孩子遇到的困难都归因于残疾，从而过分地强调孩子对自己的依附，难以去认识孩子的发展规律和特点，更难以给予孩子应有的地位。

教育观念上的误区。一是教育无用论。家长们过分夸大孩子的缺陷，认为即使对孩子进行教育也是于事无补，孩子的现状也不可能得到改变。

二是将学校教育等同于全部教育。家长们认为教育孩子是学校的任务，并以此来推卸自己教育特殊子女的责任。正是基于此种观念，很多家长在残疾儿童的婴幼儿时期，要么只顾及他们的医疗问题，要么消极地等待他们长到入学年龄，将肩上的担子卸给学校。这样不仅忽视了教育残疾儿童是教师和家长共同的责任，而且还耽误了残疾儿童的早期教育。

三是将自己在教育中的作用仅定位于抚养者。很多家长认为自己的任务就是负责孩子的衣食住行，为孩子接受教育创造一个舒适的环境即可。

人才观念上的误区。残疾儿童在学习上不但学得慢而且忘得快，有时候不论家长如何耐心用心教，成绩也不见起色。因此很多残疾儿童的家长在经历多次的否定后认为孩子不可能成材。

亲子观念上的误区。家长因孩子的残疾问题容易产生强烈的失落感，在此失落感下，家长会产生一些错误的亲子观。如认为孩子只是自己的附庸，把孩子当成是自己的私有财产，害怕别人知道家有特殊儿童，于是让孩子待在家里，不与外界接触，更难以带他们出去感知丰富多彩的世界；或认为孩子是厄运之始，将自己所有不顺之事都归因于孩子的残疾，认为孩子应该为此负责；或认为自己有愧于孩子，因为觉得是自己给孩子带来了苦难而常常陷于自责当中。

（二）态度上的误区

对残疾儿童的态度。首先，家长耐心不够。他们在对孩子的教育过程中往往表现出急躁的情绪，不能很好地体谅孩子的真实困难，导致在日常生活中经常不耐烦。其次，家长信心不足。他们认为孩子将来很难有出息，导致他们在教育孩子的过程中时常动摇正确的教育信念。甚至有的家长认为家有残疾儿童无脸见人，导致孩子也觉得自己是社会的包袱。再次，家长爱心错位。家长对残疾孩子的爱心因强烈的内疚、负罪感而偏轨，不能理智地关爱特殊孩子，而是溺爱、百般迁就，甚至是放任。

还有些家长偏心，把希望放到了他们头脑聪慧、健康活泼的孩子身上，功夫也全下到了他们身上。面对经济开支过大的情况，看到别人家的孩子个个出众，想想自己家还有个"累赘"，家长自然而然地把残疾孩子当成了出气筒。父母难看的脸、挥舞的拳头，使他们不敢有任何分辩，结果导致孩子极大恐惧，学会说谎，变得怯懦、胆小，造成了极不正常的心理状态。

对学校的态度。现今残疾儿童家长对学校普遍存在着两种参与态度。一是盲目尊崇学校、教师权威。家长视教师为权威，认为自己缺乏教育能力，配合不了老师的工作，所以还不如让有专业知识的教师在学校教育子女，而自己只承担抚养的责任。二是对学校教育不满，与学校及教师的冲突激化。家长与教师在共同面对残疾儿童的服务问题时，由于彼此在教育、经验背景、责任及价值观上的不同，极可能在对孩子的服务观点和相互对待的态度上出现冲突。

二、残疾子女的家庭教育措施

（一）改变落后的教育观念

树立正确的教育观、人才观和亲子观。残疾儿童有与健全儿童平等的教育权，特殊儿童虽然有缺陷但也有他们的潜能，通过教育也能促进其潜能的发展。家长对孩子的未来既要有设想，又不要有幻想，应根据时代发展的需要以及残疾儿童自身存在的潜力来适当地调整自己的观念，把孩子培养成残而不废的人。

残疾儿童的独特的教育需求，对家长而言构成了特别的冲击与挑战。在这种重大冲击下，与其说家长对残疾儿童是漠不关心，还不如说他们是力不从心。在教养过程中经历的多次挫折会使家长的教养方式向负面发展，而这种负面的教养方式又会给特殊儿童带来消极影响。家长应调整自己的心理状态，减轻恐惧感、自卑感和内疚感，纠正由此引发的一些不当的亲子观。

走出阴霾，接受现实。据了解，目前全国约有 0 ～ 14 周岁的残疾儿童178 万，而且这一数字还在以每年千分之六的速度递增。无论是先天残疾还是后天因病或事故致残，一旦孩子残疾，都会使父母在精神上受到严重的打击。因此，对残疾儿童家庭教育的第一步应该是坦然接受孩子残疾的现实，对其未来进行理性定位。

家长要以健康的心态对待自己的孩子。既不能悲观失望、自暴自弃，又不能溺爱迁就、百依百顺，更不能歧视嫌弃、任其发展。家长要树立信心，以乐观科学的态度正视现实，残疾儿童的家庭教育是可以成功的。

寻求帮助，家校联教。无论是去特殊学校就读还是跟班就读，都应积极主动地与学校沟通，配合学校有针对性地为孩子制订教学计划，包括文化知识、思想教育、生活技能、康复矫正等，选择适合的课程和多层次的教育内容，选配多样化的教育方法，进行多种形式的评价，促使孩子在适宜的环境中获得最佳的发展。

（二）要遵循的教育原则

科学性。坚持科学性原则就是要求家长善于抓住合理的教育时机，采用恰当的教育方法，进行目的明确的教育。要以民主、平等、相互理解、尊老爱幼、互相帮助的新型家庭理论观念，为科学育人提供一个良好的氛围。家长要正确地看待残疾孩子，既不能认为残而无用，不管不教，也不能过于娇惯、溺爱。家长要提高素质，据有关调查表明：家长文化水平与家庭教育水平成正比例。

针对性。结合每个孩子存在的主要问题，一段时期一个重点地进行教育。如对刚入学的孩子进行规范作息时间、按时起床、上学、生活自理的教育，帮助孩子形成有规律的生活，指导孩子纠正不良习惯。

可接受性。家长在教育过程中，要使教育内容和形式易于被孩子接受，使他们听得懂、想得通、动感情。如果家长脱离了实际，空头说教或要求过高，家庭教育就毫无效果。在实施可接受性原则时，家长要渗透自己的感情色彩，适当强化，使家长与孩子的情感融为一体；家长还要尽可能地利用孩子喜欢表扬这一特点，多表扬，少批评，以正面教育为主，反面教育为辅。看到自己的孩子有点进步，就适当表扬，及时鼓励，强化教育效果。

直观性。在对他们进行教育时，应尽量采取直观的教育方法。如帮助父母做家务，参加小型公益劳动，看有教育意义的电视、电影、走访亲戚等，进行直观教育，使孩子易于对事物理解和接受，教育效果自然会有显著提高。在施行直观性原则时，要对学生的观察、模仿加以引导，家长要做"去粗取精，去伪存真"的工作，教会孩子对自己所观察的一切"加工处理"，吸收积极的东西，抛弃消极的东西。

（三）采用科学的教育方法

培养适应能力。残疾儿童要想在学校接受教育及在社会上独立地生存，适应能力是个基础条件。虽然适应能力的范围很广，不过对残疾儿童而言，其重心仍是以生活自理为主。在生活自理方面的能力如饮食、穿衣、如厕、个人卫生等，一般都在家庭生活中反映出来，也比较适合以家庭为本位进行训练。残疾儿童家长要从孩子的实际需要出发，不要过于低估孩子的能力，要放手让孩子做力所能及的事情，让孩子在尝试错误中获得新的生活技能，将对孩子的支持降到最低。

从实际出发。根据不同孩子的残疾程度和接受能力，采取不同的教育方法，直观、形象、通俗易懂。如学儿歌、看图片、讲故事、做游戏等方式，寓教育于生动活泼的实践中，激发孩子的兴趣，体验成功的喜悦，明白道理学会做事。

母亲要提高素养。（1）多读书学习。母亲是孩子的第一任老师，母亲的教育对孩子的学习、生活的习惯、态度养成及一生的发展产生深远的影响。因此，作为残疾儿童母亲要多读书学习，全面提升素养，营造良好的家庭教育氛围，努力使残障儿童的个性和各方面才能都能在其天赋允许的范围内尽可能得到充分的发挥。

（2）**多参加培训**。全国各地有许多针对残疾儿童母亲的培训活动，一定要积极参与，以提升自己的素养。

（3）**多实践**。要学以致用，并在实践中丰富和发展学来的理论知识。

参与学校教育。（1）**交流合作**。家长和教师都有着让残疾孩子受到良好教育的愿望，这就有了合作的基础。家长可通过按时出席家长会，积极参加和协助学校的有关活动，或通过书信、电话、面谈等，经常跟教师交流有关孩子的情况，向教师提供有关孩子的个性、成长史、孩子在家的表现、孩子对学校和教师的看法、对孩子的期望等信息以供教师参考。家长还可以向教师了解孩子在校的学习情况、行为表现、班级的教学计划和活动安排以及如何克服在教育孩子时遇到的困难等。

（2）**目标一致**。通过这种双向沟通，使学校教师和家长的目标有连续性和一致性。残疾儿童的课程开发和教学安排，家长也要积极和学校合作，和学校共同制定出最适合自己孩子的课程。

注重心理教育。（1）**尊重亲近孩子**。残疾儿童更敏感，心灵更脆弱，他们渴望别人能尊重自己、保护自己、理解自己，所以家长作为最亲的人，必须倾注更多的关爱。父母应尊重、亲近孩子，多给予平等参加家庭生活的机会和权利。如：一起说话交流，参与家庭事务，做力所能及的家务劳动，外出社交活动，等等。

（2）**关爱但不能溺爱**。不能包办代替孩子做一些力所能及的事情，即使有一定的困难，也一定要让他亲自去尝试，只有自己动手，才能从中获得成功的喜悦，增强自我成就感。

（3）**多鼓励、交流谈心**。对于残疾孩子，很多家长重视孩子的身体健康大于心理健康，导致孩子身体强壮却性格卑弱。如果心理得不到及时的疏导，孩子就会变得自闭孤僻悲观厌世。所以家长应该适时多鼓励孩子，多跟孩子交流谈心，和他们一起分享成长的快乐与痛苦。家长应为孩子营造快乐、互助、和谐的家庭氛围，在孩子面前，家长对待事情要保持不惧艰难、乐观的心态，给孩子树立榜样。

（4）**身教重于言教**。在残疾儿童的成长中，身体力行地去做，比一味地说教更能教化孩子、引导孩子健康成长。春风化雨，润物无声，残疾的孩子是不幸的，而帮助他们战胜不幸、走向幸福的最关键的人就是他们的父母。

（5）**参加专门团体**。残疾家长是对社会支持系统要求最强烈的一个群体，他们总是希望在社会支持下，他们的孩子能接受最适合的教育。但是全部依靠社会并不能满足对残疾儿童教育的所有需求，家长应依靠自己的力量组成专门团体，并力图将个人问题转化成社会所关切的议题，以便改进现有的服务设施，促使残疾儿童的特殊需求得到适当的满足。在团体中，残疾儿童家长除了代表一股有效的推动力量外，他们彼此间还可以交流经验，互诉心情，获得感情的共鸣，借以化解家长的心理压力。在共性家长的相互交流中，家长们可以倾诉苦恼，互相提供资讯，以便充分地利用社会上的教育、医疗、就业及福利服务，并有助于特殊教育整体素质的提高，唤醒社会大众对特殊教育的注意。

（6）**以身作则，为孩子树立榜样**。家庭教育的过程，是父母用品德、知识、情感以及良好的生活习惯长期给孩子以熏陶的过程，往往从孩子身上能体现出家长的为人。对于残疾儿童来说这一点尤为重要，根据"缺陷补偿"原理，当身体的某一器官受损时，其他器官会得到充分的发展以补偿缺陷的不足。比如有听力障碍的孩子，由于丧失听力，他们的视觉功能会得到充分的锻炼，有很多听障人士，他们的观察力很强，有的听障人士甚至看人的口型理解别人说的话分毫不差，模仿能力也极强；再比如有视力障碍的孩子，由于视觉损失使他们的听觉得到了长足发展，他们能在众多的人当中辨别出每一个人的声音和脚步声，对声音极其敏感等等。由于残疾儿童与父母之间的交流存在着一定的障碍，他们学习的过程更多的来自于模仿、听或看等，这就对家长提出了更高的要求。做家长首先要努力提高自身的素质，塑造好自己的形象，处处为孩子作出好的榜样，家庭成员之间和睦相处，民主平等，互相尊重、体贴，充满和谐的气氛，尊重孩子的兴趣爱好，耐心地与孩子沟通，倾听他们的心声，做他们的朋友，从小培养残疾孩子自尊、自信、自立、自强的优良品质。

不要说残疾孩子没有希望，更不要说残疾孩子没有未来。张海迪、周婷婷、桑兰、海伦·凯勒等，他们身虽残，却过着有意义、丰富多彩的生活，用坚强的意志书写着自己辉煌的人生，向世人证明了残疾人并非废人。他们就是我们教育孩子的好榜样。

残疾儿童的家庭教育是一门学问，更是一门艺术。为了残疾孩子的明天，我们应该抱着对国家负责，对社会负责，对子女负责的态度，同学校紧密配合，共同来完成教育培养孩子的光荣任务，力争把残疾孩子培养成"残而不废"的社会有用之人。

（四）需要注意几个问题

要注意明确家庭教育方向。在社会主义建设的今天，面对改革开放的大潮、人才竞争的新形势，要使残疾儿童立足于社会，适应社会发展需要，就必须把教孩子学有"一技之长"和培养孩子的自强自立意识、竞争意识、互助合作意识作为家庭教育的主方向。

要注意培养良好的意志品质。要做残而不废、自食其力的劳动者，首先要成为意志坚强的人，要重视孩子意志品质的培养和磨炼，让他们体会困难和挫折。其次要给他们以自信、勇气和力量，因为只有对自己充满信心的人才敢于对人生险境进行挑战；只有满怀希望的人，才能克服任何困难。

要注意发挥榜样作用。家庭对于父母来说，先是自我教育。榜样对弱智儿童的成长起着重要作用，家长的一举一动，他们都看在眼里，记在心上，由于他们缺乏抽象思维，对他人的举止缺少辨别，见好学好，见坏学坏。因此，父母要以身作则，养成良好的习惯和公德，提高自我的文化素养，为孩子做个好榜样，使孩子"近朱者赤"，长知识，明事理。

　　要注意做到相互尊重。父母尊重孩子，是尊重他们的独立意愿和个性，是消除他们因残疾而产生自卑心理的最佳途径。当你交给孩子一件事情时，要表现出充分的信任感，相信他可以很好地完成。对于每一件有影响的事情，不仅做父母的要带头这样做，而且要教育其他子女甚至要求亲属、邻里配合这样做。目的是造成父母与子女、残疾儿童与兄妹之间的民主气氛，这样，在孩子心灵中就会产生一种平等的感觉，体会到家庭的温暖。

　　要注意家校教育的一致性。学校和家庭作为孩子生活、学习的两个主要环境，教育效果在一定程度上取决于学校与家庭的一致性。现代教育越来越重视家校的配合，这就要求家长和学校经常联系，及时交换学生的情况，共同发现孩子的优点和缺点。在强化优点改正缺点的教育中，家校保持一致，使家庭教育成为学校教育有益的、必要的补充，最大限度地发挥家庭教育的作用。

第七编

特殊，普通的榜样

第一章 留守儿童的家庭教育

我们背井离乡外出打工的目的是什么？是为了养家糊口，使我们的下一代过上好日子，家里的孩子学坏了，我们赚多少钱又有什么用！养而不教，父母之过啊！

——题记

第一节 留守儿童的现实问题

留守儿童，是指父母双方或一方外出到外地打工，而自己留在农村生活的孩子们。他们一般与自己的父亲或母亲中的一人，或与隔辈亲人，甚至父母亲的其他亲戚、朋友一起生活。

农村留守儿童现象产生的原因是多方面的。家庭的贫困，使孩子的父母不得不走出农村到城市务工；不同区域的经济发展不平衡，农村人地矛盾尖锐，大量农村剩余劳动力为改变生存状况外出务工……到他乡去务工，因积分入学政策、户籍制度等原因无法将子女带在身边；父母在国外打工，因精力和时间问题，将孩子送回国内等等。

根据《中国 2010 年第六次人口普查资料》中抽取的 126 万人口样本推算出：全国有 6102.55 万农村留守儿童（相当于英国人口的总和），全国每五个孩子中，就有一个农村留守儿童；城乡流动儿童规模则达到 3581 万。

农村留守儿童问题已经成为不可忽视的社会问题。

"留守儿童"的现实问题概括说，是缺少父母的爱，在对他们的管教上很容易出现"三多"和"六缺"问题：隔代监护多溺爱、寄养监护多偏爱、无人监护多失爱；安全缺保护、亲情缺抚慰、心理缺疏导、生活缺照应、行为缺管教、学习缺辅导。由于孩子们本身贪玩，缺乏自律意识，相当多的孩子在人格形成过程中出现了缺陷，尤其心理问题十分突出。具体说有如下几个方面。

一、监护问题

根据留守儿童在家里的情况，再结合监护人与留守儿童的亲疏关系，将监护类型分为单亲监护、隔代监护、亲戚朋友监护、同辈监护、自我监护。在监护方式上，单亲监护和隔代监护所占比重较大，亲戚朋友监护次之。由于监护人身份及他们在留守儿童心目中的地位不同，对留守儿童产生的影响也不尽相同。

（一）单亲监护

母亲单方监护。受城乡差别影响，母亲改变生活面貌的愿望异常强烈，但条件所限只能将欲望转嫁到孩子身上。孩子在家除读书学习外什么事都不让做，在校学习成绩必须名列前茅。部分孩子尽了最大努力仍与母亲的要求相差甚远，结果孩子学习自信受到打击，致使学习兴趣下降，影响认知能力的发展。

受重男轻女思想的影响，母亲受教育程度一般不及父亲，对孩子学习辅导的技能有限，加之农活负担重，时常心烦气躁，极易冲动，缺乏耐心，对教育中出现的问题不能冷静思考，常常大声呵斥甚至体罚孩子，造成亲子关系紧张。这些孩子大多表现出恐惧不安、胆小、自卑等特点。有的孩子的逆反心理越来越严重，逐渐养成偷懒、撒谎、逃学的毛病。

父亲单方监护。虽然父亲对孩子学习的辅导能力强于母亲，但父亲行为方式简单粗暴。对孩子的生活不能悉心照料，对饮食健康、生活卫生及学习监督也并不乐观。父亲和孩子的交流沟通太少，对留守儿童的生理、心理产生很大的影响，进而影响其人际交往的能力，导致行为偏差。父亲单方监护的不足有：在生理问题上，碍于伦理，羞于启齿；在人际关系上，以自我为中心，专横独断，只教育子女怎么做，而不帮助子女分析为什么要这样做；在志向上，简单归结为现在好好学，将来上大学，才有出路。

（二）隔代监护

隔代监护指的是由爷爷、奶奶或外公、外婆，对"留守儿童"的监护。这种隔代监护比较多，且外出的父母比较放心。但这种方式在儿童成长过程中，却有着难以克服的问题。

多采用溺爱的管教方式。由于血缘、亲缘关系，监护者多采用此种方式。较多地给予物质、生活上的满足和过多的宽容放任，而较少给予精神、道德上的管束和引导。

"代沟"明显。祖孙辈年龄差距大，观念不一样，对待许多事物的看法往往存在很大的差异，难以相互沟通。一般来说，祖辈们往往以他们自己成长的经历来教育要求孙子辈，思想观念保守，教育方法简单。孩子见识广，喜欢赶新潮，寻求刺激和创新，做事不拘一格等，老人的观念和教育方法很难为孙辈接受。另外，老人年岁大，精力不济，健康状况欠佳，再加上有的老人监护几个"留守儿童"，力不从心。

一份农村留守儿童状况调查报告显示，在中小学留守儿童中，由爷爷奶奶或外公外婆抚养的约占45%。并且大多数留守儿童与父母很少见面，缺少沟通。他们无法享受父母的关注和呵护，在情感、心理、生活、学习乃至人格方面都容易出现诸多问题，甚至走上犯罪道路。

（三）上代监护

上代监护是指由父母的同辈人，如叔、伯、姑、姨、舅等亲戚或他人抚养的监护。

不敢严管。由于监护对象并非己子，监护人在教养过程中难免有所顾虑，不敢严格管教。这样，上代监护也大多属于物质型和放任型的管教方式，容易养成儿童任性的行为习惯。

寄人篱下。对于较为敏感的儿童来说，容易产生寄人篱下的感觉，从而形成怕事、孤僻、内向的性格。

（四）自我监护

自我监护是指把一个或几个孩子放在家里，自己监护自己或大孩监管小孩。

压力大。处于这种监护状态下的留守儿童压力最大，除了存在很大的安全隐患外，生活、心理和行为上都有很多问题。

遇事无依靠。一个小孩或几个小孩的生活，生病或遇到困难时在家里找不到帮助，内心非常孤独，自闭、叛逆、敌视感逐渐增强。

二、抚慰问题

（一）缺乏抚慰

父母长时间不回家，缺乏沟通。据西部某劳务输出大省在一县域内的调查显示：70%的父母年均回家不足3次，有的甚至几年才回家1次；近30%的留守儿童与父母通话、通信频率月均不足1次。

情感需求得不到满足。由于父母长期外出，留守儿童的情感需求得不到满足，遇到心理问题得不到正常疏导，这些极大地影响了其身心健康，形成人格扭曲的隐患，导致一部分儿童行为习惯较差，并且极易产生心理失衡、道德失范、行为失控甚至犯罪的倾向。南方沿海某省一项调查显示，19.6%的留守儿童觉得自己不如人，11.4%觉得自己受歧视，9.5%有过被遗弃的感觉。

（二）疏于照顾

监护责任落实不到位。监护人缺乏防范意识，儿童防护能力弱，农村留守儿童容易受到意外伤害，甚至成为不法分子侵害的对象。

极易受侵害。公安部门的统计数据显示，被拐卖儿童群体中，第一位是流动儿童，第二位是留守儿童。女孩受到性侵害又不能及时得到父母帮助，极易酿成严重后果。

三、学习问题

（一）欠缺帮助和监管

无人过问。由于父母双方或一方不在身边，对留守儿童学习方面的帮助和监督大大减少，甚至完全减除了，使孩子在学习方面处于一种无人过问的状况。学好了，没人夸；学坏了，无人骂。渐渐使孩子对学习产生一种无所谓的态度。孩子的精力不放在学习上，自然就要在其他方面加以消耗，于是其行为开始出现偏差，各种超越道德、规则的行为开始在孩子身上出现。

出格也不加管束。监护人本身对孩子亲情缺失状况的同情，在孩子行为稍有出格的时候也不会加以管束，使孩子在偏离健康发展轨道的方向上越走越远。缺乏管教引发行为失范甚至越轨，在留守儿童身上体现极为普遍。

无力辅导。由于这些孩子在留守期间是和年迈的祖父母、外祖父母或其他亲友生活在一起的，监护人文化水平低，没有能力辅导孩子的学习，重养轻教，致使孩子的学习得不到有效的督促和引导。大多数留守儿童在学习上自觉性差，纪律不强，没有良好的学习习惯，被动地学习，学习成绩较差。

（二）普遍厌学

对学习没有兴趣。大多数"留守儿童"的行为习惯较差，对学习没有兴趣，不愿参加活动，自卑心理严重，生活无聊而空虚。

对学习没有勇气和信心。小学低年级"留守儿童"中，胆小怕事、课堂不敢回答问题的占 75% 以上；高年级"留守儿童"中，由于对学习失去信心，开始沉迷于网络游戏之中。

成绩低下，辍学率高。据调查统计，80% 的留守儿童学习成绩处于中下等，40% 是差生。对学习没有兴趣、成绩低下，厌学、逃学甚至辍学现象时有发生。

四、生活问题

（一）家庭生活困难

外出打工是迫不得已。留守儿童的父母之所以抛下自己的孩子外出打工，是因为家庭务农的收入无法让自己的家庭过上稳定的生活，否则都会想方设法与孩子待在一起，所以生活困难是留守儿童家庭的普遍特征。

收入微薄。虽然他们出去打工可以挣到一些钱，但受其个人文化、技能等素质的限制，多数只能出苦力。其付出与收入相比依然是极不平衡的，有时因为制度等方面的缺陷，自己挣到的钱还不能及时拿到手，所以他们在家庭生活方面是极其节俭的。

艰难度日。父母离开后，留守儿童及其监护人节俭生活，吃好不奢求，吃饱就行。儿童时期正是长身体的时期，合理的饮食结构和营养搭配对孩子的成长十分重要。而农村留守儿童只能在极度节俭的状态下过着维持温饱的生活。这些儿童在生病的时候，往往没能力和条件去医院救治，只能采取一些简单的、传统的方法治疗，或者干脆硬"扛"。

（二）过早分担家庭重担

"老弱病残"的农业。中国的农业被称为"老弱病残"农业，优秀的劳动力大部分都离开乡村去城市打工了，老弱病残成了农业的主要劳动力。

过早务工。留守儿童在其稍有一点力气的时候，也不得不加入到劳动者的队伍中去，即使他们不去干那些高强度的体力活，也要承担各种家务劳动。过早地分担家庭负担对他们的健康成长的影响也极大。

五、心理问题

（一）主要问题

情绪问题。为经济条件和生活环境所迫，父母不得不外出打工，农村留守儿童过早地品尝到了生活的艰难。一方面，由于远离父母，缺少家庭温暖，寂寞无聊，留守儿童易产生心理躁动和抑郁问题。他们在情绪方面极不稳定，固执、孤僻、不合群、多疑、敏感，以致同周围的人关系紧张，甚至仇视一切。另一方面，复杂的社会和生活的压力，导致留守儿童过早地思考一些对他们而言太过沉重的人生问题，如我们为什么这么穷？怎样才能挣许多钱？在经历了生活的贫困、父母的离别和生活的改变等一系列过程后，孩子变得比同龄人敏感、早熟。

人际交往问题。留守儿童在人际交往上常常表现出一定的自我封闭性，部分孩子在父母外出后有严重的失落心理，在一段时间里不爱交谈，不愿和别人交往，性格内向、抑郁。即使有隔代监护或代理监护，但由于长期缺少自己父母的关爱，留守儿童有心事无处倾诉，很容易造成精神或人格障碍。没有父母的关爱，他们自惭形秽，怕被他人看不起，不愿参加集体活动，把自己严实地封闭起来。他们缺乏交往又会导致心理失衡，这种失衡往往会以两种形式表现出来：一是封闭自己，以伤感的心态来看待外部世界和他人，尤以女生为多；二是过度宣泄内心的不满，多表现为寻衅心态，严重地干扰或破坏了人际关系，以男生为多。

自卑心理。自卑感一旦形成，就会以一种负向情绪体验存在。内向的儿童易形成自卑、孤僻等性格。和正常儿童相比，留守儿童没有父母的贴身呵护，长期得不到父母的关爱，会有被遗弃之感。久而久之，他们会产生自卑心理，有的甚至自暴自弃，丧失信心，学习上降低要求，上进心不强。有些儿童甚至觉得是因为自己的缘故，父母才离家外出，结果陷入深深的自责之中，导致极度自卑。面对生活和学习上的问题和困难，他们没有求助的对象，不像其他正常儿童那样有父母的指导，只能依靠自己解决；出现错误和问题后，他们又后悔不已，缺乏自信心。

逆反心理和怨恨心理。留守儿童的内心世界中有自己独特的体验和感受。当他们感到压抑难平而又无法宣泄时，往往以负向的方式表达出来，如任性、冷淡、内向和孤僻，而且逆反。他们总感到别人在欺负自己，总是计较小事，与人交流时充满警惕甚至敌意，对待老师的批评容易采取逃学甚至出走等过激行为。留守儿童逆反心理其实代表了一种情绪，也代表了一种无奈的反抗。

还有少数儿童认为家里穷，父母无能耐，才会出去打工挣钱，对父母打工不理解，由此产生怨恨情绪。有的孩子在父母回家后疏远父母，产生情感隔膜，甚至埋怨父母的无情。

留守儿童的心理问题不仅影响其心理健康，也容易导致违法犯罪行为，影响社会的安全和稳定。据调查，全国未成年人受侵害及自身犯罪的案例大多数在农村，其中大多数又是留守儿童。80%的农村留守儿童存在或轻或重的心理障碍。另外，超过半数的父母明显感觉到孩子留守后变得沉默、孤僻；三成的父母知道孩子交了不良朋友，经常惹是生非。

（二）产生原因

家庭教育的缺位，亲情关爱的缺失。家庭没有称职的监护人是留守儿童面临的最大潜在危机。家庭教育对孩子有直接、持久和潜移默化的作用，而留守儿童的家庭教育几乎是空白。临时监护人由于体力、素质、责任心等原因，大多局限于让孩子吃饱穿暖之类的浅层关怀，无法尽到对孩子的教育责任。

处于成长阶段的青少年，自律能力较弱。由于留守儿童长期生活在放任自流的环境里，缺乏及时有效的约束管教，部分儿童出现行为偏差。

亲情缺乏是留守儿童成长中最严重、最现实的问题。亲情缺失使他们在心理上存在阴影，容易出现性格缺陷和心理危机。有关调查显示，父母均在家的非留守儿童在人际交往能力和自信心方面显著高于单亲外出的留守儿童，而单亲外出的留守儿童又显著高于双亲外出的留守儿童；且父母在外打工时间越长，孩子的心理问题越严重。

学校的不当评价、教师的不当教育。学校的"分数"评价，教师的不当教育导致留守儿童心理问题的产生。传统的教育，学生的成绩好坏或听不听话，是直接影响教师学生观的主导因素。而学习成绩差的学生，大多数是留守儿童，他们无论如何都不会引起教师的重视和信任，于是就会抑郁悲观，往往以"不好""更不听话"的方式与教师对抗。而他们的逆反又会激起教师对这部分学生的厌弃，这样的恶性循环导致师生关系恶化，有的教师甚至采取挖苦讽刺的方式，给这部分"留守儿童"带来更大的心理压力。

学校心理健康教育缺位，造成留守儿童的心理抵抗能力降低。学校没有针对留守儿童心理健康问题进行特殊教育，更少有切实有效的行动。学校对这些儿童独特的心理需求的忽视，使这些留守儿童的性格和心理存在的诸多问题，未能得到及时有效的教育干预。

社会的不良环境、成人的不良影响。这是留守儿童产生心理问题的重大诱因。社会是一个大熔炉，对于人的成长起着不可忽视的作用。农村留守儿童由于社会教育的原因，存在的问题也十分严重，主要表现在社会上的不良场所对留守儿童的成长带来不利影响，如黑网吧等；成年人的不良行为对留守儿童的成长也带来了不良影响，如赌博风盛行等。

安全感缺失造成的正常人格发展障碍。心理学研究表明，在儿童早期发展中，父母的爱、支持和鼓励容易使其建立起初始的信任感和安全感，而这种感觉的建立有助于儿童成人后与他人的顺利交往；相反，早期安全感和信任感的缺乏，会使儿童逐渐形成一种孤独、无助的性格，并有可能导致心理上的敌意和焦虑。留守儿童由于自己父母不在身边，没有依靠和坚强的保护，缺乏安全感，在生活中有了委屈也没有合适的倾诉对象。这种弱势地位导致留守儿童普遍存在孤僻、胆小等性格特点，容易出现不良人格特征。

第二节　留守儿童的家庭教育

一、留守儿童家庭教育存在的问题

（一）家长缺乏教育意识

家庭教育意识薄弱。由于父母平时难以回家，与子女缺少沟通，疏于管教，造成亲情淡漠，孩子缺乏安全感；有的父母教育方式方法不得当，存在用钱补偿感情的心理，认为把钱寄回家，孩子有吃有穿有玩就行了，尽量满足孩子的物质需求，事实上成了孩子学习、身心发展的旁观者；没有足够的时间和精力对孩子进行教育。

与学校联系少，家庭教育封闭。调查显示，学校与家长联系特别少，家长也不主动与学校沟通。一些家长认为："把孩子送进了学校就等于送进了'保险柜'，培养孩子属于学校应尽的责任。""能否成才全靠学校和孩子自己。"由此，在相互联系、相互制约的教育系统中，家庭教育与学校教育缺乏配合与协调，造成了家庭教育的缺失和封闭。

农民工知识水平偏低，家庭教育内容片面。家庭教育的质量与农民工的自身文化水平密切相关。一般说来，教育者的文化素质高，家庭教育就很容易搞好，否则，就非常困难。正因为农民工知识水平偏低，存在教育偏差，对子女的教育往往会出现重身体轻心理、重学习轻劳动等教育内容片面的现象。

（二）家庭条件对家庭教育的制约

家庭物质匮乏。农民工由于文化水平低，一般没有稳定的工作，劳动报酬普遍低。过低的收入使得儿童的学习环境没有好的保障。

家庭环境影响学习效果。由于留守儿童家庭环境的特殊性，父母不在孩子身边，有些孩子的学习自觉性比较差，而一些监护人像爷爷奶奶管不了孩子，使得孩子放任自流，导致学习成绩的落后。

家庭文化气氛不浓。由于父母不在孩子身边，没人监管孩子，不少村民经常聚集在家玩牌、打麻将、赌钱等，孩子经常跑去看，更不利于孩子的学习。

（三）家庭教育的困惑和难处

没能力辅导学习。农村留守孩子中，学习成绩优秀的占少数。大多数农村留守老人，很少监督管教孩子完成作业，也不关心孩子的学习情况；大多数农村留守儿童在家里很少学习，多数时间在玩耍或看电视。他们学习缺乏自觉性，抄袭作业或不完成作业的情况时有发生。由于成绩不好，就出现厌学、逃学情绪。面对这种状况，监护人也无可奈何。

不懂关心心理健康。许多农村留守儿童在父母离家后变得心情抑郁，其中有极少数留守儿童不服从祖辈的管教，甚至产生叛逆情绪，性格也变得暴躁，易冲动。在调查中发现，大多数祖辈采用温饱式教育，重视孩子吃得好、吃得饱，而不了解孩子的心理。

研究表明，亲子沟通是儿童智力和人格发展不可缺少的因素。在儿童时期，如果长期得不到足够的言语刺激，缺乏人际交流，儿童的心理就会出现问题，人格发展也会出现障碍。所以，农村留守儿童长期与祖辈生活，缺乏父母关爱，生活单调枯燥，对儿童的早期人格发展将会产生不良影响。

教育方式不科学。受传统观念的影响以及自身知识水平的限制，农民工对子女的教育往往采用以下几种不合理的方式：溺爱、专制、惩罚、放任等兼而有之。这几方面的家庭教育方式都不利于孩子的成长，甚至可能导致子女出现各种心理问题和人格障碍。

农村留守儿童中，有少数孩子的道德品质和行为规范常会出现危机，如打架斗殴、小偷小摸等，年纪大的留守儿童甚至会流入社会不良群体。这些现象和家长管理、教育缺失有关系。农村老人的监护，一方面缺乏现代家庭教育的知识，另一方面也担心自己的儿女有想法，生怕吃力不讨好遭埋怨。

现代孩子的消费观产生偏移。当今农民生活条件有很大的改善，部分外出打工者平时对子女的伦理道德教育、法制教育关注得比较少，内心又有一种负疚感。于是，一些父母便对孩子以纯物质方式进行补偿。随着留守儿童拥有的金钱数额增加，花费相对自由，读书无用论的念头便在一部分儿童心中滋生，这些孩子很少将零用钱用在购买学习用品上，而是将钱花在网络游戏上。有少数孩子把零花钱累积起来摆阔请客，把爸爸妈妈给的钱提前花完，然后就向爷爷奶奶要下个月的。孩子的消费观产生偏移，而老人又往往难以管教。

照顾孙辈，精力和财力上有压力。祖辈在回答"你是否乐意照管孩子"的问题时，回答"不乐意，没办法"的是大多数。对孙辈的监护，是祖辈们迫不得已的选择。一方面年岁大了，没有精力和财力照顾孩子；但另一方面，孩子是家中的希望，作为祖辈也盼望自己的后代能够健康成长。在这样的双重考虑之下，祖辈最终还是选择照顾孩子。可是随着孩子的成长，祖辈们发现，自己照顾起孩子已越来越吃力了。

二、留守儿童家庭教育的基本策略

（一）讲究与留守儿童的沟通方法

父母与子女的沟通要经常。长期在外务工的父母和子女的沟通往往是通过电话或书信的形式，而电话的快捷成了亲子间沟通与联系之首选。大多数父母半个月左右才给孩子打一次电话；少数是到了期中或期末考试时，来个电话问问成绩了事。要改变亲子之间的这种沟通与交流的方法，要注意时间上不能相距太久，原则上最好做到每个星期至少交流联系一次。

父母与子女的沟通形式要多样。春节期间返家，父母由于普遍存在"补偿心理"，因而带给孩子大多是吃的、穿的、玩的以及慷慨的压岁钱等物质的东西，较少有如书籍、学习用品及心理上的亲子沟通等精神食粮。

在沟通方式上，除了电话联系外，还可以用微信、网络视频等方式和孩子保持互动；时常邮寄些书信或小礼物，这是一种信物和关怀，通话和网络交流替代不了。父母多给孩子写信是向孩子传递爱的比较好的方式，既能赢得双方的理解和信任，又能锻炼孩子的写作能力。父母在外辛苦打拼是为了孩子，但孩子却不理解家长的苦心；而孩子也很委屈，说父母不理解他们。问题并不出在爱上，出在孩子是否接收到了你的爱。文字具有不可替代性，能给人以想象力，还能保存反复阅读，亲情需要爱的刺激。

父母在外出打工之前，最好巧妙地安排一次或几次非正式的"告别仪式"。通过这些让孩子感受到做父母的心酸和痛苦，让孩子一起分担家庭的责任。

父母与子女的沟通内容要有利于身心健康。在沟通内容上，不能只谈生活，应该全面了解其心理、身体、学习等方面的综合情况，让孩子感受到父母的关爱，尽可能地减少孩子离开父母的孤独感和无助感，这样有利于其身心健康。

留守儿童因为长期和父母分隔两地，容易生疏，常常发生孩子不愿意接父母电话的情况，或者孩子没有什么话可以跟父母说。对此，留守儿童的父母给孩子打电话应该讲技巧，不能老是问"表现怎么样""乖不乖啊"之类的话，应找一些孩子能听懂、能回答出来的话，这就需要留意生活中的细节。不同年龄的孩子关注的重点不一样，6～12岁的孩子，注意建立同伴关系，这个时候，家长可以多问一些孩子周围的情况，比如跟孩子说说他们的同学、朋友的情况。如果真的没什么可问，也可以对孩子说："你有什么话想跟爸爸妈妈说？"通过反问的方式把孩子的话引出来。对12岁以上的孩子，其自我意识开始增强，这时候大人就可以多问一些跟孩子自身有关的话题。

监护人及父母要多与老师沟通。留守儿童的祖父母或外祖父母等监护人不要溺爱孩子，多跟孩子交流，有时可能会因代沟而不便，可以多去学校问问老师，把孙子在家的异常告诉老师，求得他们的帮助，并问问他们自己该怎么做。

父母也应多与老师保持联系，了解孩子在学校的生活和学习情况，请教教育孩子的方式、方法，积极配合学校的教学活动，使家庭教育达到最佳的效果。

监护人千万不可把教育留守儿童的责任全部推给老师，因为老师面对几十个甚至是几百个的学生，很难对每一个学生都管理到位。监护人必须明确自己和学校老师的责任，在孩子的教育中监护人起主要作用，老师起的是辅助作用。双方必须互相协作，互相支持，共同为孩子的健康成长努力工作。

监护人还必须密切注意孩子们在社区（校外）的活动，关注社区文化对孩子的影响，适时进行监控和教育。

建立一个能够及时沟通的"系统"。留守儿童遇到困难，而父母又鞭长莫及的情况下，怎么办？父母要帮助孩子确定一个能够及时帮助解决问题的"联络人员"，并明确告知孩子有什么问题该去找谁，也要告知相关人员要照顾自己的孩子。这些人员可以是爷爷、奶奶、亲戚朋友、老师、同学、街坊邻居、警察、村干部等。孩子遇到困难时，可启用"系统支持"，给孩子快速提供帮助。

（二）慎重抉择是否外出打工和照看孩子的监护人

慎重抉择是否外出打工。父母外出打工要"三思而后行"，要重视孩子教育和成长问题，要兼顾孩子的现实需要和未来的发展。既要为孩子的未来着想，也要尽可能满足孩子的现实需要。金钱固然重要，但不能以牺牲孩子的成长为代价。

慎重抉择照看孩子的监护人。父母双方要权衡双方外出务工对子女的利弊得失。要转变观念，深刻认识家庭教育对孩子的重要性，要把孩子的教育放在优先发展的地位，确保孩子健康成长。尽量避免双方外出，要留一方在家中监护孩子，这样不至于形成"空巢"家庭，对孩子身心产生很大影响。如果条件实在不允许，父母双方都外出务工，要尽可能带孩子在打工地接受义务教育。带不了孩子，一定要选择能够负起责任的"监护人员"，并经常保持联系。"代理爸爸妈妈"应当既可以辅导孩子学习，又能够培养孩子良好的行为习惯，对孩子进行思想道德教育。

（三）留守儿童家庭教育的几个关键性问题

父母必须承担教子之责。作为家长，虽然与孩子分居两地，但必须承担抚养、管理和教育子女的责任，不能推卸。委托监护人监护孩子只是暂时的，不是永久的；委托监护人代理，不是全面移交父母的监护责任，不能把监护的责任一股脑儿推给临时监护人。

留守儿童的家长，大多数文化程度不高，不要以为教育孩子是学校的事，家长只要给钱给物当好"后勤部长"就可以了，至于读书是学校和老师及儿童自己的事情，家长没有什么责任。要树立"子不教，父之过"的教育责任观，明确教育子女是自己的应尽之责，家长自身文化水平的高低并不影响对子女的教育。即使在外地务工，也要把教育孩子的那份责任承担起来，与学校、社会形成合力，把教育孩子的工作做好。应主动与子女的任课老师、班主任联系，加强沟通。向老师说明自己的情况，了解子女的发展变化，共同商讨教育孩子的策略和方法。家长还应加强与"监护人"联系及亲子间的沟通；及时掌握孩子的学业、品行及身体健康状况，并通过各种方式对孩子的学习和生活进行指导；要求"监护人"一定要保证孩子充分的学习时间，一定要嘱咐其对孩子严格要求，加强生活和学业的监护。

提高自身素质，科学施教。首先无论是家长，还是在家的监护人都有必要读一些关于留守儿童家庭教育的书籍，用理论来武装自己的头脑，用科学的方法来进行家庭教育。适当变革教育的方式方法，凡事晓之以理，动之以情，导之以行，持之以恒。表扬是必要的，批评作为对表扬的一种补充也是必要的，惩罚也不可少，但要适当，要讲究方式。对孩子要以正面教育为主，反面教育只能作为正面教育的一种补充。

其次是学习一些现代的科学文化知识，利用闲暇时间多看书，给自己充电，甚至和孩子一起学习课程。一方面是"身教重于言教"，实际行动远远胜于口头说教；一方面又可以有效辅导孩子，与孩子共同进步。

给孩子们一个宽松的心理环境。处于宽松的心理成长环境，孩子能够随时把成长的烦恼告诉监护人，监护人便于及时掌握他们的思想动态，进而对他们进行及时有效的点拨。孩子撒谎往往是因为害怕，害怕被大人教训，害怕承担责任，害怕得不到大人或别的其他人的理解。只有解除了他们的害怕心理，让他们不再害怕我们，我们才能走进他们的内心世界，才能了解他们的真实想法，才可能对他们实施卓有成效的教育。

给孩子们一个行之有效的行为规范。对孩子的教育和评价要切中教育目标，要让他们知其然，并知其所以然；要能让他们知道自己什么做对了，什么做错了，为什么，如果再做这种事情，该怎么做。这样做便于孩子从总体上把握自己，规范自己的行为。

监护人在明确了教育方向之后，教育应当着眼于眼前，从现在抓起，从点点滴滴的小事抓起。要让孩子从小"不以恶小而为之，不以善小而不为"，既要惩恶又要扬善，更要从小引导他们诚心向真向善向美。

培养孩子的自控意识。把培养孩子的自控意识作为管理孩子的重点和核心，在培养做人意识上下功夫。只有孩子有了自控意识，才会主动自觉地进行自我反省、自我完善和自我超越。我们对孩子们所作的各种限制其实目的只有一个，那就是培养孩子的自控意识和自控能力，让他们去开辟自己美好的未来，去实现他们应该实现的人生目标，并在这个过程中为人类作出属于他们自己的那份贡献。任何缺乏自控意识和自控能力的人最终都是管不住的，因为一切行为都不过是意识的奴隶。

在孩子的交往上下功夫。大人们对孩子的正面教育往往抵挡不住他们朋友的负面影响。因此必须注意他进入的那个群体的动向，千万不可让他们加入那种不健康的集体，比如暴力、诈骗、不正当娱乐等不务正业的团体，也要使他们远离那些不健康的地方，比如有些网吧等。近朱者赤，近墨者黑；物以类聚，人以群分。特别是那些早熟且有"早恋"倾向的孩子，要随时注意他们行为的变化，并及早从如何适应青春期的这个角度对他们进行正确引导，让他们从思想上真正认识到早恋、初恋可能给自己和他人带来的伤害。

第二章　单亲家庭子女的家庭教育

　　由劣势变优势，可成就孩子大业。据国外的心理学家统计，35％的诺贝尔奖获得者都出自单亲家庭，54％的美国总统和英国首相出自单亲家庭。我国历史上也有许多出自单亲家庭的伟大人物，如孔子、孟子、范仲淹、欧阳修、岳飞、康熙……

——题记

第一节　单亲家庭子女的教育问题及解决措施

　　单亲家庭有很多情况，离异、丧偶、婚姻之外的生育等都可以产生单亲家庭。在中国，单亲家庭的比例从 20 世纪 90 年代的 24.5％ 增加到 2000 年的 37.5％。进入 2000 年以后，中国离婚率以每年 200 万对的速度递增。也就是说，它将带来更多的单亲家庭。单亲家庭本身也分母亲和孩子生活的单亲妈妈家庭，爸爸与孩子一起生活的单亲爸爸家庭。单亲家庭子女教育主要问题可以概括为如下几个方面。

一、单亲家庭子女教育的主要问题

（一）父母责任问题

推卸责任。双方相互推卸，谁也不愿用心教育子女，或在子女的供养、教育等问题上意见不一致，经常争吵、相互打骂；或一方想承担家长的责任，但又力不从心，无能为力；或把孩子当成"出气筒"，稍不如意就谩骂斥责，甚至拳脚相加。结果造成了孩子成绩的下降和价值观的偏差，甚至误入歧途。

孩子被"放空"。离婚之后，又都组建了新的家庭，并且又在新家庭有了孩子，各自都有自己的事情要做，没时间也没精力管教原来的孩子，造成责任缺失，让孩子感到"孤立无援"。

（二）父母教育方法问题

过分溺爱。溺爱是很多家庭的通病，单亲家长表现往往更明显。他们总觉得夫妻离异了，很对不起孩子，因此，孩子有任何要求，无论精神上的还是物质上的，都无条件满足。孩子总能得到满足，他的抗挫折能力就无法得到锻炼，就容易形成孤僻、自傲、任性、自私等性格缺点。

情感暗示过多。很多单亲孩子的家长总是把孩子成长过程中出现的种种矛盾和问题都归咎于家庭的不完整，向孩子传递单亲家庭不正常的思想，使孩子也认为自己是不正常的。

暴力教育。暴力与虐待在单亲家庭中经常发生。由于人们受到传统思想文化的影响颇深，又加上有些家长的文化素养不高，认为他的孩子生来就是他自己的"私有财产"，如果不以自己的意志为准，就有权对其进行"管教"。况且有的家长生性就粗暴，略有不顺或不满，张口就骂，举手就打。不管是离异夫妻一方对老人还是对孩子施予的暴力和虐待，以及夫妻之间因离婚而进行的暴力和虐待，对孩子都存在着巨大的影响。生活在如此家庭中的子女，往往具有恐惧感、自卑感，脾气暴躁，自责，无自信心，意志消沉，自控能力差，以及忍耐力不强等心理特征。

"放羊"式的教育。 这种教育是当前一般家庭在学生教育上普遍存在的一大问题，单亲家庭也不例外。在单亲家庭里，孩子需要较多的关心和帮助，需要与父（母）亲有更多的接触，而且需要推心置腹地交心谈心。但是，由于父（母）亲整天工作繁忙，人际交往繁多，且以前由于父母共同完成的家务事现在全部压在一个人身上，加上有的家长离婚后对孩子厌恶，因而对孩子的教育无暇顾及，不得不实行"放羊"。对孩子的一切不管是在校内，还是在校外，是学习还是生活，以及与人的交往等方面都不闻不问，采取漠不关心的态度，放任自流。

孩子在其父母离婚时就已形成了"爸（妈）不要我了"的印象，如果对孩子不给予一定的关怀，那么，孩子又会产生"爸（妈）也不管我了"的想法。这种"放羊"式的教育给孩子造成了痛苦与创伤。孩子便觉得有家无家一个样，回家与不回家没有多大关系。如此管教方式，给学生离家出走创造了机会，给学生犯罪创设了条件。

期望值过高。 出于过分强烈的责任感，单亲父（母）亲往往把子女看作是自己精神的寄托和将来生活的依靠，对子女学习上的期望过高，要求严格。反复强调"你是我的唯一"，使子女潜意识里"我是单亲学生"的意识不断强化，造成他们精神负担过重，结果适得其反。

有些家长在子女学习成绩不如意的时候，常常抱怨、哭诉自己生活的不容易，"我这么辛苦供你读书，你却这么不争气"，甚至用暴力惩罚，本意是激发子女学习的动力，殊不知，这样做的后果却造成恶性循环，使单亲家庭子女学习更加困难。

（三）社会问题

不良社会现象的影响。社会上极少数坏人的教唆、一些不健康文艺作品、封建愚昧落后的社会现象，对于单亲家庭子女比一般家庭的子女更有吸引力。在他们孤独的心灵深处看来，社会上处处都有他们的"老师"，如电视机、录像机、游戏机等，比父亲或母亲以及老师具有更大的吸引力，有更大的影响和作用。

缺乏及时教育。社会上存在一些消极的东西，而学校、家庭又缺乏及时的教育，孩子就容易被这些消极的东西所影响和感染，从而对学习失去兴趣，抵触家庭、学校的正确教育，在学习、品行上越来越差。

（四）学校问题

应试教育的影响。教育行政部门、学校对教师工作的评价出现偏差，考试成绩的好坏直接与教师的名利挂钩，给教师造成了很大的压力。而教师又将这种压力迁移到学生身上，对部分单亲家庭子女不能一分为二，看不到他们身上的积极因素，对他们不能一视同仁。讲课不照顾水平，使他们失去信心，又得不到及时的关怀和帮助，反而使学生的缺点错误进一步发展，最终成为"双差生"。

家校教育脱节。有的教师动辄埋怨家长，使家长不愿接近老师，学校教育与家庭教育脱节，各行其是，互相之间不配合，削弱了教育的力量。

（五）子女自身问题

意志薄弱。单亲家庭子女心理由于受家庭影响，一般意志薄弱，缺乏毅力，害怕困难，不能用正确的观念战胜不合理的需求。

不良的行为习惯。在这些学生中，有许多人实际上仍知道怎样做是正确的，怎样做是错误的，但由于意志力薄弱，正确的观念不能占上风，所以往往会产生一些不良的行为习惯。这些不良习惯又往往会使学生在采取不良行动时产生方便、自然甚至舒适的情绪体验，因而又成为实现类似不良行为的内部动力，如抄作业、旷课、不做作业、沉迷游戏、偷东西等。这些习惯多次重复巩固以后，要想一时来转变，困难是比较大的。

学习不好，没有自信。单亲家庭的孩子如果出现了心理的问题，就会变得不自信，再加上有的孩子跟爷爷奶奶生活在一起，他们重点关注把孩子养大，很多人想让孩子学习好，可自己又辅导不了孩子，心有余而力不足，孩子内向、不爱跟人交流，学习成绩越来越差。

二、单亲家庭子女教育问题的解决措施

（一）单亲家庭教育子女的原则

正视现实。家长首先要调整好自己的心理，引导孩子对单亲家庭环境有一个正确客观的认识，敢于正视问题。对孩子不该长期隐瞒双方离异的事实。应该坦诚清楚地告诉孩子爸爸妈妈不能在一起生活了，但爸爸（妈妈）会定期来看你，并且告诉孩子爸爸妈妈都爱你。

离异的双方一定不要在孩子面前指责对方的不好，更不要给孩子灌输不正确的思想。这样做不但不能缓解自己心中的怨气，还会导致孩子产生敌对、仇恨的不良心理，对孩子的成长极为不利，毕竟这些思想首先伤害的是孩子。

单亲家长对子女教育过程，实质上也是家长自我教育的过程。要及时调整心态，克服"离婚不光彩"的传统观念，以新的姿态勇敢地融入社会生活中去。不应拒绝社会机构、单位、社区、咨询机构提供的帮助；可与其他相似家庭情况者交流；条件允许的，还可以加入类似单亲妈妈、单亲爸爸等组织机构。

重视需求。单亲家庭的孩子比健全家庭的孩子更需要亲情的温暖，他们需要别人的同情和理解，也需要有人在身边分享他们的喜悦。家长应当为孩子设置亲情气氛。例如：多让孩子和亲戚接触；当孩子生病时，让同学或亲

戚来探望；当孩子取得好成绩时，组织大家聚在一起为孩子庆祝，等等。

不要用经济来弥补精神需求，在此前提下要满足儿童必需的物质要求，即使经济条件较差，也应该尽量关心孩子的生活，尽量为孩子创造必要的物质生活条件，使他们的物质生活水平同一般的父母双全的家庭的儿童相差不大。如果稍微差些，也应该尽量向儿童说明道理，消除其自卑心理，使他们能正确对待。

多表扬少批评惩罚。单亲家庭的孩子比较容易产生自卑心理。家长应该在日常生活中多发现孩子的闪光点，多肯定、表扬、鼓励孩子，这样能够有效地打消孩子的自卑感，激发他们的自信心，也能让孩子觉得虽然自己的家庭和别人的不一样，但自己仍然可以做得很好。

在学习上，要正确认识分数与能力的关系、智商与情商的关系。摆正了素质与分数的关系，我们的奖惩才不会失当。奖励要注意物质与精神相结合，把握好奖励的时间、频率，对孩子取得的成绩要及时加以肯定。惩罚也要注意惩罚和责骂不可滥用，不可体罚孩子，要多用写检讨书等形式。

避免溺爱和迁就。虽然单亲家庭的孩子需要更多的亲情和鼓励，但如果家长一味地无原则迁就纵容孩子，不但不能帮助孩子走出阴影，反而让他们变得自私、任性，给他们的人格带来更多缺陷。单亲家庭的父母应该把家里的规矩和孩子讲清楚，并且给孩子解释为什么要有这些规矩。当孩子犯错时，首先询问清楚孩子为什么这么做，再耐心给他讲解他的做法带来的不好的地方是什么，切忌简单粗暴地打骂孩子。

无微不至的爱怜是一种沉重的心理包袱，也容易加深孩子对自己"与众不同"之处的关注。双亲俱全的家庭对自己孩子的照料多是恩威并举的，父母也不会过分小心谨慎，生怕伤及孩子的自尊心。这种爱，恰恰是单亲家庭所难具备的。因此单亲家长要检查自身的言谈与行为，对孩子不能过于关怀、过于体贴、过于照顾。

多参加活动。单亲家庭的孩子往往怕受到别人的歧视而不敢与人接触，从而在性格上变得孤僻。家长应该多鼓励孩子参加一些活动，可以参加各种夏令营、各种兴趣小组，如果之前很少有旅行，那么现在开始三个月、半年一次等等，让孩子有机会跟同龄人沟通交流。家长也可以跟孩子一起参加一些活动，既能够密切亲子关系，又能够使孩子的性格活泼。如果孩子参加比赛或者表演，家长最好抽出时间观看、给孩子加油鼓劲，培养孩子积极向上、乐观开朗的生活态度。

给孩子多一些机会和空间，有利于他们尽快成熟起来。如果因为是单亲就包办代替太多、唯恐苦了孩子，反而对孩子的成长不利。

注意性别教育。在家庭教育中，父亲和母亲的角色对子女的影响作用是不同的。父亲角色代表着独立性、自信心、社交能力、智力发展和设身处地为他人着想等方面；母亲角色则代表着抚爱、谦虚、举止规范、认真细致、严于律己等方面。而在子女心灵成长的过程中，两个角色都是需要的。单亲家庭所面对的难题是双亲应给子女的营养失偏了，特别是年龄小的孩子，由于家庭中只有一性的教育，往往缺少性别角色学习中直接模仿的榜样，这就容易造成孩子性格向极端方向发展。家长应该注意调动亲戚、朋友的性别资源，给孩子适宜的影响，让他们形成正确的性别观。

安排定期见面。不管离婚是谁造成的，既然已经成为事实就不要把这种伤害延续到孩子身上，毕竟他们是无辜的。孩子渴望有父母双方的疼爱，家庭不完整，但是爱不能缺失。安排时间定期让孩子和父亲或母亲见面，不但能够让孩子有安全感，而且能让孩子体会到父母双方的爱。

（二）单亲家庭教育子女的方法

夫妻共同制定教育孩子的方式方法。夫妻离婚是大人之间的事情，孩子是无辜的，所以无论你有多仇恨对方，也要压制怨恨，与对方制定一个共同教育孩子的方式方法。不要让孩子去仇视另一方，更不要断绝孩子与另一方的交往，孩子是否会受伤的关键在于父母婚后是否能以友善、谅解的态度共同爱孩子、教育孩子。所以，父母可以达成协议，家庭教育的缺失该如何弥补，如何配合学校教育等，明确各自的责任、权利和义务。双方都要尽量给孩子一个积极向上的面貌，这对孩子的精神状态会产生巨大的积极影响。

根据不同阶段的孩子对父母离婚的不同反应来实施教育策略。（1）**婴幼儿时期**。这个时期的孩子，虽然还不太会说话，但他们的心理还是非常敏感的，能觉察到周围人和环境的改变。因此对这个时期的孩子，大人的生活作息尽量不要有大的变动。如果非改变不可，也要循序渐进让他们慢慢适应，尽量避免大变动给他们带来困扰。

（2）**幼儿园时期**。这个年龄层的孩子，是想象力高度发展的时期。他们常常分不清哪些是真实的，哪些是想象的，所以往往会认为是由于自己不懂事惹父母生气，父母才离婚的，他们往往把责任归咎于自己而陷入深深的自责之中。对于这个时期的孩子，必须告诉他们，父母离婚是大人之间的事，与他们无关。

（3）**小学阶段**。这时是孩子最无法接受父母离异的年龄，所以他们受到的伤害也最大。他们此时不能像小时候那样用想象来安慰自己，还没能力驾驭自己焦虑、恐惧的情绪。尤其是当继母或继父或新的兄弟姐妹闯入家里时，他们更感到恐惧和担忧，唯恐失去大人的爱。这时大人要反复地告诉他，你永远是他的爸爸（妈妈），你会永远爱他。这时让他们有安全感，体会到温暖和爱是非常重要的。

（4）**中学阶段**。这时的孩子，已经能够明白事物的变化是正常的，但他们还是无法摆脱不良情绪的困扰。亲情的不完整，加上青春期的焦虑与困惑，会让他们陷入深深的苦恼之中，进而怨恨、仇视父母，恨他们怎么自私地抛弃了自己。所以对这个时期的孩子，父母最好齐心合力，制定一个科学的教育方法。切忌相互埋怨，在孩子心里埋下仇恨的种子。

重新建立同孩子的良好关系。要重视单亲家庭中父母同孩子间的关系，如果父母与孩子能保持一种良好的关系，孩子感受的压力就更小，孩子的攻击行为也相应更少。即使父母中只有一方与孩子保持良好关系，孩子依然有较好的表现。但如果孩子与父母双方的关系都不好，孩子就容易出现行为问题。建立同孩子的良好关系，家长应做好如下两件事。

首先，拿出专门的时间给孩子。每天至少挤出 20 分钟的时间，在这段时间里，不要对他加以是非评价，更不要批评孩子，也不要拿问题来考孩子，只是与孩子共享那段时光。你可以给孩子讲他们感兴趣的事、做游戏、开展一些共同爱好的活动。在合理的前提下，让孩子来决定这段时间的活动。无论你是开心顺利，还是度日艰难心情不佳，都要始终如一地贯彻下去。这是与孩子建立良好关系的基础。

其次，要让孩子感受到你的爱心。多数父母都在心里爱着他们的孩子，却没有很好地表达出来，没能让孩子很好地感受到。行动胜于言语，要用你独特的方式，用你孩子能理解的方式向孩子表达你对他的爱。同孩子的良好关系还包括爱、温暖、有效的交流、适当的约束、相互的尊重和关心、专门安排时间围绕孩子进行活动、相互都乐于彼此相处等。

培养孩子独立性。三人世界变成两人世界，家长更容易对孩子娇惯溺爱，总觉得对不起孩子，用更多的爱来满足孩子，作为补偿，对孩子关怀备至。在这种环境下成长起来的孩子，容易性格脆弱，依赖性强，缺乏主见，独立生活能力差。通常单亲家长会有一种负疚心，总想为子女多付出来补偿由于家庭缺憾而给孩子造成的某种损失或伤害。

家庭出现变故，使子女失去父母中的一方，过早体会到生活的艰难，但同时也给他们提供更多的锻炼自我的机会。单亲家长应该相信子女，把一些家务留给子女，甚至在条件允许的情况下，可以让单亲子女参加一定强度的工作。父母有意识锻炼他们的自强自立精神，使子女体验成功，增强生活的信心，也可以增进子女与父（母）的情感，增强子女的责任感。

帮助孩子处理好同学关系。孩子心理压力，很大程度来自学校，来自同学。一方面，家长要鼓励孩子在学校多交几个要好的小朋友，也可以介绍一些自己同事家的孩子或已有了解的孩子与自己的孩子结交朋友，经常一起学习，一起度周末。孩子的群体生活一旦正常，许多问题就迎刃而解了。

另一方面，如果有个别同学说了刺激性的话，家长不妨找那个同学聊一聊或者写一封信。还可找孩子的班主任反映一下情况，请班主任以适当的方式在班上讲清道理，造造舆论，正确地对待单亲家庭的孩子。

尊重孩子意愿，再婚莫牵强。对某些家庭来说，单亲只是一个过程。当父亲（母亲）打算再婚时，孩子能否接纳新的母亲或父亲往往是个难题。如果父母全然不理睬孩子的意见，家庭危机也就在所难免；反之，如果能耐心地引导，得到共鸣和信任，重建新家的问题也就会迎刃而解。

如再婚，不要期望更不要强迫孩子向你的第二任叫爸爸或妈妈。在孩子的心里，这是个难以接受的过程，有的孩子认为，如果再认一个父母，这是一种对亲生父母的背叛。是否叫爸爸或妈妈并不重要，重要的是真正像父子或母子一样相处，如果真正达到了这种程度，会水到渠成的。

培养孩子多方面的兴趣和爱好。单亲家庭的孩子，由于心灵受到创伤，往往心情忧郁，家长应想方设法改变他们的消极情绪。比较好的办法就是培养他们的各种兴趣或某种特长。如学乐器、唱歌、画图等，并鼓励他们不断努力，取得成绩。孩子在生活中有了兴趣和爱好，有了追求的目标，就会乐观，性格也会在活动中受到锻炼而日益坚强，从消极、悲观的情绪中走出来。

由劣势变优势，可成就孩子大业。据国外的心理学家统计，35%的诺贝尔奖获得者出自单亲家庭，54%的美国总统和英国首相出自单亲家庭。出自单亲家庭的名人确实很多，如政治人物希思、丘吉尔、拿破仑、萨科奇、彼得大帝、斯大林、曼德拉、华盛顿、林肯、克林顿、奥巴马……娱乐明星范晓萱、关之琳、刘若英、梁朝伟、梁咏琪、梅艳芳、徐怀钰、萧亚轩、张靓颖、张柏芝、张国荣、周杰伦、曾宝仪、张曼玉、周星驰……历史名人舜、孔子、孟子、秦始皇、卫青、霍去病、诸葛亮、范仲淹、欧阳修、岳飞、成吉思汗、朱元璋、康熙、孙中山、蒋介石……单亲家庭的孩子为什么能够成才呢？

首先，单亲家庭中，大人要加倍地为生计奔波，往往没有时间照顾孩子，孩子被迫要独立去面对许多事情，在这种情况下，有利于他们独立性格的养成，而独立性是成才的一个重要条件。

其次，单亲家庭一般都不太富有，孩子过早地承担生活的压力，俗话说"穷人的孩子早当家"，所以他们更成熟，更有责任感。

再次，单亲家庭中的孩子由于很早就从生活中体验到挫折和失败，所以更加坚韧、坚强，也能刻骨铭心地体会到"失败是成功之母"的道理，所以也更有百折不挠的毅力，这种品质是成功的重要保证。

第二节　单亲家庭子女的心理问题及解决措施

一、单亲家庭孩子的心理上的主要问题

（一）自闭

不堪其变。家庭的破裂，仿佛是"天降横祸"，对年幼的孩子来说，他们缺乏必要的心理准备，因而他们遭受的打击比父母更大。而且孩子比大人敏感、脆弱，他们还不具备自我调整心理的能力，一时还难以面对家庭破损的严酷现实，因而会感到无所适从、闷闷不乐。孩子也懂得比较，他们会拿自己的现在与过去比，感到自己处境已大不如前，拿自己与健全家庭的孩子比，自感不如别人家的孩子，因而滋生出自卑的心理，做事变得胆怯，缺

乏自信，缺乏进取和积极向上的精神。

无法释放。这些孩子由于被父母所疏远而产生抑郁情绪，不愿与人接触，对周围的人常有戒备、厌烦的心理，表现出神经过敏的症状。他们总怀疑别人会在背后议论自己家庭的缺损和父母的离异，认为别人都瞧不起自己，不愿向他人敞开自己的心扉，自我封闭，不愿外出活动，不愿与人打交道，表现出孤独、内向的性格特征。

（二）自卑

无能为力。由于之前一直生活在完整的家庭里，面对家庭的突然破裂，孩子无法接受眼前的现实，无法适应无父或无母的环境。孩子的心理没有成熟，他无法去体会父母的生活，无法理解父母的苦衷，幼小的心灵脆弱、敏感，没有自我调适的能力，一旦受到冲击，就会不知所措，无所适从。

失落。特别是看到同伴们与父母亲亲热热、幸福地玩耍嬉戏的时候，孩子最容易想到自己过去的生活。而现在是今非昔比，心中的悲伤、失落使得他们产生忧郁和自卑的心理，孩子们找不到自己的快乐，看不到自己的快乐在哪里，于是拒绝快乐，沉浸在忧虑、悲伤中。

误解。孩子这时最敏感，面对同伴们和社会的关怀，他们会过于在意，甚至产生误解，久而久之，他们将从人群之中脱离出来，进入自我封闭和孤独的空间，从而导致性格交流的极大障碍。长此以往，他们就会产生心理疾病。

（三）自责

过低估计自己。自责表现为对个人能力和品质作出偏低评价，从而自我责备、自我鄙视、自我轻蔑，将一切的不如意归因于自己不好，对自己所做的事抱有恐惧倾向。单亲家庭的子女有较为强烈的自卑感，他们感到自己不如别人，悲观失望。他们把工作和学习的失败归因于自己的无能，产生不安、内疚、失望等消极的情绪，从而导致自己的整个心理失去平衡。

失去信心。他们对自己失去了信心，甚至对那些稍加努力就可以完成的任务，也往往因自叹无能而轻易放弃。许多单亲家庭子女受到批评后，总认为是自己不好，在别人笑自己的时候，总认为是自己做错了什么事。

（四）焦虑

缺乏安全感。单亲家庭子女在他们父母亲离婚的过程中看到的是人与人之间的互相攻击，学习到的是讨价还价、相互敌视。因此，他们对人与人之间的交往缺乏信心。他们的监护人由于家庭缺失而引起情绪失调，极易把这种情绪带到与孩子的交往中。孩子生活在提心吊胆中，要花大量的时间来应付家庭破碎后的家庭关系，对人与人之间的交往感到焦虑。

畏惧人际关系。他们在众人面前感到不安、敏感，结交伙伴时总怕别人说自己的坏话，被人说了什么总是不开心，在对人关系上具有退缩、焦虑的特点。

（五）抑郁

生活压抑感严重。因为父母的分裂，必然带来家庭的硝烟或冷战，孩子长期生活在压抑的空间，时时为父母的关系而担忧，甚至有些家庭的孩子成了父母撒气、泄愤的出气筒。孩子成天处在恐惧和担忧中，没有安全感，时刻担心、害怕家庭战争的爆发，会使自己体无完肤。这样长期的生活折磨很容易使孩子产生恐惧心理和敌对情绪，对同伴永远保持距离，自我保护意识过强，常常感到压抑、郁闷、烦躁，心理困扰无处排解。

易产生极端行为。由于压抑太久，一旦爆发出来，能量也就很大，极易产生极端行为。这种倾向在女孩身上表现为想痛哭或离家出走，在一些男孩身上则表现为攻击行为。

（六）妒忌

愿望不能得到满足。单亲家庭的孩子，无论在物质上还是精神上，所能获得的享受，一般来说不如健全家庭的孩子，而这些正是每个孩子所渴望的。由于健全家庭的孩子能得到的，单亲家庭的孩子不容易得到，他们的心理就容易从最初的羡慕演变成妒忌、憎恨。

易导致犯罪。在心理上他们会表现出对父母一方特别依恋，希望能从父母一方获得双倍的回报。在物质享受上，如果他们不能正确对待这种差距，认为别人能得到的，自己也应该能够拥有，就容易导致偷窃等犯罪行为的发生。

（七）逆反

不顺从。原来家庭很快乐、很温馨，生活条件也比较优越。父母离异后，随着自卑心理及猜疑心理的产生，孩子的逆反心理也渐渐形成，一直很听话的他们，有时会没有理由地抗拒妈妈、小朋友的要求，产生对抗行为。

表现与众不同。由于单亲家庭中的孩子在"孩子圈"中地位不高，容易成为别的孩子奚落和欺负的对象。然而他们也渴望尊严，渴望被人欣赏，于是在言行上便刻意地表现出与众不同，有时甚至喜欢"顶牛角，对着干"，以显示自身的存在价值。

（八）异化

非正常途径的情感宣泄。单亲家庭孩子由于感情需要无法从正常的渠道获得，郁闷、压抑的心理压力也无法通过正常的途径得以宣泄，于是就求助其他非正常途径，主要有：沉迷虚拟网络、早恋、抽烟、喝酒、离家出走等。很多单亲家庭孩子沉溺于网吧，主要行为有打网络游戏、聊 QQ，通过在虚拟空间宣泄他们内心的不满、痛苦，来获得一种心理需要的满足。

有的离家出走，则主要是逃避家庭管束，或是出于对父母离婚的不满，报复心理。这些行为往往是走上违法犯罪道路的前兆。

寻找失去的爱。许多单亲家庭孩子开始早恋，结交异性朋友，寻找情感倾诉的对象，同时也期盼能从对方那里获得自己缺少的爱；同时，有相当一部分单亲家庭孩子染上抽烟喝酒等不良行为，目的在于获得一种自我满足感，借此标新立异，使自己不受欺负，并期望结交到志同道合者。

二、解决单亲家庭子女心理问题的家庭教育方法和途径

（一）指导子女正确认识自我

从他人看自我。他人是反映自我的镜子，个体正是从他人对自己的看法、态度、评价中，从认识他人、与他人比较来反观自己、了解认识自己的。在个体成长过程中，个人对自己的认识最初在很大程度上受他人评价的影响，父母、老师、同伴等对个体的看法、态度、评价都会对个体的自我认知产生深刻的影响。

从自我看我。即通过分析自己的心理活动和行为，考察活动的成效来认识、评价自我。通过引导孩子客观地剖析自己的内心活动和言行，有助于修正完善自我认知。我们可以心平气和地与孩子谈心，让孩子吐露真心，积极鼓励用写日记的方式经常反省自己，不断剖析和矫正自己的心理。

（二）激发子女的自尊心和自信心

家长要正确评价孩子，维护其自尊心。从心理学角度看，家长是孩子生活中具有特殊意义的人，家长对孩子的态度，对孩子的各项发展有着重要影响。家长的一句话、一个鼓励的眼神，有时可以改变孩子的一生。

让孩子获得成功的体验，增强自信心。学习和生活当中成功的体验有助于进一步激发孩子的学习动机、求知欲和信心，如果屡次失败就会挫伤他们的自信心。所以为孩子提供成功的机会和条件非常重要。

营造和谐的环境氛围。要善于营造一种氛围，让家庭成员之间、学生之间、师生之间能相互理解与信任，彼此尊重与关心，这种和谐的环境氛围无疑有

利于孩子自尊心的激发与培养。

（三）增强子女的自我调控能力

加强自我监督与自我教育。教育孩子通过不断反省自己，发现现实自我与理想自我的差距，一方面通过自我监督来克制约束自我服从既定目标；另一方面通过自我教育按社会要求对自我自觉实施教育，以实现现实自我与理想自我的积极统一，促进自我意识的健全发展。

有效进行自我调节。让孩子掌握自我调节的科学方法，如补偿、宣泄、疏导、升华、积极的自我暗示法、自我激励法等，有效调节由挫折引起的不良情绪，不因一时的挫折而高度自卑或拒绝接受自我，维持心理平衡增强适应社会的能力，使自我意识朝着健康的轨道发展。

科学实施自我管理。让孩子学会自己管理自己，对自己的行为负责，可以增强他们的自我控制能力。家长首先要教给孩子进行自我管理的具体方法，如怎样确定自我行动的目标、计划，怎样与干扰作斗争，怎样克服不良的行为习惯等等；其次要针对孩子的具体情况要求他们进行自我管理。

（四）关注孩子成长的每一步

关注孩子的心理教育问题。作为单亲家庭孩子的监护人，要对孩子的身心健康负责，不只要给孩子提供足够的食物和衣服，还要让孩子的心理得到健康发展。要持续地关注孩子的教育问题，在孩子的成长过程中，不论碰到什么事情，都要始终如一地对待孩子，尤其是心理，不能"放空"孩子，想起来管一下，忙起来就把孩子忘了。

给孩子以安全感。监护人一方必须表现出自强不息的状态，证明我能支撑这个家，给孩子以安全感。从不说离异另一方的坏话，否则孩子会怀疑幸福的可能性。这样，一个家才能欣欣向荣、朝气蓬勃、充满阳光。

输入正能量。在孩子的成长过程中，作为跟孩子生活在一起的一方家长，在生活中的点点滴滴上都要注意给孩子灌输正面的、阳光的情绪和状态，让正能量在孩子心底生根、发芽，为孩子一生的健康心理奠定基础。

经常与老师沟通、配合。孩子得到周围环境的肯定，才能树立自信，有安全感。家长一定要主动、经常地跟老师沟通，不要等孩子因多次不写作业或跟人打架等事让叫家长了，才跟老师联系，这样就被动了，要把孩子不好的行为扼杀在萌芽中。

（五）培养孩子独立坚强的人格

让孩子学会正确地面对挫折。

留心观察孩子的言行，及时解开孩子的思想疙瘩。单亲家庭的孩子往往比较敏感，有些平常事情也会使他们产生微妙的心理变化。家长要多注意孩子的言行，发现有异常的苗头，就应及时主动找孩子谈心，及时进行疏导。有的问题一下子解决不了，要进行更多的分析，考虑妥善的解决措施。

扩大孩子接触面。离异家庭的孩子父母应摆正自己在孩子心中的位置，不但要尽量让孩子与父母同时团聚，使孩子感受到亲情的温暖，还要让孩子尽量多与其他长辈接触，扩大孩子的交往面。让其性别角色得到充分的表现和发展，培养健康高尚的人格，以适应社会生活的需要。